Literature to go

FERIDUN ZAIMOGLU im Gespräch mit Imran Ayata, Maxim Biller, Neco Çelik, Ralf Fücks, Maybrit Illner, Marius Meller, Albert Ostermaier, Peter Siller, Benjamin von Stuckrad-Barre, Moritz von Uslar, Klaus Vater und Volker Weidermann

eingeleitet von Feridun Zaimoglu und mit einem Nachwort von Juan Moreno

Edition AL Berlin

Inhalt

Feridun Zaimoglu

Berliner Romantik – Eine Frage des Lichteinfalls

Was tut ein doppelter Studienabbrecher, wenn er eine Einladung zu einer Gastprofessur erhält? Er freut sich und wartet, dass sich seine Verwirrung legt. Also freute ich mich, und ich spazierte an der Kieler Förde entlang, und als ich am Robbenbecken stand, dachte ich: Ich bin etwas verwirrt, aber das macht nichts. Dann traf ich auf einen alten Freund, der mir riet, schnellstmöglich einen Friseur aufzusuchen. Tatsächlich standen mir die Haare nach allen Seiten ab. Ich hatte in der Nacht einen unruhigen Schlaf gehabt, ich hatte auf dem Gesicht gelegen, und der Kissenabdruck auf meiner Wange sah aus wie eine Messernarbe. Der Freund lud mich in ein Studentencafé ein, ich trank nur Mineralwasser, am Nebentisch stritt sich eine Studentin mit ihrem isländischen Freund, der mich seltsamerweise die ganze Zeit anstarrte. Schließlich wurde auch seine Freundin auf mich aufmerksam, und weil sie sich nicht mehr stritten, aber mich angafften, trank ich nicht aus, stand auf und ging weg.

Auf dem Rückweg nach Hause traf ich auf wildfremde Menschen, die stehenblieben, um mir hinterher zu starren. Der Kioskbesitzer, Herr Hoffmann, rief mir beim Überqueren der Straße etwas zu, ich machte kehrt und lief zum Kiosk, Herr Hoffmann war sehr aufgeregt, er zeigte mir ein Foto auf der Titelseite der Landeszeitung. Ein dänischer Komponist war zu Besuch in Kiel, er sah aus wie ich, ich sah aus wie er, die Ähnlichkeit war verblüffend. Herr Hoffmann gratulierte mir zu meinem großen Durchbruch, ich hätte es doch jetzt geschafft. In der Bäckerei gab es die Brötchen und das Hamburger Franzbrötchen umsonst, die Bäckerin sagte, sie habe mich eher für einen Tschechen denn für einen Dänen gehalten.

Zu Hause aß ich nur ein halbes Brötchen, und beim letzten Biss rief ich: Ich hab's! Ich schrieb auf ein Blatt Papier »Literature to go«, dann besah ich mich im Garderobenspiegel im Flur, der Kissenabdruck war nicht verstrichen. Ich massierte mir Gel ins Haar, das Gel trocknete rasch zu schuppenähnlichen Flocken aus, und jedesmal, wenn ich mir durch das Haar strich, fielen Flocken auf meine Schulter. Mein Magen knurrte, und ich ging zum Italiener um die Ecke, der Kellner aus Costa Rica hatte kreisrunden Haarausfall, und wir sprachen über Haarprobleme, ich bestellte Tortellini in Sahnesauce. Die Teigtaschen schwammen in Öl, ich stopfte sie mir lustlos in den Mund, und dann rief ich: Ich hab's! Ich wollte zu jeder Montagsvorlesung einen Gast einladen, einen Prominenten oder Literaturkritiker oder einen Außenminister oder einen Schreiberkollegen, und ich würde mit meinem Gast über ein Buch oder über mehrere Bücher oder die Unlust am Schreiben oder über exotische Kochrezepte sprechen. Schön, dachte ich, nicht schlecht.

Ich fing noch am selben Tag an, die Kandidaten auf meiner Liste anzurufen. Ein Kollege ließ sich meine Bitte vortragen und sagte: »Als Conferencier bist du bestimmt eine Niete« – und legte auf. Ein Fernsehmoderator bedankte sich für die Einladung, erbat sich eine einwöchige Bedenkzeit und meldete sich nie wieder. Eine Schauspielerin schrie in den Hörer, sie werde mich wegen sexueller Belästigung anzeigen, und als ich noch einmal bei ihr anrief, entschuldigte sie sich mit den Worten, sie habe mich mit einem Idioten wegen meiner Idiotenstimme verwechselt, und nein, sie wolle sich nicht auf Amateure einlassen. Eine sich als Grazie ausweisende Schriftstellerin bat um Verständnis für ihre Absage, sie könne nicht auf dem Podium neben einem sitzen, der Katzenromane schreibe, das würde doch ihre Nerven zerrütten. Ich schätzte den Kollegen, der Katzenromane schrieb, sehr, und wurde auch oft mit ihm verwechselt. Nach einer Woche hatte ich eine Liste mit Personen zusammen, die zugesagt hatten und die aber mein Konzept für einen faulen Trick hielten, um meine Gedankenarmut zu verbrämen.

Als es dann endlich losging, kamen die Studenten in Scharen. Ich verstand es nicht, wieso sie einem zweifach ausgewiesenen Versager lauschen wollten, und behielt meine Gedanken aber für mich und war nur immer etwas verwirrt. Man war sogar so freundlich, mir eine große Wohnung zur Verfügung zu stellen, und an Sommerabenden stand ich auf dem Balkon, starrte ins Ungefähre und wurde romantisch. Ich dachte viel über die Berliner Romantik nach, zwischendurch schrieb ich ein Libretto für eine Oper, die leider nicht aufgeführt wurde, und ich machte mir Notizen für einen Liebesroman, den ich erst 2007 schreiben sollte. Es war eine herrliche Zeit, jeden Montag hieß ich einen Gast willkommen, stellte ihm freundliche Fragen, und wurde von dem einen oder anderen Studenten dafür kritisiert, dass ich nicht wirklich kritisch war.

Als meine Zeit ablief und ich nach Kiel zurückkehrte, verglich ich in Gedanken die Berliner Romantik mit der Kieler Romantik, ich kam zu dem Schluss, dass es eine Frage des Lichteinfalls war, und weil sich meine Freunde dafür herzlich wenig interessierten, nahm ich mir vor, öfter nach Berlin zu reisen. Ich traf einige Studenten wieder, sie schrieben wirklich gute Gedichte oder Kurzgeschichten, und meist sprachen wir von dem großen Missverständnis, in Berlin die härtesten Verhältnisse der ganzen Republik zu vermuten. Erst die Poetikdozentur hatte mir diese Stadt erschlossen, und über die Gespräche mit den Studenten ist mir aufgegangen, dass es gut ist, zum prächtigen Himmel aufzuschauen: Das Wort macht die Welt weiter als die Stube, in der man sitzt und schreibt, sitzt und schreibt.

Maxim Biller

Wofür brennst du?

FERIDUN ZAIMOGLU Mein erster Gast: Maxim Biller, der Dichter Maxim Biller. Er ist der Einladung gefolgt, hierher zu kommen. Er wird lesen. Ich weiß nicht, welche Geschichten er lesen wird. Ich danke, ich heiße ihn willkommen – und *(zu Biller)* übergebe an dich.

MAXIM BILLER Das war's schon?

FERIDUN ZAIMOGLU Das war's.

MAXIM BILLER Du sagtest, ich soll was von mir lesen, und ich soll was von anderen lesen. Meine Idee ist, eine Geschichte von mir zu lesen, eine Geschichte von Ernest Hemingway, eine Geschichte von Charles Bukowski und dann wieder eine von mir. Ich trete damit natürlich irgendwie in einen Wettbewerb mit Leuten, die wahrscheinlich besser sind als ich. Warum ich gerade diese Geschichten so zusammengestellt habe, sollte ich erst hinterher versuchen zu erklären. Eins noch: Meine Geschichten sind unveröffentlicht. Ich habe ja auch mal studiert, und wir bekamen immer Stoff, der nicht sehr neu war. Ich dachte mir also: An der Uni, bei euch, bei Ihnen, lese ich mal was, das es eigentlich noch gar nicht gibt. Wir gehen sozusagen in die Zukunft. Die erste meiner eigenen Geschichten heißt »Frieden«. Die ist von vor ein paar Wochen. Dann kommt eine Geschichte, die ist bestimmt 60 Jahre alt …

(Biller liest Ernest Hemingways »Wetterumschwung«/»The Sea Change« aus Winner take nothing *von 1933 in der Übersetzung von Annemarie Horschitz-Horst, Charles Bukowskis »Ein Mann«/»A Man« aus* South of No North *von 1973 in der Übersetzung Carl Weissners sowie zwei eigene Texte. Diese erschienen verändert als »Die richtigen Tage« und »Das Recht der jungen Männer« in* Liebe heute. Short Stories *von 2007.)*

Du oder ich?

FERIDUN ZAIMOGLU Du zuerst!

MAXIM BILLER Ach so.

FERIDUN ZAIMOGLU Du hast ja vorhin gesagt, es wäre am besten, nicht gleich zu erzählen, *wieso* du die Geschichten vorlesen möchtest.

MAXIM BILLER Okay. Also zum einen ist es offensichtlich, worum es in diesen Geschichten geht; nämlich darum, dass Männer und Frauen eigentlich echt ein Problem haben. Dann geht es darum, dass man — ich weiß nicht, ob *mir*, gerade *mir* das gelingen wird, aber vielleicht wird es ja jemand anderem gelingen —, als Autor, der in Deutschland lebt und auf deutsch schreibt, genauso universal schreiben und die Dinge *be*schreiben kann, wie es zum Beispiel amerikanische Autoren tun. Also dass die große Botho Strauß/Peter Handke-Verschwörung einfach der letzte ... Scheiß ist.

Wir, die deutschen Schriftsteller, sind oft Gefangene unserer Tradition und nicht unserer Sprache, nicht unseres Erlebens, nicht unserer Realität. Ich wollte auch zeigen — wie gesagt, vielleicht bin ich total durchgefallen, kann ja sein —, dass die deutsche Sprache genauso einfach ist wie zum Beispiel Englisch, wie zum Beispiel Tschechisch, Hebräisch, Russisch, Französisch — wenn man nur will. Wie Italienisch, wenn man nur *will*. Man kann — das versuche ich immer mehr, je länger ich schreibe — mit ganz wenigen Worten auskommen. Und je weniger Worte man benutzt, desto größer wird die Welt, die man beschreibt. Habe ich noch was vergessen? *(schaut auf sein Notizblatt)* Ach so, noch ein Punkt: Die Short Story, die es in Deutschland eigentlich nicht gibt, die Kurzgeschichte, die Erzählung, es gibt sie, aber mehr als Nebenprodukt, als Erstlingswerkprodukt. Ich liebe die Short Story, ich liebe die Kurzgeschichte. Gedichte halte ich nicht aus. Für mich sind Short Stories die Gedichte für Leute, die Gedichte nicht aushalten. Ich fände es wunderschön, wenn mehr Autoren in Deutschland Kurzgeschichten schreiben würden und verstehen würden, dass sie die immer *zu einem Thema* schreiben müssten.

FERIDUN ZAIMOGLU Man will die wahre Liebe und sagt die Unwahrheit. Ich wusste, dass du Hemingway lesen wirst, ich wusste, dass du eigene Geschichten lesen wirst, ich wusste auch von Bukowski. — Eine Klammer: Männer und Frauen in jeweils einer Situation. Mann und Frau sprechen sich aufeinander zu, schnappen nach Glück, schaffen es, einander zu kriegen, hoffen. Mal ist die Frau Beute, mal kriegt der Mann die Abfuhr; obwohl er hofft, obwohl er sich danach sehnt, die Frau in die Arme zu schließen — er kriegt es nicht hin. Und im Wortdickicht gehen sie verloren, Mann und Frau. Was hat mich daran gestört? Weißt du, wir führen ab und zu Gespräche darüber, dass man ohne ein Gramm Fett schreiben kann; dass man so schön, so wahr schreiben kann. Diese Geschichten sind wahr. Was mich daran gestört hat, ist, *dass* sie so wahr sind, dass hier nichts vorgespiegelt wird. Das ist, ich habe mich daran erinnert, wie: Ich sitze in einem Café und lausche Beziehungsgesprächen. Ich bin mit einer Frau zusammen, führe Beziehungsgespräche. Hin und her, hin und her. Es ist so wahr! Es ist so richtig! Meine Frage: Einerseits ist es gut, dass es wahr ist und dass es richtig ist, aber nimmt das nicht etwas von der Schönheit? Diese Geschichten machen mir nichts vor. Einerseits. Sie sind wahr. Die Situationen sind in diesem, wie du es immer nennst, lakonischen Schreiben gehalten. Aber: Ich bleibe außen vor, ich kenne das. Ich sage: ›Ein bisschen Glück kann mir die Geschichte doch versprechen.‹ Ich möchte ein bisschen betrogen werden. Ich schreibe nicht so mager. Im Gegenteil, mit ordentlichem Fettgehalt. Weil ich auch etwas betrügen will. Ich will den Menschen vielleicht etwas vormachen, genauso wie ich die Sehnsucht habe, man möge mir etwas vormachen. Ist das falsch?

MAXIM BILLER Weiß ich nicht. Ich weiß nur, dass man die Menschen glücklich machen kann, indem man ihnen das Glück vorgaukelt. Zum Beispiel Ufa-Filme fallen mir da ein … Nein, das war gemein.

FERIDUN ZAIMOGLU Das war *sehr* gemein.

MAXIM BILLER Man kann optimistisch schreiben und Menschen glücklich machen. Man kann aber auch sich selbst und ihnen zeigen, wie bescheuert sie sind, wie unfähig sie sind, das Glück, wenn es direkt vor ihnen steht, zu fassen. Das macht sie zuerst traurig und später vielleicht stark für eine entsprechende Situation. Der Punkt ist nur der: weder du noch ich sind hoffentlich Konzeptautoren.

FERIDUN ZAIMOGLU Hm. Nein.

MAXIM BILLER Ich hasse nichts mehr als Autoren — und ich habe das leider früher auch gemacht —, die erst ein Buch schreiben und dann hinterher eine Poetologie nachliefern: *So* hab ich's geschrieben, darum hab ich's *so* geschrieben, und darum müssen alle anderen auch *so* schreiben. Das mache ich *nicht*. Ich kann nur sagen: So wie meine Geschichten sind — ich habe in den letzten zwei Jahren nur solche Geschichten geschrieben — so ist mein Leben. Es besteht aus kurzen Momenten, die schön und tragisch sind, und ich habe nicht viele Worte dafür. Mit zu vielen Worten würde ich nur verdecken, was *eigentlich* das Problem ist. Und so schreibe ich es. Ich habe mir nicht vorgenommen, etwas Tragisches tragisch zu schildern, damit die Menschen daraus Kraft schöpfen. Wenn es passiert, okay.

Was das Wichtigste an Literatur, wie überhaupt an Kunst ist, ist seit vielen Jahren eigentlich niemandem mehr bewusst. Und ich hoffe, dass wir irgendwann wieder anfangen werden, darüber nachzudenken und zu sprechen. Das ist: Bei jedem Kunstwerk kommt zuerst die Schönheit. *Die* Schönheit. *Seine* Schönheit. Ich bin überhaupt kein Philosoph. Ich habe Philosophie studiert, acht Semester, ich habe kein Wort verstanden. Ich weiß überhaupt nicht, wie ich diese Prüfung gemacht habe. Ich kann nicht so schön erklären, was ich meine, aber schauen wir erst einmal einen Gegenstand an, er muss uns einfach anziehen durch seine Schönheit. Das kann ein Bild sein, ein Musikstück, das kann eine Geschichte sein, ein Roman. Beim Schreiben ist es die Sprache, die uns als Schönheit entgegentritt. Die Stimme, der ich beim Schreiben folge, ist die Schönheit der Form, die Gestalt des Textes. Das Problem bei deutschen Autoren ist leider, dass sie über diesen völlig normalen Drang zur Schönheit vergessen, dass der Inhalt dazukommen muss. Inhalt und Form sind einander weder unterlegen noch überlegen. Sie sind Geschwister. Und wenn man das Glück als Autor hat, gleichzeitig eine schöne Sprachmelodie zu hören und eine schöne Geschichte zu haben, die man erzählen will, dann kann es passieren, dass einem etwas gelingt, das anzieht durch Schönheit. Ich bin eben kein Konzeptautor. Ich fange einfach an und schreibe, und dann sehe ich, wie's wird.

FERIDUN ZAIMOGLU Du bist kein Konzeptkünstler. Du bringst oder hattest ins Spiel gebracht: die Moral. Ich erinnere mich an dieses legendäre Schriftstellertreffen in der Evangelischen Akademie Tutzing (2001). Der Name ist nicht Programm – es war großartig. Maxim Biller *(zum Publikum)* hat Kollegen und Kolleginnen, Freunde und Bekannte eingeladen. Es sind Journalisten gekommen, es war viel Publikum da. Und du *(zu Biller)* hast — die einen nennen es eine Brandrede, die anderen ein Konzept, es war eine klare Stellungnahme — den Begriff der »Schlappschwanzliteratur« gebraucht. Dieser Begriff wurde von deinen Gegnern — du hast auch Feinde — und von deinen *sympathischen* Sympathisanten immer wieder *gegen dich* oder in Verteidigung *für dich* in Stellung gebracht. Da tauchte der Begriff »Moral« auf. Die Moral — ist das ein Konzept? Du bist immer wieder auch mit Kritik in Erscheinung getreten, wenn du dich geäußert hast zur Politik oder zu den Verhältnissen in Deutschland, mit berechtigter Kritik, auch an deutschen Autoren und Autorinnen. Aber was spielt die Moral für eine Rolle? Damals haben sich viele zu Wort gemeldet und gesagt: »Wir können damit nichts anfangen, was meinst du damit?« Und du hast es zu erklären versucht. Was bemängelst du wirklich? Die Moral, von der du redest, wie können wir sie verstehen?

MAXIM BILLER Man kommt sich manchmal wie ein Idiot vor, wenn man immer wieder denselben einfachen Gedankengang erklären muss. Ich habe nicht gesagt, dass die Literatur moralisch sein muss. Ich habe gesagt, dass Literatur, Theater, Film, also *inhalts*orientierte Künste eigentlich immer nur davon handeln, wie Gut und Böse miteinander kämpfen. Alles andere ist lächerlich. Alles andere ist Ästhetizismus, bestenfalls. Und jeder Film, den wir gesehen haben, den wir toll finden, handelt irgendwie von dem Konflikt zwischen Gut und Böse. Sogar ein Film wie *Lost in Translation*. Wovon handelt er? Auch davon. Da ist die böse Umgebung, eine fremde Umgebung, und da ist diese Frau alleine in einem Hotel in dieser fremden Umgebung, böse ist ihre Beziehung, und gut ist der fremde alte Mann, dessen Realität ebenfalls böse ist. Das ist ein Beispiel. Der Kampf zwischen Gut und Böse wird in jedem normalen Western erzählt, er ist in jedem Tarantino-Film zu betrachten. Was ich gesagt habe, war: Ein Künstler kommt nicht aus ohne ein Bewusstsein von Gut und Böse, Kunst kommt nicht aus, ohne sie gegeneinander antreten zu lassen. Er soll kein Werk schaffen, mit dem er dazu aufruft, dass die Menschen *besser* sein sollen. Er soll einfach nur etwas Spannendes abliefern, etwas Schönes und Spannendes. Und das Spannende ist wie ein Fußballspiel. Wie eine Schlacht. Wie eine Diskussion zwischen zwei Philosophen.

Die deutschen Autoren haben kein Verhältnis zu Gut und Böse, weil ihnen alles scheißegal ist. Das einzige moralische, scheinmoralische Gefühl, das sie haben, ist Angst: Angst *vor* dem Welt-Terrorismus, *vor* Tschernobyl, *vor* der Krankheit, *vor* Beziehungsproblemen. Aber sie wissen nicht, wann man *für* etwas eintreten sollte. Ich habe einen Vorteil, für den ich nichts kann: Ich habe die ersten zehn Jahre meines Lebens in der Tschechoslowakei verbracht. Mein Vater war als Teenager Kommunist und ist dann aus der Partei herausgeflogen, weil er sich kritisch über Stalin geäußert hatte. Ich habe als frühreifes Kind erlebt, was es heißt, wenn ein System besteht, das Menschen unterdrückt. Ich habe ganz klar gesehen, natürlich bei aller Idealisierung, wo die Guten und wo die Schlechten sind. Und als ich nach Deutschland gekommen bin, in den 70er Jahren, war ich plötzlich umgeben von Leuten, die nicht wussten, was gut und was schlecht ist; die zum Beispiel zu jener Zeit den Ostblock, weil sie irgendwie links waren, als

Vorposten oder als letzte Bastion des Linken und des Kommunismus sahen und darum irgendwie gut fanden. Aber sie hatten nicht einmal eine Ahnung davon, was das war, und wenn sie in die DDR zu Verwandten fuhren, haben sie nicht *gesehen*, was um sie herum passiert.

Diese moralische Ahnungslosigkeit wurde verstärkt durch die Kohl-Ära, in der es nur darum ging, wer besser verdient und sich die tolleren Sachen kauft und wer weiß, wo es ein schickeres Restaurant gibt; und durch die Schröder-Ära, die eigentlich nur die Fortsetzung der Kohl-Ära ist ... (Ich bin übrigens überzeugt davon, dass Gerhard Schröder ein Klon von Helmut Kohl ist.) Diese moralische Ahnungslosigkeit führte dazu, dass unsere Literatur konfliktlos ist. Ich wollte keineswegs Agitprop. Sondern ich habe gesagt: Werdet euch dessen bewusst, was gut und böse ist, dann könnt ihr auch Geschichten von Gut und Böse erzählen!

Die Angelegenheit ist aber ein paar Jahre her. Und nichts interessiert mich weniger als die Sache mit der Tutzing-Rede. Die Sache mit der »Schlappschwanzliteratur« ist großartig. Wann schafft es ein Schriftsteller schon, einen Begriff zu prägen, den keiner vergisst? Was hat das jetzt mit diesen Geschichten von heute zu tun? Es ist immer dasselbe bei mir: Das Gute ist die Liebe; und das Böse ist unsere Unfähigkeit, die Liebe zu leben und zu begreifen, wann ist die Liebe die richtige, wann ist sie die falsche. Das ist der Konflikt, in dem sich die Figuren befinden. Das Böse und das Gute sind natürlich auch die Partner, die miteinander zu tun haben. Die Bukowski-Geschichte muss ich gar nicht erklären. Ich muss keine dieser Geschichten erklären. Immer sind dieser Mann und diese Frau blöderweise Feinde. Nichts ist idiotischer, aber so funktioniert leider das Leben. Ich erkenne vieles wieder, gerade in den Geschichten von Bukowski oder auch von Hemingway. Was einen Schriftsteller ausmacht, das macht ihn nicht zum Heiligen, aber das macht sein Leben noch schmerzhafter. In der Hemingway-Geschichte sagt der Mann zu der Frau: ›Das Drama ist, ich versteh das ja alles.‹ Das ist das

Furchtbare. Glücklich sind die Ahnungslosen. Als Schriftsteller muss man alles verstehen, damit man es beschreiben kann und damit man nicht Partei ergreift. Und da sind wir wieder bei der Moral: Es geht nicht ums Parteiergreifen. Es geht nicht darum zu sagen, Frauen müssen unterdrückt, Kommunisten müssen vernichtet werden. Nein, es geht einfach nur darum zu erzählen. Und das ist furchtbar langweilig, weil das zu viele Blödmänner gesagt haben. So geht es in der Literatur wie im Film, außer natürlich bei bestimmten experimentellen Projekten, die auch wichtig und notwendig sind, die aber nicht meine Sache sind. Es geht darum, in einer verdichteten, schönen Art und Weise etwas zu erzählen.

FERIDUN ZAIMOGLU Damit würde ich gerne das Gespräch öffnen.

PUBLIKUM Ich habe den einen Satz nicht ganz verstanden: Das *Gute* ist die Liebe, und das *Böse* ist ...

MAXIM BILLER Das ist eine Frage? Entschuldigung, das war ein Witz. Nein, das Blöde ist, ich kann mich nur selten daran erinnern, was ich gesagt habe. Also, das Böse ist die Liebe ...

PUBLIKUM Das *Gute!*

MAXIM BILLER Quatsch, das *Gute* ist die Liebe! Sehen Sie, ich hab's ja gesagt. Das Gute ist die Liebe, und das Böse ist unsere Unfähigkeit, die Liebe zu leben. Wo sie wirklich ist und eigentlich zu leben wäre, wo wir als Menschen stark sein müssten, bestimmte Entscheidungen zu fällen oder zu kommunizieren, da verhalten wir uns oft unfähig. Die Sehnsucht nach Liebe und die Unfähigkeit zur Liebe — das ist das Gute und das Böse, die miteinander ringen.

PUBLIKUM Ich finde es ganz gut, dass Sie das so provokativ eingeleitet haben, so polarisierend. Aber ich würde jetzt gerne ein paar Beispiele hören für diese »Schlappschwanzliteratur«!

MAXIM BILLER Nee, das mache ich nicht. Also erstens war das nicht provokativ gemeint. Seien Sie mir nicht böse, das ist nur so ein Gedanke von mir. Und wenn das als Provokation ankommt, ist das nicht mein Problem. Ich möchte niemanden beleidigen oder an den Pranger stellen — das habe ich früher gemacht, das interessiert mich nicht mehr.

PUBLIKUM Ich find's einfach schwierig ...

MAXIM BILLER Nun, ich habe vorhin von der großen Botho Strauß/Peter Handke-Verschwörung gesprochen. Vielleicht können Sie sich etwas darunter vorstellen. Ich könnte jetzt auch irgendwelche jungen Autoren nennen. Aber ich möchte das wirklich nicht. Ich glaube, Sie wissen, wen ich meine. Welche Literatur lesen Sie denn gerne? Für welche Bücher brennen Sie?

PUBLIKUM Oscar Wilde.

MAXIM BILLER Das ist kein zeitgenössischer deutscher Autor!

PUBLIKUM Andreas Maier, Feridun Zaimoglu ...

MAXIM BILLER Ja gut, aber bei Feridun, obwohl er meiner Ansicht nach zu viele Wörter benutzt, ist ein Konflikt da. Du *(zu Zaimoglu)* hast mich jetzt dazu gebracht, über diese Schlappschwanzscheiße zu reden, darüber wollte ich überhaupt nicht reden. Mich interessiert wirklich etwas ganz anderes. Mich interessiert mein Herz, meine Seele, und ob ich davon etwas hergeben kann. Das ist das, was mich heute interessiert, nicht das, was vor vier Jahren war. Nichts von dem, was ich mache, ist eine Kampfansage, es wird aber immer wieder so verstanden, weil der Rest so ganz anders schreibt.

Es gibt natürlich ein Problem an der deutschen Literatur. Vielleicht können wir es so zu fassen versuchen: Deutsche Literatur hat in der Welt, in der westlichen Welt, ein unglaublich schlechtes Image. Kein ausländischer Verlag will deutsche Autoren übersetzen. Nur wenn es hier einen Superbestseller gibt, dann riskieren sie es und fallen doch meistens damit herein. Es gibt Ausnahmen wie *Der Vorleser* von Bernhard Schlink oder *Crazy* von Benjamin Lebert. Ich behaupte, das hängt nicht damit zusammen, dass es in Deutschland weniger begabte Autoren gibt als in anderen Ländern. Genetisch sind sich alle Völker absolut ebenbürtig. Ich behaupte, es hat etwas damit zu tun, dass die deutsche Literatur nicht universal ist; dass sie sich den Lesern verschließt, statt sich ihnen zu öffnen. Das Geheimnis steht meiner Ansicht nach *zwischen* den Zeilen und nicht *in* den Zeilen. Versuchen Sie mal, bis auf sein erstes Buch, *Irre*, ein Buch von Rainald Goetz zu lesen, bei dem Sie wirklich wissen, worum es geht.

Es gibt in Deutschland einen Code. Bitte stellen Sie mir keine Frage dazu, ich bin da wahnsinnig ungebildet, aber ich weiß trotzdem, dass ich Recht habe. Das Problem ist, dass es in Deutschland die Tradition der Aufklärung gibt und die Tradition der Romantik. Die beiden ringen miteinander. Ich behaupte, dass die Nazis dafür gesorgt haben, dass die aufklärerische Literatur, die suggestive, die offene, die verständliche, universale, universalistische Literatur in Deutschland mehr oder weniger zu Ende gegangen ist. Weil natürlich vor allem die Juden diese Literatur geschrieben haben. Nicht nur, aber vor allem. Weil die Juden im 19. Jahrhundert die Aufklärung überhaupt erst groß gemacht haben in Deutschland, in ganz Europa. Sie waren die ersten, die von ihr wirklich profitierten, weil sie durch sie die Gleichberechtigung bekamen, weil nicht mehr der Stand zählte, die Herkunft, sondern die Leistung. — Ich finde das saugefährlich, was ich hier mache, denn hier sitzen bestimmt 50 Leute, die es besser wissen als ich. Dem romantischen Künstler hingegen, das ist meine boulevardhafte Art, darüber zu sprechen, reicht es, für sich selbst als Künstler zu gelten und für die paar anderen Künstler, die auch …

FERIDUN ZAIMOGLU Du schaust so zu mir?

MAXIM BILLER Nein, aber ich hatte dich die ganze Zeit vergessen. Es reicht einfach, zu dieser Gruppe, zu diesem sozialen Stand des Künstlers zu gehören. Die Signale, die man aussendet, die Codes, die man kennt, die bedeuten, dass man Bücher schreibt, die so aussehen, als seien sie Bücher; dass man eine Sprache schreibt, die sich so liest, als sei sie Schriftstellersprache. Das ist aber kein Geschichtenerzählen. Das ist etwas, das mit Realität überhaupt nichts zu tun hat. Der romantische Künstler war immer ich-bezogen. Er war ein Feigling. Er hat nie die Revolution gewagt. Er hat dem Herrscher gesagt, was des Herrschers ist: Ich bewahre mir meine kleine Freiheit, die für mich eine große ist, die aber dem Volk nichts bringt. Und das tut er bis heute.

Dieser ganze Feuilletonwahnsinn, mit dem wir es zu tun haben! Kein Ressort in deutschen Zeitungen wird so wenig gelesen wie die Feuilletons. Lassen Sie sich nicht täuschen von sich selbst. *Die Zeit* hat in ihrer besten Zeit eine Umfrage gemacht. Das war in den 80er Jahren, als sie die größte Auflage hatte und einen grandiosen Feuilleton-Chef, Fritz Raddatz. Das hat sich nicht geändert, aber damals war es besonders frappant … (Schrecklich! Ich habe nicht wirklich »frappant« gesagt?) Sechs Prozent der Leser lasen das Feuilleton. Zuerst wird Wirtschaft gelesen, dann wird Politik gelesen, dann Gesellschaft, Reise, alles Mögliche. Warum? Doch nicht deshalb, weil Kultur weniger interessant ist, sondern weil Kultur sich verschanzt. Versuchen Sie heutzutage mal, ich komme jetzt vom einen zum anderen, das ist mir scheißegal, eine Literaturkritik zu lesen. Das sind Seminararbeiten. Das ist das Sich immer weiter-*Ghettoisieren* einer ganzen Welt. Es muss einen Grund dafür geben, und ich glaube, diesen Grund darin gefunden zu haben, dass man sagt: Wir genügen uns selbst!

Und jetzt wieder zurück zur Literatur, weil ich mich bloß durcheinander geredet habe: Ich glaube wirklich, dass man dem Leser eine Chance geben muss. Diese Arbeit muss ich mir als Autor machen. Ich muss dem Leser die Chance geben, den ersten Satz einer Geschichte zu lesen. Das ist so, als würde ich ihn bei der Hand nehmen. Dann muss er einfach mitkommen. Er kann gar nicht anders als mitzukommen. Die geistige, die seelische Bewegung, die ich in ihm erzeuge, die erzeuge ich durch das Erzählen von Geschichten. Aber einfach nur zu sagen: ›Ich bin ein Schriftsteller, ich schreibe einen Roman, und weil's ein Roman ist, hast du ehrfürchtig davor in die Knie zu gehen‹, das finde ich ungehörig.

PUBLIKUM Das hört sich an wie Realismus. Sie haben

den Anspruch an die Literatur gestellt: Sie wollen etwas *Universales* — wie in der amerikanischen Literatur. Gleichzeitig sprechen Sie davon, dass Sie das ausdrücken wollen, was in Ihrer Seele vorkommt. Und deshalb geht's Feridun Zaimoglu so, wenn ich ihn richtig verstanden habe, und vielleicht geht's auch mir so, dass wir denken: Das sind Geschichten am Nachbartisch, die wahr sind, die realistisch sind, aber darüber hinaus passiert eben nicht viel. Das ist vielleicht eine Art von Voyeurismus, aber nichts Universales. Ich glaube, dass das Universale in das Realistische überspringt, in die Realität, und darüber hinausschießt. Dass es nichts ist, von dem ich sage: ›Ach ja!‹, ›Genau!‹, ›Stimmt!‹, sondern: ›Das ist ein Überschuss über das Wahre hinaus.‹ Und deshalb würde ich sagen, dass das, was Sie machen, *nicht* universal ist.

MAXIM BILLER Was ist denn der »Überschuss über das Wahre«?

PUBLIKUM Das Fiktive!

MAXIM BILLER Was ist denn eine Geschichte sonst, wenn nicht fiktiv? Wenn Sie nicht, während Sie sie hören, die Figuren sehen? Außer natürlich, Sie haben das nicht getan, weil ich sie schlecht geschrieben habe. Nur das hat auch Feridun nicht gemeint. Wenn ich *universal* sage, dann meine ich, jeder Mensch hat ein Herz, egal wo er lebt. Jeder Mensch hat ein Gefühl dafür, warum das Leben schrecklich und wahnsinnig schön ist. Eigentlich haben wir alle ein blödes Gefühl. Auch die Ahnungslosesten von uns. Irgendwas stimmt damit nicht. Das Leben ist ein ganz schrecklicher Zufall. Und das kann man immer wieder neu, auf eine andere Weise erzählen. Vielleicht kann ich's ja nicht, Hemingway und Bukowski können's sicherlich besser. Zum Beispiel die erste Geschichte, die ich gelesen habe, sie handelt wovon? Eine Frau will einen Mann verlassen. Und der Mann lebt im zivilisierten Westen, arbeitet als Therapeut an der Charité und behandelt dort Frauen, die im Krieg vergewaltigt wurden. Eine seiner Patientinnen ist eine Bosnierin, die im Krieg systematisch von einem Mann aus demselben Dorf, *der sie geliebt hat*, schwanger wurde. Und der Arzt kommt auf die Idee: Normalerweise lassen sich Frauen ein Kind machen, damit die Männer bei ihnen bleiben. Das müsste doch andersrum genauso gehen. Und er beschließt, der Frau, die er liebt und die ihn verlässt, die traurig ist darüber, dass sie ihn verlässt, aber ich glaube, es ist klar, dass sie ihn verlassen wird, sie wird nicht mehr zurückkommen, diese Frau will er genauso vergewaltigen, wie es der bosnische Junge dem bosnischen Mädchen angetan hat. Punkt. Mehr kann ich Ihnen dazu nicht sagen. Andere könnten daraus einen Roman machen. Ich habe das so, wie ich es gerade gesagt habe, noch nie gedacht. Das ist die Geschichte. Aber ich habe mir diese Geschichte noch nie selbst in diesen fünf Sätzen zusammengefasst.

PUBLIKUM Ist das nicht ein bisschen viel verlangt, dass alle so schreiben sollen? Dass es eine ganz einfache Sprache sein soll? Es gibt Männer und Frauen, die Männer sind etwas härter, sie trinken Whiskey und sind vielleicht nicht rasiert, und die Frauen möchten geschlagen werden. Ist das überhaupt etwas, das mit der Realität, mit Deutschland noch etwas zu tun hat? Die Frau ist ja Bosnierin. Dann gehen Sie doch nach Bosnien …

MAXIM BILLER Wegen Leuten wie Ihnen ist es so schwer, diese Bücher zu verkaufen.

PUBLIKUM … und nicht wie Rainald Goetz einfach in den Club nebenan.

MAXIM BILLER Ich behaupte, dass im Club nebenan nichts passiert.

PUBLIKUM Ja, das kann sein. Aber das kann man trotzdem schreiben.

MAXIM BILLER Dass da nichts passiert? Also, ich habe nur ein einziges Buch in meinem Leben darüber gelesen, dass nichts passiert, das mich wirklich existenziell getroffen hat, das ist von Arnon Grünberg, einem holländischen Schriftsteller, *Blauer Montag*. Er beschreibt genau das. Und bei Helmut Krausser in *Fette Welt*, da ist es eigentlich auch so. Das sind die beiden einzigen Bücher, die ich zu diesem Thema kenne: dass diese Ereignislosigkeit, diese Clubsinnlosigkeit eigentlich auch todestraurig ist, furchtbar traurig. Aber um jetzt wieder ein bisschen friedlicher zu antworten ...

FERIDUN ZAIMOGLU *(flüstert)* Kürzer!

MAXIM BILLER Kürzer? Dann hör ich auf. Verzeihung.

PUBLIKUM Bei Ihren Geschichten ist mir aufgefallen: Sie sind wahr, sie könnten hier unter uns passiert sein. Aber andererseits stellen sie negative Extreme dar, negative Punkte einzelner Lebensläufe. In den meisten Biographien, in meinem Leben, in Ihrem Leben, gibt es allerdings auch Momente, die sehr viel positiver erlebt werden. Warum werden so häufig negative Extreme, negative Erlebnisse dargestellt? Das scheint ein allgemeines Bedürfnis der Menschen zu sein. Wenn ich im Fernsehen die Nachrichten anmache, bekomme ich auch nur das Negative gezeigt. Aber vielleicht könnte man ja auch, ohne zu betrügen, über positive Empfindungen schreiben.

MAXIM BILLER Ich kann nicht ernsthaft darauf antworten. Tut mir leid. Mir fällt dazu nichts ein. Weil ich nicht *belehrend* sein will. Auf so viele Fragen muss man belehrend antworten, sonst schweigt man lieber.

PUBLIKUM Diese ›Schwächlingsliteratur‹ — ich habe das Wort schon wieder vergessen *(Zuruf aus dem Publikum: »Schlappschwanzliteratur!«)* — Sie haben sich davon distanziert, indem Sie sagten, dass Sie sich weiterentwickelt haben. Ging es Ihnen darum, dass der Konflikt zwischen Gut und Böse in der gegenwärtigen deutschen Literatur eher nicht vorkomme, in Ihrer hingegen schon?

MAXIM BILLER Ich bin leider in die Situation gebracht worden, diese Geschichten, die ich ganz unschuldig als ein paar Geschichten gelesen habe, die etwas mit meinem Leben *heute* zu tun haben, ins Verhältnis bringen zu sollen zu einem Text, den ich *vor vier Jahren* geschrieben habe.

FERIDUN ZAIMOGLU Ich bin schuld.

MAXIM BILLER Ich stehe ja dazu. Was ich damals gesagt habe, stimmt immer noch. Das Problem ist nur, es ist so furchtbar banal, und es ist so furchtbar langweilig. Für mich ist Kunst zuerst das Erleben von etwas. Dann ist es das Nachdenken darüber, was das vom Leben erzählt. Und dann erst kommt die Wissenschaft oder das Feuilleton. Das Problem ist, dass ich den Eindruck habe, dass wir hier gleich Wissenschaft und Feuilleton machen. Okay, wir sind jetzt nicht auf einer Filmpremiere; aber wenn wir auf einer Filmpremiere wären, dann würden wir hinterher eine Party haben. Ich würde versuchen, eine nette Frau kennen zu lernen, und einfach nicht drüber nachdenken. Ich würde nicht erklären müssen, warum welche Erzählstränge in meinem Film so oder so angelegt sind, sondern die Leute würden sagen: ›Wissen Sie, ich habe geweint in Ihrem Film.‹ Und das ist eigentlich das, worum es mir geht. Mir geht's einfach darum, ob die Leute lachen oder weinen. Und die Theorie — ich bin wirklich kein unanalytischer Mensch, aber je älter ich werde, desto weniger interessiert sie mich persönlich. Wenn ich eine Mission habe, hier zu sein, also *hier (Biller klopft auf den Tisch)*, dann ist es weniger Analyse und mehr Weinen, mehr Lachen. Ich weiß, ich klinge wie Elke Heidenreich *(Publikum lacht)*, aber ich hoffe, dass ich einen besseren Geschmack habe.

PUBLIKUM Ich hatte ja gerade nach Ihrem Verständnis von Gut und Böse gefragt und danach, ob sich Ihre Einstellung geändert hat, weil ich ein Problem mit solchen übermächtigen Begriffen habe. Man kann zwar sehr wohl erleben, dass das Prinzip der Liebe das Gute ist und die Unfähigkeit der Menschen das Böse. Aber das muss man nicht. Man kann ebenso gut mit vielen anderen Begriffen an fast jedes Kunstwerk herantreten.

MAXIM BILLER Aber nicht, wenn man eine Dramaturgie hat. Dramaturgie erfolgt immer so. Das Problem ist: In Deutschland spielt Dramaturgie keine große Rolle. Wenn ich wieder vom Film sprechen darf: Die deutschen Filmfirmen und Fernsehfirmen und Redakteure jammern immer darüber, dass es hier keine Drehbuchautoren gibt. Warum? Vor dem Krieg wurden hier andere Drehbücher geschrieben. Die Filmindustrie funktionierte noch. Einige der wichtigsten

Regisseure des 20. Jahrhunderts kommen aus Deutschland und sind dann nach Amerika gegangen. Die wussten genau, was Dramaturgie ist. Und Dramaturgie ist — es tut mir leid, ich kann nichts anderes sagen als einfach nur: — das Bündeln eines Konflikts und das Auflösen eines Konflikts. Das ist Dramaturgie. Wir werden es nicht anders fassen können. Man muss nicht meiner Meinung sein. Man kann andere Sachen mögen. Aber ich glaube, dass man, wenn man ein breites Publikum berühren — nicht erreichen, *berühren* will, das ist für mich ein Unterschied — ihm die Gelegenheit geben muss, sich erst einmal *fesseln* zu lassen. Die Selbstverständlichkeit, mit der die meisten von Ihnen ins Kino gehen, in jeden neuen Film, der am Donnerstag anläuft, die haben Sie nicht bei Literatur. Und die haben Sie deshalb nicht bei Literatur, weil in der Literatur, zumindest in der deutschen Literatur, in der zeitgenössischen Literatur, von Dramaturgie keiner eine Ahnung hat, von dieser klaren Gegenüberstellung, von diesem Erzählen von Konflikten.

PUBLIKUM Ich möchte Sie nach der Ereignislosigkeit fragen. Sie meinten, es passiert nichts in der neuen deutschen Literatur. Für mich aber war gerade das verbindende Element der vier Geschichten, die Sie gelesen haben, dass in ihnen nichts passiert, ›nothing happens‹. Das war eine Ereignislosigkeit, die schmerzt. Man wird sich beim Zuhören bewusst, dass etwas fehlt beziehungsweise dass das Fehlen imaginiert wird. Und dadurch entsteht beim Zuhören ein Schmerz. Ich weiß nicht, ob das generell so ist, bei mir war es so. Insofern würde ich unterscheiden zwischen einer Ereignislosigkeit, die nur ein apathisches Gefühl hervorruft, und einer, die einen etwas vermissen lässt, ein Fehlen empfinden lässt.

MAXIM BILLER Das ist natürlich so. Stellen Sie sich vor, ich wäre ohne Position hergekommen, ohne Thema …

PUBLIKUM Aber meine Frage war …

MAXIM BILLER Meine Art zu erzählen funktioniert genauso wie in dieser Bukowski- und in dieser Hemingway-Geschichte: Es gibt einen großen Konflikt, es gibt irgendein

Drama, das wird kaum noch erzählt, aber im Hintergrund ist es da. Das ist so bei Hemingway: Ein Mann und eine Frau lieben sich, und sie muss offenbar gerade eine lesbische Erfahrung machen. Bei Bukowski ist es eigentlich noch deutlicher: Sie geht weg, zu einem langweiligen höheren Sohn, und sie kommt zurück zu dem Mann, der so ursprünglich ist, und er dreht durch. Bei mir: Die Hintergrundgeschichte ist eine Vergewaltigung — dass ein Arzt die Frau, die er liebt, vergewaltigen will. Und auch in meiner anderen Geschichte habe ich es eigentlich nur angedeutet. Ich hoffe, Sie haben es verstanden, vielleicht muss ich es noch überarbeiten. Was ist da die Geschichte? Vor Jahren gab es eine Frau und zwei Männer. Die Frau hat es nicht geschafft, von dem einen Mann zum anderen zu gehen, und am Ende hat der alte Geliebte versucht, den neuen umzubringen, aber der hat ihn in Notwehr erschossen. Jahre später kehrt er in die Stadt zurück. Es gibt einen Toten und zwei menschliche Zombies, die Zombies treffen sich wieder, und plötzlich leben sie wieder. Und es ist klar: Er geht jetzt wieder zu ihr. Das ist die Geschichte im Hintergrund.

Mir ist angenehm, was Sie gesagt haben. Genauso meine ich es. Es reicht, weil wir so viele Geschichten gehört haben. Ich selbst habe so viele Geschichten gesehen. Ich bin gerade nicht in der Stimmung, ein Drama zu erzählen. Ich bin in der Stimmung, den Vordergrund zu zeigen, der eher lakonisch ist, dahinter aber hat sich die Katastrophe abgespielt. Das finde ich aufregend beim Schreiben. Das macht mir Spaß. Und wenn es dann bei Ihnen funktioniert, dann freue ich mich nur.

PUBLIKUM Ich würde Sie gerne kurz entspannen lassen und Feridun Zaimoglu fragen. Die Frage, die er gestellt hat — man stellt ja gerne Fragen, die man selbst ganz gerne beantworten würde — galt der »Schlappschwanzliteratur«. Ich habe sein Buch *Liebesmale, scharlachrot* gelesen, da geht es tatsächlich um einen Schriftsteller, der ein Schlappschwanz im wörtlichen oder physiologischen Sinne ist. Solange dieser türkische Haiku-Dichter in der Türkei ist, kriegt er weder

Literatur zusammen noch Erektionen hin. Als er dann nach Deutschland zurückfliegt, klappt es wieder. Welchen Bezug haben Sie selber zu dem Thema?

MAXIM BILLER ... zum Schlappschwanz ...

PUBLIKUM Haben Sie das Buch nach dieser Konferenz geschrieben? War das eine Inspiration für Sie?

FERIDUN ZAIMOGLU Nein, das hat keine Rolle gespielt. Die Figur ist auch kein Schriftsteller, das mit den Haikus ist eigentlich eine Verlegenheitshandlung, eine Übersprungshandlung. In diesem Briefroman geht es darum, dass ein *harter* Kerl, der sich als hart ausstellt, an der Heimatfront bleibt und ein anderer, der sich als sensiblen Mann ausgibt, auf der Flucht vor den Frauen an die türkische Ägäis entkommt. *Beide* Männer versagen kläglich. Beide Männer haben, wenn es darauf ankommt, keine Ahnung. Bei beiden, egal welche Maskeraden sie veranstalten, klappt etwas nicht. Vor allem ist das Ganze lustig, jedenfalls habe ich den Versuch unternommen, es lustig zu schreiben. Das ist eine Loser-Geschichte.

Hier hast du *(zu Biller) meine* romantische Vorstellung, Maxim! Ich habe nämlich eine romantische Vorstellung vom Angenommen-Werden. Man versucht, sich in Szene zu setzen. Man versucht, nicht unangenehm aufzufallen. Man sieht eine Frau. Es entwickelt sich eine Mann/Frau-Geschichte. Und meine Vorstellung von Romantik ist: ein bisschen *Schaum*. Etwas, das diese Kälte von einem nimmt, auch von *mir*. Ein bisschen Schaum zu produzieren, ein bisschen in den Quark zu treten, damit *Sahne* entsteht. *(Publikum lacht)* Es mag opportunistisch sein, ich gebe das zu. Es ist unwahrhaftig. Aber ich versuche in meinen Büchern, diese Art des Luxusverhaltens, der Luxusliebe, die dazu verdammt ist, in letzter Konsequenz unwahr zu sein, zu beschreiben. Ich schreibe ja viel über Männer und Frauen. Wortgeklingel. Und zuweilen *(zu Biller)*, das hast du mir mal gesagt, bleibe ich in diesem Wortdickicht stecken. Das ist für mich ein Luxus. Wenn es uns zerreißt, wenn es mit den besten, mit den meisten Dingen nicht zum Guten bestellt ist — es ist dennoch geil, oder nicht? Ich meine, es ist doch gut, dass man ein bisschen Unwahrheit produziert, weil die Unwahrheit mich ein bisschen erlöst. Ein bisschen erlöst.

MAXIM BILLER Mach doch! Es ist eh wurscht! In 50 Jahren werden wir dann sehen, ob's noch gelesen wird oder nicht.

FERIDUN ZAIMOGLU Okay. Ich glaube, da ziehe ich den Kürzeren. Alles klar.

MAXIM BILLER Nein! So meine ich es nicht. Was ich sagen will, ist: Wir können nur, wir sollen nur eins tun, wenn wir schreiben: schreiben! Und wir sollen nicht darüber nachdenken, was wir damit bezwecken.

FERIDUN ZAIMOGLU Nein, nicht bezwecken! Was wir *fühlen*. Was uns, was uns …

MAXIM BILLER Ja, genau!

FERIDUN ZAIMOGLU Du hast gefragt: »Wofür brennst du?« Wofür brenne ich denn? Das, was ich erzählt habe, dieses kleine, etwas schmusige und etwas auf Krawall gemachte romantische Ausdrucksgefühl – da brenne ich! Es lässt mich nicht kalt. Das treibt mich an. Und ich liebe es, wenn die Leute, wenn Mann und Frau ein bisschen schief gewickelt sind. Also Missverständnisse, und dann klappt es *doch*, vielleicht, oder sie schlittern aneinander vorbei. Brennstoff! Da, *da* konnte ich dir folgen. Wofür brenne ich? Was treibt mich an? Was möchte ich machen?

PUBLIKUM Aber was könnte denn mehr Brennstoff sein als Mord und Vergewaltigung? Da brennt doch was! Hat Ihnen die Geschichte nicht gefallen?

FERIDUN ZAIMOGLU Nein, das habe ich nicht gesagt! Um Gottes Willen!

MAXIM BILLER Wieso denn? Kann doch sein, dass die Geschichte scheiße ist.

FERIDUN ZAIMOGLU Ja, aber das meine ich doch nicht.

MAXIM BILLER Wieso nicht? Was soll das! Sag, dass sie scheiße ist!

FERIDUN ZAIMOGLU Nein, nein, ich fand sie nicht scheiße. Ich habe nur gedacht, es kann natürlich auch sein, dass man ›brennt‹, wenn man keine Konflikte zwischen Gut und Böse beschreibt. Wenn man weiß, man schreibt schöne, vielleicht ein bisschen schmierige Geschichten. Schmierig im Sinne von unwahr. Wie das brennt, es brennt lichterloh, kann man auch bei anderen Autoren und Autorinnen sehen. Brennt es? Obwohl sie über andere Dinge schreiben? Obwohl es da andere Gegenstände gibt, kann man denselben Brand feststellen? Es brennt! Ohne Frage. Keine Ahnung.

PUBLIKUM Um es auf den Punkt zu bringen: Der eine fährt Cadillac, der andere ein Fahrrad, und beide tun es gern? Hab ich das darunter zu verstehen?

FERIDUN ZAIMOGLU Das ist aber ein … ja … guter Vergleich. Ich muss nachdenken darüber.

MAXIM BILLER Ich nicht.

FERIDUN ZAIMOGLU Siehst du, das ist der Unterschied! Du kapierst es, ich muss darüber nachdenken.

MAXIM BILLER Ja?

FERIDUN ZAIMOGLU Ja, wirklich.

PUBLIKUM Ich habe eine Frage zur Sprache, Herr Biller: Sie möchten nicht elitär schreiben. Sie möchten den Leser mitnehmen und fesseln. Die Sprache der Geschichten, die wir gehört haben, ist verständlich, sehr auf den Punkt gebracht, aber sie ist überhaupt nicht sinnlich. Kann man überhaupt karg schreiben, pointiert, ohne dass sich viele Leser *nicht* mitgenommen fühlen? Lassen Sie die Leute dann nicht außen vor? Ihre Texte sind nicht effekthascherisch geschrieben.

MAXIM BILLER Genau! Punkt 1: Es kann ja sein, dass ich komplett versagt habe. Das sage ich ohne Koketterie. Punkt 2: Ich glaube nicht, dass ich versagt habe. Und ich glaube, unser Verständnis davon, wie man auf Deutsch schreiben soll, ist geprägt von Thomas Mann-Wortgeklingel. Früher hat jeder, der anfing zu schreiben, gedacht, er muss wie Thomas Mann schreiben, dann ist er schon ein Schriftsteller. Was ich sagen will, ist: Einfachheit der Sprache heißt nicht, dass die Sprache unsinnlich ist. Ich mag meine Sprache. Nicht, weil ich selbstverliebt bin. Es ist wie bei einem Komponisten, der hört eine Melodie, er mag diese Melodie, und er schreibt sie zu Ende. Ich höre die Melodie meiner Sprache. Vielleicht ist es eine schlechte Melodie. Das kann sein. Aber dass sie, wie Sie sagen, unsinnlich sei, weil sie karg ist, hoffe ich nicht. Ich hoffe, dass die Einfachheit sinnlich-poetisch ist.

Dass Sie mich nicht falsch verstehen: Ich schreibe nicht für den Leser. Ich schreibe für *mich*. Weil ich selbst diese Melodie hören will. Das geht sogar so weit, wenn ich irgendetwas Längeres schreibe, aber auch bei kurzen Sachen, und das Gefühl habe, in einer langsameren Passage, der Beschreibung einer Straße, da ist eher nicht so viel drin, so dass mir das zu lang wird, dass ich sofort wieder Action haben muss, ›Action‹ in Anführungsstrichen, weil es *mir* zu langweilig wird. Ich bin mein erster Leser. Das ist ein ganz seltsamer Zustand. Man schreibt sich selbst ein Lied. Und meine zweiten Leser — ich will Sie alle nicht vor den Kopf stoßen — meine zweiten *und letzten* Leser sind dann nur noch meine Freunde. Der Rest, der soll bezahlen. Sonst könnte ich nicht weiter schreiben. Ich übertreibe jetzt ein bisschen, aber was ich damit sagen will, ist: Wenn ich beim Schreiben ans Publikum denken würde — ich habe vorhin gesagt, man muss das Publikum an die Hand nehmen, dazu stehe ich auch! Nur entweder man hat das Glück, dass man so schreibt, oder nicht — wenn ich von Anfang an ans Publikum denken würde, dann würde ich triviale Romane schreiben, und die wären am Ende auch nicht erfolgreich. Denn ich glaube, auch Trivialromanautoren schreiben in Wahrheit nicht auf einen Bestseller hin, sondern sie schreiben das, was sie können.

PUBLIKUM Aber da widersprechen Sie sich gerade selbst.

MAXIM BILLER Garantiert!

PUBLIKUM Weil Sie eben noch gesagt haben, dass Sie möglichst viele Menschen erreichen wollen.

MAXIM BILLER Das habe ich gerade gesagt. Ist das ein Widerspruch? Ich kann mich nur im Nachhinein selbst erklären. Ich würde mir wünschen, dass es in Deutschland mehr Literatur dieser Art geben würde, für die gilt: Wir schreiben über die schlimmsten, tiefsten, ergreifendsten Dinge, aber wir machen es so, dass man uns verstehen kann.

FERIDUN ZAIMOGLU Noch zwei ... oder drei *(schaut umher)* ... oder vier Fragen. Und dann machen wir Schicht.

PUBLIKUM Ich bin mir sicher, es gibt diese Literatur in Deutschland schon längst, nur will man nicht sehr viel davon lesen. Es gibt *Creative Writing,* eine Anleitung, wie für Drehbuchautoren. Da wird auf den Plot, aufs Geschichten-Erzählen Wert gelegt. Aber auf diesen genormten ›Geschmack‹ kommt es nicht an. Das könnte man gar nicht aushalten, wenn alle so schreiben würden.

MAXIM BILLER Ich kann wie immer nur Beispiele vom Film nehmen. Das ist in etwa das, was bei *Creative Writing* entsteht. Es gibt in der Literatur einen Unterschied wie zwischen einem Spielfilm und einem ARD-Fernsehspiel. Der Fernsehspiel-Realismus ist auf dem Reißbrett entstanden. Das ist klar. Das Leben ist anders. Das führt uns jetzt ganz woanders hin, in eine neue Sitzung, die wir dafür bräuchten. Kann nämlich ein Volk, das seit 1945 oder seit 1939 oder bereits seit 1933 kulturell extrem homogen lebt und eine bestimmte Wahrnehmung der Realität hat, in Wahrheit überhaupt anders? Wahrscheinlich kann es nicht anders. Heute leben in Deutschland sieben Millionen Ausländer, die eine andere Kultur und ein anderes Verständnis von Literatur mitgebracht haben. *Wo sind die* in der deutschen Kunst, in der deutschen Literatur? Hier sitzen zufällig zwei. Und wir sind so ungefähr die Einzigen hier im Raum, interessanterweise. Wo sind die in den Feuilletons, und wo sind die mit ihrer eigenen Identität?

Als Fatih Akin, für alle überraschend, den Goldenen Bären bei der Berlinale gewonnen hat, hat es mehr als einen Artikel von deutschen Filmkritikern gegeben, in dem mit zusammengebissenen Zähnen *zugestanden* werden musste, dass dieses *Machwerk* an Gefühl und Leidenschaft und Sinnlichkeit den Preis bekommen hat. Ich werde nicht vergessen: Der Feuilletonist Andreas Kilb in der *FAZ* schreibt ein Portrait von Fatih Akin *(»Cineast der Straße« in der* Frankfurter Allgemeinen Zeitung *vom 16. Februar 2004)* und beginnt mit Betrachtungen darüber, dass der eigentlich wie ein Grieche oder wie ein Italiener aussieht. Das ist die Frage: Ist Deutschland ein Land, in dem diese Art von Literatur möglich ist? Ich fordere nichts anderes. Ich wollte durch das, was ich gelesen habe, zeigen: Es geht. Ich habe es ganz zart gemeint heute, ausnahmsweise: Es geht. Einfach. Die Sprache dazu ist da.

PUBLIKUM Der eine hat ein langweiliges Leben, also wird sein Schreiben langweiliger sein; der andere ist Emigrantensohn und hat Interessanteres zu erzählen. Ist Geschmack eine Frage des Charakters, des Lebens, nicht des Talents?

MAXIM BILLER Es ist schade, dass wir zum Ende kommen müssen, weil es für mich interessant wäre, länger darüber zu reden. In Deutschland gibt es bekanntlich eine Leiche im Keller. Einerseits ist es so, dass ich Deutschland dafür wirklich bewundere. Das meine ich völlig unironisch. Die Deutschen sind das einzige Volk auf der Welt, das einen Massenmord verübt und sich danach ernsthaft damit beschäftigt hat und das wirklich diesen Teufel ausgetrieben hat aus sich selbst. Das meine ich ganz im Ernst. Es gibt kein Land auf der Welt, davon bin ich absolut überzeugt, das so wenig rassistisch und so wenig antisemitisch ist wie Deutschland. Aber: Die Geschichten, die mit dieser Geschichte verbunden sind, wurden trotzdem nicht erzählt. Oder nur ganz, ganz wenige. Der Zweite Weltkrieg ist allein schon aus dramaturgischen Gründen eine Fundgrube! Aber die Großväter haben den Vatern nichts erzählt, was konnten dann die Väter an die Söhne, die Sie jetzt sind, weitergeben? Wo sind diese Geschichten?

Nehmen Sie Joachim Bessing und *Tristesse Royale.* So etwas Gekünsteltes kommt dabei heraus. Oder nehmen wir Thor Kunkel und sein Buch *Endstufe.* Ich mache jetzt etwas ganz Gemeines: Jemand, der ›Thor‹ heißt, soll mir nichts erzählen! Warum schreibt er nicht das, was in seiner Familie wirklich los war? Warum denkt er sich irgendeine Geschichte aus, die auf wahrscheinlich in den 60er Jahren gefälschten

Nazipornos basiert? Dieses ›Nicht bei sich‹-Sein in Deutschland, das finde ich so schade. Ich will jetzt keine Ethnologie Deutschlands betreiben. Wenn jemand zu mir sagt: ›Deutsch ist eine hässliche Sprache!‹, sage ich: ›Du bist ein Idiot!‹ Deutsch ist eine genauso schöne Sprache wie jede andere Sprache auf der Welt. Es kommt nur darauf an, wie man sie verwendet. Ich beginne mit der Sprache, dann komme ich zum Inhalt. Wir können auf Deutsch genauso großartige Romane schreiben, wie man sie auf Englisch oder Japanisch schreiben kann. Das *wäre* eigentlich ein gutes Schlusswort gewesen.

FERIDUN ZAIMOGLU Das *ist* ein geiles Schlusswort! Ich bin jetzt in einem Dilemma … denn es gibt noch zwei Wortmeldungen. Und ich muss mich ans Fenster stellen und eine Zigarette rauchen.

MAXIM BILLER Was? Du rauchst eine, und wir reden weiter?

FERIDUN ZAIMOGLU Nur eine …

MAXIM BILLER Nein, das kannst du nicht machen. Das wird hier zerbröseln, ich kenne das.

FERIDUN ZAIMOGLU Nein!

MAXIM BILLER Doch *(schaut herum)*, es bröselt schon.

FERIDUN ZAIMOGLU Das sind nur einige, die sowieso wegmüssen, aber die meisten bleiben hier.

MAXIM BILLER Es zerbröselt, Mann!

FERIDUN ZAIMOGLU Nein.

MAXIM BILLER Doch.

PUBLIKUM Es ist sehr interessant, dass Sie hier über Filme sprechen. Ich finde es auch anregender, *Gegen die Wand* zu schauen als deutsche Spielfilme. Dieser Film war ein Schlag in die Fresse, und das ist gut so, denn es ist ein dramatischer Film. Ich glaube, das Gefühl dafür ist bei den meisten Kulturschaffenden und Feuilletonisten gar nicht mehr vorhanden. Vielleicht sind viele auch ein bisschen neidisch darauf, dass er interessanter ist.

MAXIM BILLER Ja, und das nervt.

PUBLIKUM Da wird etwas auf völlig andere Art, mit völlig

anderem Rhythmus, völlig anderen Worten beschrieben. Das sind zwei Pole, zwei künstlerische Positionen, die ganz und gar unterschiedlich sind, die man aber beide einnehmen kann. Es geht ja nicht ausschließlich um das eine *oder* das andere.

MAXIM BILLER Da gebe ich Ihnen völlig recht. Das Problem ist nur, dass zumindest durch das Feuilleton vermittelt wird, es gebe *nur eine* Möglichkeit, Kunst zu schaffen. Ich bin der erste, der dafür kämpfen würde, dass Peter Handke weiter schreiben dürfte, wenn ihn jemand verbieten wollte. Das andere aber wird verschwiegen und nicht wahrgenommen oder sogar gehasst. Und ja, ich gebe Ihnen recht, beides muss sein! Absolut. Es muss Jean-Luc Godard sein, genauso wie François Truffaut sein muss.

PUBLIKUM In Deutschland scheint man zu glauben, dass einem Schriftsteller das fertige Buch aus der Hand fällt. Amerikanische Schriftsteller diskutieren Literatur viel offener, sie reden über ihre Machart.

MAXIM BILLER Das weiß ich nicht. Ich will nicht wieder mit einer neuen Meinung nerven. Aber zur Zeit ist die amerikanische Literatur nicht besonders toll. Das Routinierte, das Fabrikhafte, das *Creative Writing*-hafte ist eine Seuche. Zur Zeit. Diese Geschichte von Hemingway, die ich gelesen habe, stammt, glaube ich, aus den 30er Jahren. Sie ist altmodisch übersetzt, und trotzdem sind die alten Übersetzungen von Hemingway besser als die neuen, finde ich. Die Bukowski-Geschichte muss wohl aus den 70er Jahren sein. Dass dieses Existentielle, das für mich zumindest in diesen Geschichten mitschwingt, und das toll Gebaute miteinander einhergehen!

In den letzten Jahren ist mir, aber das liegt wahrscheinlich an mir, nichts von amerikanischen Autoren begegnet, das mich wirklich gepackt hätte. Die haben also auch ein Problem. Vielleicht sind sie sich im Moment *zu* sehr bewusst, wie man's macht. Gleichzeitig habe ich in Amerika immer wieder bewundert, dass das klare Verhältnis zum Handwerk, das klare Bewusstsein vom Handwerk, dazu geführt hat, dass der

Underground wesentlich suggestiver ist und wesentlich zugänglicher für Leute von außerhalb als beispielsweise der französische oder der deutsche Underground. Ich weiß nicht, was mit mir los ist, mir fallen heute nur Filme ein. Ich weiß nicht, ob Sie Norman Mailer-Filme gesehen haben — der amerikanische Schriftsteller Norman Mailer hat in den 60er Jahren ein paar Filme gemacht. Oder Filme von John Cassavetes, die frühen, vor allem den allerersten, *Shadows*? Das sind alles Underground-Filme, die aber trotzdem so gebaut sind, dass man sie sich nicht bloß ansieht und überlegt: ›Das ist aber ein interessantes Experiment!‹, sondern denkt: ›*Das* ist ja 'ne Geschichte!‹ Das haben die Amerikaner offenbar immer schon gehabt. Aber jetzt drehe ich mich im Kreis.

PUBLIKUM Fatih Akins Film *Gegen die Wand* und Lars Beckers *Kanak Attack (nach Zaimoglus* Abschaum) sind, typischerweise, gegeneinander ausgespielt worden: hier der ernsthafte, dort der leichtfertige. Als Fatih Akin auf die Bühne kam, sagte die Jurypräsidentin Frances McDormand: »Your movie is rock 'n' roll!« Also Musik, zu der die Menschen tanzen. Sie haben von der Melodie der Sprache gesprochen und von Realismus. Um meine auseinander gegangene Beziehung zu beschreiben, würde ich mich eher in einer fragmentarischen, aufgelösten, unsicheren Sprache wieder finden als in einer nüchternen, kargen und vielleicht zynischen. Das heißt, dass nicht nur das eine oder das andere geht. Und ich glaube, dass beide Gemütszustände und Rhythmen auch für verschiedene Gruppen und Generationen ihre Berechtigung haben.

MAXIM BILLER Absolut.

PUBLIKUM Gerade bei jungen Türken oder jungen Immigranten, die etwas anderes mitbringen, liegt das Potenzial, das zu transportieren — in unsere Gesellschaft.

MAXIM BILLER Ja!

FERIDUN ZAIMOGLU Das war ...

MAXIM BILLER Das war der Schlusspunkt.

FERIDUN ZAIMOGLU Nein, das war Maxim Biller. Es war großartig. *(Applaus)*

Marius Meller und Volker Weidermann

Unbedingte Begeisterung

FERIDUN ZAIMOGLU *(an die beiden Gäste gerichtet)* Ich will sie willkommen heißen. Es ist auch diesmal nicht nur dahergesagt. Ich freue mich wirklich außerordentlich, dass sie die Zeit gefunden haben, dass sie die Lust haben, hier zu erscheinen: Volker Weidermann von der *Frankfurter Allgemeinen Sonntagszeitung* und Marius Meller vom *Tagesspiegel*. Bei beiden handelt es sich nicht nur um Literaturkritiker, sondern — ich darf das sagen und in Stellung bringen — um Phänomenologen. Das heißt, sie beschauen nicht nur das, was schon angekommen ist, sondern sie sind auch dabei, über das zu schreiben, was in der Luft liegt. Ich bin ihr Fan, als solcher darf ich mich outen, nicht nur, weil ich von beiden gelobt worden bin. Ich glaube, es wird darauf hinauslaufen, dass ihr beide *(zu Meller und Weidermann)* Literaturkritiken lesen werdet — nicht eigene, sondern fremde. Danach werden wir miteinander sprechen. Selbstverständlich soll es nicht dabei bleiben, dass nur wir sprechen, sondern das Gespräch wird für das Plenum geöffnet. Ich bitte euch!

MARIUS MELLER Gut, ich fange an. Ich muss dazu sagen, es ist ein wenig eine Notlösung, was ich jetzt vorlesen werde. Ich bin gerade beim Umziehen, meine Bücher sind alle noch in Kisten verpackt. Ich packe jeden Tag zwei aus, und ich hatte gehofft, dass ich was Schönes finde, aber da kam nur Barockliteratur zum Vorschein, und damals war das Rezensionswesen noch nicht so entwickelt. Darum danke ich Volker *(zu Weidermann)*, dass du mir etwas mitgebracht hast. Etwas, das eigentlich du lesen wolltest, eine Rezension von Kurt Tucholsky über Franz Kafkas *Prozeß*. Die hat er 1926 geschrieben. Eine Rezension des Typs ›Hier liegt ein Ernstfall vor‹. Es ist erstaunlich, wie Tucholsky seine Feuerwerkspotenz in Rezensionssachen zurückschraubt und zuerst einmal fragt: Was ist denn das? Das ist ja ganz unglaublich! Für mich ein Beispiel für eine Rezension, bei welcher der Rezensent seine Kunstfertigkeit zurücknimmt, weil einfach zu wichtig ist, was hier zu passieren scheint.

Man muss dazu sagen: Kafka war gerade mal etwas über ein Jahr tot, als dieser Text erschien. Im öffentlichen Bewusstsein ist allgemein verankert, dass Kafka der große verkannte Schriftsteller war. Das war aber gar nicht der Fall, er war lange Zeit ein Geheimtipp, man hat ihn oft gedrängt, an die Öffentlichkeit zu gehen, ein wenig offensiver. Er hat sich immer geweigert und hat, weil er seine Texte nie drucken lassen wollte, nur ganz wenig publiziert. Das hat den Verleger Kurt Wolff irgendwann genervt, der dann auch nicht sehr nett mit ihm umging. Er gilt dennoch als Kafkaentdecker, aber das ist er sicherlich nicht. 1926 erscheint die erste Ausgabe des *Prozesses*, von dem Kafkafreund Max Brod zusammengestellt. Im Grunde *fertig* gestellt, denn er wusste nicht, wie die Kapitel anzuordnen waren. Dieses Produkt wurde im Verlag ›Die Schmiede‹, später dann, nach dem Krieg, bei S. Fischer, publiziert. Und nun sehen wir, was passiert, wenn Kurt Tucholsky auf den *Prozeß* stößt. Ich glaube, dass Tucholsky Kafka schon länger beobachtet hatte. Im Grunde wusste jeder im Kulturbetrieb, dass da ein Unsterblicher die Bühne betreten hatte. *(Meller liest Kurt Tucholskys alias Peter Panters Rezension »Der Prozeß« aus der* Weltbühne *vom 9. März 1926 vor.)* Soll ich erklären, oder wollen wir gleich was hinterher schieben?

VOLKER WEIDERMANN Man kann kurz sagen, warum wir beide zufällig den selben Text lesen wollten. Was mich so unglaublich begeistert hat oder was ich so exemplarisch oder auch so einmalig daran finde, ist das Bekenntnis der Ratlosigkeit. Damals war es sicherlich auch schon so wie heute, dass der Kulturbetrieb und der Literaturbetrieb voll sind mit Deutern und Großworterfindern, die Büchern gerecht zu werden oder Bücher auszudeuten versuchen. Dass hier gerade jemand wie Tucholsky, der täglich in Feuilletons Kritiken schreibt und sich überall in jedem Urteil sicher ist, auch im politischen, ein Buch liest wie den *Prozeß* und offen bekennt: ›Ich verstehe kein Wort, aber es ist ganz groß‹ — das ist einmalig, finde ich. So etwas habe ich selten gelesen. Ich finde es auch unglaublich sympathisch, dass ein verzweifelter Tucholsky an Max Brod schreibt: ›Helfen Sie mir, ich muss das doch irgendwie verstehen, ich sehe, das ist bedeutend, aber ich verstehe kein Wort!‹ Was Brod antwortet — das ist dann der peinliche Teil. Was Brod schreibt — ja, das *kann* man so sehen, aber das macht den Text auch wahnsinnig klein. Was er da auf 20 Zeilen sagt: So und so ist das gemeint … Immerhin bekennt er in den letzten Zeilen: Franz Kafka übrigens wollte darüber nie sprechen. — Das ist für mich die Größe von Tucholskys Text, das ist klasse.

FERIDUN ZAIMOGLU Das Ende: »Wir dürfen lesen, staunen, danken.« — Ich habe mir ein paar Worte aufgeschrieben, ein paar Begriffe: »Erschütterung«, »keine gebildeten, geschwollenen Fremdwörter helfen hier weiter«. Er ist wie ein Gläubiger beim Anblick eines Götzen. Er geht auf die Knie. Unsereiner, wir normal sterblichen Schreiber, die wir heute die Feuilletons bevölkern bzw. über die ihr schreibt, können davon nur träumen. Ab und zu …

MARIUS MELLER Wovon träumen? Dass so jemand wie Kafka kommt oder dass wir so toll schreiben?

FERIDUN ZAIMOGLU Wir können davon träumen, dass die Erschütterung, die Verwunderung und die Schwäche ob der Großartigkeit eines Romans so ohne Wenn und Aber bedingungslos zugegeben werden. Wir können auch davon träumen, dass es sich vielleicht einmal um einen Roman von uns handelt. Hier ist einer, der hat diesen Text gelesen und festgestellt: Es ist kein Buch, es ist kein … *(ratloses Schulterzucken)* Und es ist auch kein typisch postmortales Lob, das hier dem guten Franz Kafka hinterhergeschrieben wird. Wie klar, wie großartig, wie gar nicht verblasen ist das Ganze geschrieben! Ich will aber in das Gespräch nicht gleich einsteigen, sondern möchte weitergeben.

MARIUS MELLER Ich hätte noch eine Winzigkeit zu sagen im Anschluß an Volker und dich. Was mich am Text

— abgesehen davon, dass es eine besonders außertypische Rezensionsleistung ist, fasziniert hat, ist, dass er — ich bin ein Kafka-Fan, das ist mein Hobby — die Themen der Forschung bis heute vorgegeben hat. Da sind diese beiden Sätze, die ich für eine rezensentische Hilflosigkeit von Tucholsky halte, dass sei nicht allegorisch, sondern symbolisch. Da fragt man sich zuerst, wenn man ein wenig kramt in seinem germanistischen Gedächtnis, was war nochmal genau der Unterschied zwischen Symbol und Allegorie? Darüber gibt es ganze Bibliotheken, über die Fragen: ›Ist Franz Kafkas Werk eine Allegorie oder nicht?‹, ›Gibt es da Symbole?‹, ›Wie können wir die rekonstruieren?‹ Ich halte es übrigens auch für eine rezensentische Hilflosigkeit und schon damals für ein Stereotyp der Kritik, zu sagen: ›Ich verstehe nicht, ich möchte nur staunen.‹ Das ist legitim, denn die meisten Bücher verstehen wir ja wirklich nicht. Wenn es heißt, wir müssen in drei Tagen eine Rezension abliefern: ein Tag Lesezeit, ein Tag Nachdenkzeit, ein Tag Schreibzeit — das ist schon viel. Verstehen *können* wir eigentlich nicht. Das heißt, diese Geste versteht sich von selbst, das ist eine *conditio sine qua non*. Hier ist sie aber ganz bewusst vorgebracht und sicherlich auch berechtigt, denn Kafka ist ein besonders schwieriger Autor. Es wird von dem Charisma seiner Schrift gesprochen, in einer quasi-religiösen, ein wenig ironisch gebrochenen Rede, wenn Tucholsky sagt, in Asien würden die Leute auf die Knie fallen und solche Texte *beten*. Und auch bei uns hat diese Besprechung etwas von einem Gründungstext einer Religion.

Das ist zunächst einmal eine Devotionsgeste und eine Freundlichkeit und ein Versuch, mit dem Charisma dieser Sprache, die sofort spürbar wird in den Zitaten, umzugehen. Aber es ist auch ein Thema der Kafkaforschung, wie sie damals noch im Verborgenen stattfand: Walter Benjamin und Gershom Scholem, die zu den frühesten Kafkafreunden und Bewunderern gehörten. Benjamin ist sogar extra einmal nach München gefahren, um eine Kafka-Lesung in einer Galerie zu hören. Die ist dann aber leider einen Tag später gewesen, so dass es zu dem tollen Treffen Kafka–Benjamin nicht kommen konnte. Er hat die Zeitungsberichte darüber gelesen: die Leute hatten gelacht! Zwischen Benjamin und Scholem war die quasireligiöse Dimension dieser Texte ein Thema, so dass sie in ihren gemeinsamen Manifest-Thesen zur Kabbalah in Anlehnung an die Zehn Gebote als These 1 schreiben konnten: Wer von Kabbalah etwas verstehen will, muss zuvor den *Prozeß* verstanden haben. Was auf Deutsch heißt, man kann eigentlich gar nichts davon verstehen, wenn man nicht gerade Scholem ist. All diese Grundthemen kommen in Tucholskys Text vor, all die Grundthemen der Kafkaforschung und -rezeption nach dessen Tod, die sehr bald schon einsetzte. (Benjamin hatte bereits vorher Kafka gelesen.) Das alles kommt in diesem Text vor. Ich möchte Tucholsky gegenüber nicht ungerecht sein — er ist ein unglaublich guter Schreiber und Analysator von gesellschaftlichen Phänomenen und auch ein Spürhund für Textqualitäten und Charisma, aber er hat im Grunde *wirklich* keine Ahnung, was da passiert, und will auch gar nicht den Versuch machen, das zu verstehen.

FERIDUN ZAIMOGLU Du meinst, er hat nicht rezensiert, sondern er ist verzückt?

MARIUS MELLER Er ist verzückt von einer Oberfläche. Tucholsky ist ein Beispiel eines intuitiven Kritikers. Er ist ja hauptberuflich gar kein Literaturkritiker. Ein großer intuitiver Kritiker, den wir noch erleben durften, ist Marcel Reich-Ranicki. Es gibt andere, die gar nicht intuitiv sind, sondern analytisch. Es gibt merkwürdige, signifikante Unterschiede in der Kritik. Tucholsky ist ein Beispiel einer intuitiven Kritik, die eben nicht nur die passenden Worte für den Text findet, die uns heute noch wichtig sind, die uns alle Stadien der Kafkarezeption im Substrat schon präsentieren. Es ist fast ein mediales Phänomen, das da stattfindet. Das hat mich an diesem Text interessiert.

VOLKER WEIDERMANN Wie soll ich da jetzt einen Übergang finden? Das Besondere an dem Text ist zusätzlich noch, dass er produktiv ist, dass er einerseits eine Kapitulation bedeutet, aber andererseits synthetisiert! Was macht das Buch mit dem Leser, mit dem Prozeß des Lesens? Darüber schreiben und zugleich auch etwas über das Buch auszusagen! Das, was man in einem extremen Fall die *gefühlte* Buchkritik nennen könnte, hat es auch viel, viel später — ich springe jetzt —, vor 15 Jahren gegeben. Das Folgende hat ein Layouter in der *taz* geschrieben, und zwar über Peter Handkes *Versuch über die Jukebox*. Ich lese einfach mal vor. Das ist schon eine *sehr ungewöhnliche* Kritik, die auch einige Folgen hatte. Sogar *Die Zeit* hat sie dann nachgedruckt. Daraus habe ich das damals ausgeschnitten, sogar aufgehängt. *(Weidermann liest Richard Nöbels zuerst in der* tageszeitung *vom 2. Oktober 1990 erschienene Kurzrezension »Ein Fühlen«.)*

Ich kann nicht wirklich beschreiben, warum mich die Rezension so begeistert hat. Als ich acht Jahre später (oder so) zur *taz* kam, wo ich zuständiger Literaturredakteur wurde, hatte ich nichts Eiligeres zu tun, als eben jenen Layouter, der immer noch Layouter bei der *taz* war — ich glaube, heute noch ist, Richard Nöbel heißt er —, gleich mit einer neuen Rezension des neuen Handke zu beauftragen. Die fiel zu meiner Freude sehr ähnlich aus . Und — zu meiner Überraschung — zur großen Empörung des Suhrkamp-Verlages, der sich wohl noch an die Rezension vor acht Jahren erinnerte und darauf beschloß, die Zusendung aller Rezensionsexemplare an die *taz* auszusetzen. Was mich überraschte, und was vielleicht auch ein gutes Beispiel dafür ist, wie unterschiedlich Rezensionen wirken können — denn mir hat damals nicht nur die Rezension gut gefallen, ich habe auch sofort das Buch gekauft. Etwas Schöneres kann einem in der Tat nicht passieren, denn natürlich ist das einerseits ironisch, andererseits aber eine enthusiastische Beschreibung eines Leseprozesses, die aber offenbar nicht bei jedem gut angekommen ist. Von Handke weiß ich nichts.

FERIDUN ZAIMOGLU Wie wirkt die Rezension auf den Autor? Ich erinnere mich, als vor zwei oder vor drei Jahren — ich weiß gar nicht mehr genau, wann — *German Amok*, der

Vorläufer von *12 Gramm Glück,* erschienen ist: Ich habe das Buch geschrieben, ich verknüpfe damit große Hoffnungen, ich mache mir selber Mut, ich weiß, es ist ein heftiges Buch, ich weiß, es ist ein — wie ich jetzt in der Rückschau sagen kann — etwas hart geschriebenes Buch, in Maßen maßlos und durchaus pornographisch. So, ich komme aus dem Sommerurlaub zurück, eigentlich hatte ich nur zwei Tage zum Auspacken, dann komme ich zur Frankfurter Buchmesse und zum Stand von Kiepenheuer & Witsch, zum Stand meines Verlags, und Olaf Petersen, mein Lektor, schaut mich gleich komisch an: »Willst du etwas?« — »Nein!« — »Doch, du willst etwas!« — »Kaffee.« — »Setz dich doch bitte hin.« Und dann hat er mir eine Rezension in die Hand gedrückt. Ich sage nur FAZ ... ich sage nicht FAZ *am Sonntag,* ich sage *Frankfurter Allgemeine Zeitung.* Und es ist wirklich nicht übertrieben: Ich habe es gelesen, ich habe es nicht überflogen, ich habe die Sätze gelesen, ich habe sie noch einmal gelesen, und der Boden unter meinen Füßen schwankte. Die erste Reaktion war, mit Verlaub: »Dem hau ich aufs Maul!« Ich habe mich dann hingesetzt. Ich will doch nichts als Bücher schreiben! Dann kommt sofort sehr zähes Selbstmitleid: ›Ich habe recht.‹ Selbstmitleid geht über in Selbstgerechtigkeit. Das Ganze innerhalb einer Viertelstunde. ›Dieser Kritiker ist einfach ... ‹

Ihr beide habt von der intuitiven Kritik, von der gefühlten Buchkritik gesprochen. Der Vorwurf, der in einem sofort hochkommt, ist: ›Der hat nicht die geringste Ahnung, weil er mich nicht gelobt hat! Er hat bestimmt nicht das ganze Buch gelesen, er hat vielleicht ein paar Kapitel gelesen, den Anfang, das Ende, er weiß doch gar nicht, was da drin steckt.‹ Ich kenne solche Geschichten auch von Kollegen und Kolleginnen. Von der Leipziger Buchmesse weniger, aber die harte Frankfurter Buchmesse — da sind einige herumgewandelt und haben wirklich nach dem Kritiker oder der Kritikerin gefahndet. Das hat natürlich sehr viel Prahlerisches. Am Ende, bis auf ein paar, glaube ich, in den letzten Jahren, die sich vergessen haben und die in meinen Augen sowieso eine

Selbstwertstörung haben, bis auf die, ist den Kritikern aber nichts passiert.

MARIUS MELLER Wir verkleiden uns ja auch immer!

FERIDUN ZAIMOGLU Es ist eine blöde Frage, doch ich erlaube mir, auch diese blöde Frage zu stellen: Euch ist schon bewusst, dass diejenigen, die sagen: ›Ich lese gar nichts mehr‹ oder ›Ich schlage das Feuilleton gar nicht mehr auf‹ vielleicht eure eifrigsten Leser sind? Ich bitte meinen Verlag und jeden, mir die Kritiken zuzuschicken. Ich lese jede Kritik und hefte sie auch nett ab. Und wenn sie besonders toll sind, lese ich sie ein dutzendmal, immer und immer wieder. Euch ist bewusst, welche Macht eure Texte haben? Oder übertreibe ich, übertreiben wir, sollten wir das ein bisschen lockerer sehen? Mir fällt diese Frage deswegen ein, weil ich mich immer gewundert habe, dass ich von der Machtlosigkeit des Feuilletons, die immer wieder behauptet wurde, nichts merke. Auch meine Leser konfrontieren mich mit Besprechungen.

MARIUS MELLER Das ist das Hauptproblem am Rezensionenschreiben. Wenn man einigermaßen das Textstricken hinkriegt und nicht mehr von Kollegen gesagt bekommt: ›Mensch, da musst du aber noch einen besseren Anfang schreiben und einen Schluss.‹ Also wenn das technisch ganz gut läuft, dann kommen sofort die moralischen Probleme. Einer aus der älteren Generation, Reich-Ranicki, würde sagen, daran darf man überhaupt keinen Gedanken verschwenden, wir dienen einer höheren Bestimmung, der Konstituierung des kulturellen Gedächtnisses. Wir sind dafür zuständig, die einen rauszukicken und die anderen reinzutun, aber immer nur mit dem Blick auf den Text, ohne Blick auf den Autor. Ob sich das moralisch durchhalten lässt, ist eine andere Frage. Ich glaube, dass unsere Generation ein wenig anders vorgeht. Meine Arbeit zumindest, und ich bitte darum, mich daran zu messen, ist dadurch bestimmt, dass ich versuche, die Fallhöhe zu berücksichtigen. Ein arrivierter Großschriftsteller, der eine Gesamtausgabe bei dem akzeptiertesten Verlag in Deutschland und schon tausend Preise und ein Haus am Bodensee hat — da kann man ein wenig härter durchgreifen. Der ist so groß, ich bin als Rezensent (beim *Tagesspiegel* sowieso) ein Zwerg gegen diesen Goliath, da darf ich mit harten Bandagen kämpfen. Aber ein schüchternes, bleiches Mädchen vom Prenzlberg, das seit drei Jahren an einem Roman arbeitet und abends noch im ›Schwarzauer‹ hinter der Theke steht und Bier ausschenkt — da muss ich wahnsinnig aufpassen.

Ich habe selber einmal, das war das Härteste, das ich je gemacht habe, zum Klagenfurter Literaturwettbewerb einen Abschlussbericht geschrieben und den Siegertext sehr stark kritisiert, an der Grenze zur Häme. Aber im Bewusstsein, wie enorm diese Frau zuvor gefeiert wurde und wieviel Geld sie kriegt und dass sie doch eine gewisse Unantastbarkeit erlangt hat. Prompt saß ich im Flughafenbus neben ihr, und sie sagte zu mir: »Wie fanden Sie denn meinen Auftritt?« Ich habe ihr zuerst gratuliert zu dem Preis, und dann habe ich zu ihr gesagt: »Es tut mir leid, Sie lesen es morgen eh in der Zeitung, ich fand Ihren Text nicht gut, und mehr kann ich Ihnen hier und jetzt nicht dazu sagen.« Sie war eingeschnappt, sauer und ging weg. Es ging mir an die Nieren, sie war sehr sensibel, quasi gedopt durch diesen Erfolg ... das kennst du *(zu Zaimoglu)* ja auch.

Kurz und gut, dieses Problem ist mir bewusst, es ist mir sehr bewusst. Ich glaube an die humane Rezension: daran, dass es eine Möglichkeit geben muss, ein deutliches Urteil zu sprechen, ohne den Autor unter der Gürtellinie zu verletzen. Es ist natürlich immer schlimm, wenn jemand drei Jahre an einem Buch arbeitet und das Buch einfach wirklich nicht gut ist. Dann muss man das auch sagen können. Die Frage ist allerdings, *wie* man es sagt. Sicherlich wird man, wenn man draufhaut, öfter gelesen, als wenn man als humaner Kritiker gilt. Der ist ein Zwitterwesen. Aber ich glaube, die Zeit der großen Kettensägenmassaker in der Literaturkritik ist vorbei, darauf hat eigentlich keiner mehr Lust.

VOLKER WEIDERMANN Die Literaturkritik hat zweierlei Wirkung. Einerseits die Wirkung auf den Autor: Ich glaube, da gibt sich keiner von uns einer Illusion hin. Dass es eine minimale Wirkung gibt, davon gehe ich aus, auch wenn Schriftsteller gerne sagen: ›Ach Gott, das lese ich nicht!‹ oder ›Das interessiert mich nicht!‹ *Das* weiß ich, da kann man ruhig 90 werden, die lesen jeden Text. Und wenn sie gelobt werden, dann lesen sie natürlich auch noch jedes Lokalblatt, das ist dann völlig egal. Aber etwas anderes ist die Wirkung auf das Publikum, auf Käufer, auf Leser. Dafür gibt es keinen Gradmesser. Die direkte Wirkung bekommt man tatsächlich in der Regel nur bei einem Verriss mit. Da bekommt man relativ schnell, wenn es sehr heftig war, vom Verlag oder manchmal, wenn sich der Autor traut, auch vom Autor Reaktionen. Wenn's positiv ist, bekommt man weniger oder manchmal einen Dank zurück. Aber was die Wirkung von Literaturkritik in der Zeitung allgemein angeht, darüber kann man sonst nur wenig sagen. Manchmal hat man die Idee, da ist ein Buch, das man unbedingt groß machen will, weil man so begeistert ist. Da gibt es seit einer ganzen Weile dieses wunderbare Messinstrument Amazon. Auch hier kenne ich keinen Schriftsteller, der nicht, wenn er ein neues Buch geschrieben hat — ich weiß nicht, ob das bei dir *(zu Zaimoglu)* auch so ist — täglich das Ranking überprüft.

FERIDUN ZAIMOGLU Wirklich nicht, ich habe keinen Computer.

VOLKER WEIDERMANN Gut, sonst kenne ich eigentlich nur Schriftsteller, die bei Amazon nachgucken: Auf welchem Platz bin ich? Das ist, wenn man in die *Spiegel*-Bestsellerliste nicht hineinkommt, die einzige Möglichkeit, zu erfahren: Kauft irgendjemand mein Buch oder nicht? So überprüft man auch als Kritiker gerne, Sonntagabend oder Montagfrüh, ob man irgendwas bewirkt hat. Und ich kann sagen, es ist nicht messbar.

MARIUS MELLER Ganz kurz noch. Ich will nur zurückgeben, weil die Schriftsteller sich oft als Opfer gerieren — oft sind sie auch tatsächlich Opfer, klar. Das versucht man auch manchmal zu verhindern. Aber sogar wir Kritiker kriegen neuerdings Kritiken. Denn seitdem es *Perlentaucher* gibt, schreiben da irgendwelche enorm mächtigen ehemaligen *taz*-Redakteure, die quasi zu Meta-Kritikern geworden sind und als Götter irgendwo in der Rosenthaler Straße sitzen. Die kritisieren jeden Tag, was wir schreiben, und machen manchmal einen kleinen Nebensatz: »Meller wieder viel zu lang geschrieben, total langweilig heute« oder »Volker Weidermann!« Man wird selber kritisiert. Mal ganz abgesehen davon, wenn literarische Super-GAUs passieren, wie wir es jetzt gerade bei Thor Kunkel hatten, dann sind die Leute, nachdem sie sich skandalisiert haben, nach einer Weile so enthemmt, nach zwei Wochen meistens, dass sie anfangen, die Kollegen zu beschimpfen und sich gegenseitig die Schuld zuzuweisen. Wer ist denn dafür verantwortlich, dass wir überhaupt darüber geredet haben? Dann wird es knallhart. Ich glaube, Volker und ich können dir nachher, wenn's passt, noch was dazu erzählen. Wir teilen nicht nur aus, sondern kriegen auch ganz schön zurück.

FERIDUN ZAIMOGLU Thor Kunkel! Gut, dass du es erwähnst. Thor Kunkel ist ein Schriftsteller, ein Kollege von mir, ein Buch von ihm ist unlängst erschienen mit dem Titel *Endstufe,* und es wurde — na, wie soll ich sagen — ich glaube schon ... *er* wurde exekutiert. Nicht nur das Buch wurde exekutiert, sondern auch er. Sein Ruf ist hin. Ich mag ihn sehr, sehr gerne. Er wird als Nazi bezeichnet. In diesem Buch geht es um ... *(zu Meller und Weidermann)* ihr wißt es besser, könnt es sehr viel besser darstellen. Ich habe dieses Buch mehrmals gelesen. Es geht um Nazis und Pornographie, wie das immer reißerisch dargestellt wird. Aber für mich ist dieses Buch großartiger, wunderbarer, böser Trash. Da wir leider Gottes in Deutschland keine Trash-Tradition haben, ist er sehr schwer angegriffen worden. Wir haben uns immer wieder gesehen, wir haben immer wieder gesprochen, ich war bei einer Lesung von ihm. Das, was Kritiken bewirken — nicht ihr werdet so sehr damit konfrontiert, sondern die Autoren. Sehr, sehr viele Schreiber und Schreiberinnen verhalten sich tatsächlich wie

Opfer. Dass sie nicht unantastbar sind, finde ich sehr gut, auch wenn es schmerzt. Ich finde sehr gut, dass es hämische Kritiken gibt, auch Exekutionskritiken. Am meisten habe ich mich über bitterböse Verrisse gefreut, natürlich wenn es um andere ging. Es gibt auch geniale, wunderbare Kritiken in eigener Sache, die man zu schätzen weiß. Wenn die erste Schockwelle verebbt ist, liest man das und denkt sich: Großartig, leider Gottes hat er mich entlarvt, hat es herausgebracht. Es ist wunderbar, und es macht beim Lesen Spaß.

Nur Thor Kunkel, weil es so aktuell ist, ihn hat es den letzten Nerv gekostet. Das letzte, was ich jetzt gehört habe, ist — er macht immer wieder Lesungen —, dass er vom Publikum angegriffen wird. Erst verbal, aber auch ... Man konfrontiert ihn mit der Kritik im *Spiegel* von Henryk M. Broder, als Gütezeichen, man hält das hoch und sagt: ›Hier steht ...‹, so wird das dann verstanden, ›du seist ein Nazi.‹ Thor Kunkel hat jetzt diesen Ruf weg. Die Reaktion des Publikums, die Reaktion des Lesers, die bekommen die Autoren mit.

Wir wollen nicht die ganze Zeit hier auf dem Podium sprechen. Ihr habt noch andere Kritiken mitgebracht. Es wird sicherlich nicht so sein, dass wir in Verlegenheit kommen, aber ich habe ein besseres Gefühl, wenn ich jetzt das Gespräch eröffne. Gibt es Einlassungen, gibt es Kritik, gibt es Fragen? ›Wie wird man Literaturkritiker?‹ Hier sind ja auch einige Literaturwissenschaftler.

PUBLIKUM Ich wollte fragen, wie es einen als Kritiker beeinflusst, wenn ein bestimmtes Buch von vielen hochgelobt wurde? Manchmal findet ein bekannter Kritiker ein Buch ganz toll, und der Rest schreibt ihm gewissermaßen nach dem Mund. Inwieweit ist man da nicht ganz frei in seinem eigenen Urteil?

VOLKER WEIDERMANN Man ist nicht frei im Urteil, ganz bestimmt nicht. Aber ich glaube, dass eher das Gegenteil der Fall ist. Man wird misstrauisch, wenn nur positive Kritiken erscheinen. Außerdem ist es langweilig, als Zwanzigster zu kommen und zu sagen: Das Buch ist tatsächlich sensationell. Dann langweilt man sich vielleicht sogar selbst beim Schreiben. Ich will nicht behaupten, dass man aus Prinzip das Gegenteil schreibt. Aber man ist auf jeden Fall beeinflusst durch das, was schon erschienen ist. Du *(zu Meller)* nicht?

MARIUS MELLER Ich gehöre zu der Gruppe, die dann sagt: Ich schreibe gar nicht mehr, wenn's das zwanzigste Lob ist. Nur wenn mir etwas auffällt, das noch nicht da war, dann macht es Sinn, das noch zu schreiben. Manchmal ist es auch so, dass man tatsächlich der gegenteiligen Meinung ist. Die Beeinflussung nimmt auch ab, wenn man die Rezensenten kennt. Man weiß, was den Kritiker X von der Zeitung Y interessiert, und versteht das nach einer Weile ungefähr — wir sind ja schon länger Feuilletonleser als Mitglieder dieses Metiers. Man weiß ungefähr, wie die ticken, und deshalb ist man nicht so beeinflusst in dem Sinne: ›Oh, der große Sowieso macht das‹, sondern denkt eher: ›Na ja, ist klar, seine Perspektive, jetzt guck ich mal, was *ich* dazu finde.‹ Und dann entwickelt man einen eigenen Ehrgeiz. Wenn ein Buch, wie man so sagt, ›durch ist‹, durch alle Zeitungen gewandert ist, und aus irgendeinem Grund käme man hinterher, dann lässt man es vielleicht auch mal. Deswegen wollen alle immer so schnell sein. Deswegen erscheinen die Rezensionen inzwischen zwei Wochen vor dem Buch, so bei dir und deiner Zeitung *(zu Weidermann)*. Geht man dann in die Buchhandlung, heißt es: ›Nee, erst in zwei Wochen!‹

VOLKER WEIDERMANN Ja, peinlich! Ist mir passiert.

PUBLIKUM Ist es schon einmal vorgekommen, dass bei einer negativen Kritik die Verkaufszahlen in die Höhe geschnellt sind, weil die Kritik dermaßen gut war, gut geschrieben — obwohl es sich tatsächlich um einen Verriss handelte?

MARIUS MELLER Mir nicht. Aber Marcel Reich-Ranicki ist das passiert mit *Ein weites Feld* von Günter Grass. Das war ein absoluter Bestseller, obwohl nur Verrisse erschienen und eigentlich nur zwei Texte ihn verteidigt haben.

VOLKER WEIDERMANN Das war ein perfekt inszenierter Verriss. Ich glaube, Reich-Ranicki ist der einzige, der ...

(Einwurf aus dem Publikum: »Dieter Bohlen!«) ... stimmt, aber da weiß ich gar nicht, ob das was mit den Kritiken zu tun hatte, ob es da Schnittstellen gab. *Ein weites Feld* aber war perfekt inszeniert. Titelgeschichte des *Spiegel,* da ist es dann relativ gleichgültig, ob das Buch nun positiv oder negativ besprochen wird, da möchte man das schon selbst überprüfen.

MARIUS MELLER Es gibt auch Bücher, die von den Verlagen gar nicht dazu vorgesehen sind, rezensiert zu werden. Die werden einfach nur veröffentlicht und Kritikexemplare gar nicht mehr an die Redaktion verschickt, weil die Bücher mit anderen Marketingstrategien promotet werden. Das war zum Beispiel mit dem Frank Schirrmacher-Buch so, dem *Methusalem-Komplott.* Die Rezensionen tröpfelten, aber es waren ganz andere Mechanismen, die dieses Buch pushten, *Bild*-Vorabdruck und diverse andere Maßnahmen. Aber das war nicht so richtig deine Frage. Deine Frage war: Wenn man einen Verriss schreibt, ob das auch etwas Gutes tun kann für das Buch. Die meisten sagen: Ja. Ich habe keine Kenntnisse, ich weiß nicht, ob das wirklich zutrifft. So mächtig sind wir, glaube ich, auch wieder nicht.

FERIDUN ZAIMOGLU Na, es tut sich schon was. Es tut sich wirklich was. Ich rede jetzt nicht von einer Kritik oder von zwei positiven Kritiken, wenn ein Buch vier Lobeshymnen einheimst, dann sagen die Verlagsleute, dass es wirklich gut läuft. Und woran liegt das? Es liegt daran, so wurde mir das erzählt und ich kann das glauben, dass 68 bis 74 Prozent der Buchhändler Frauen sind. Es geht darum, ob sie nun einen Stapel neben die Kasse stellen, ob sie das Schaufenster dekorieren; und es gibt ja auch viele Betreuungsgeschichten, Beratungsgespräche, normale Laufkundschaft, die kommen in die Buchhandlung und fragen: ›Was können Sie mir empfehlen?‹ Dann sagt die Buchhändlerin: ›Ich habe das und das in der FAS gelesen, im *Tagesspiegel,* dieses Buch wird — meinetwegen — als ein Feuerwerk der Gefühle gelobt.‹ Und dann kommt die Frage — diese Frage ist sehr wichtig: ›Kann man dieses Buch verschenken?‹ Denn wenn ich ein Buch verschenke, ist es ja so etwas wie eine Visitenkarte. Ich kann kein beliebiges Buch verschenken, ich muß auf Nummer Sicher gehen. Es sind Erfahrungen der letzten neun Jahre in dieser Antwort enthalten: Wenn ich ein Buch verschenke, muss ich davon ausgehen können, dass derjenige, dem ich das Buch schenke, mich anstrahlt oder jedenfalls nicht haut. Und sehr, sehr viele dieser Betreuungs- und Beratungsgespräche in den Buchhandlungen — nicht alle, aber viele — laufen auf eines hinaus, besonders zu Weihnachten: ›Dieses Buch wurde doch im Feuilleton, in den Zeitungen empfohlen, kann ich es mit gutem Gewissen verschenken?‹ Das ist Macht. Es ist eine ziemliche Macht, denke ich, über die die Kritiker verfügen. Und es macht sie nur sympathisch, wenn sie diese Macht in Zweifel ziehen oder geringschätzen. Vielleicht ist das ja auch bloß Koketterie *(zu Meller)*, ich weiß es nicht.

MARIUS MELLER Wenn wir versuchen, das empirisch zu überprüfen, die Reaktion auf eine Rezension: im *Tagesspiegel* gibt es das schon mal gar nicht, in der *Frankfurter Allgemeinen Sonntagszeitung* vielleicht schon etwas eher. Aber es gibt auch Bücher, die werden durch alle Zeitungen gut rezensiert und sind trotzdem kein Erfolg. Und keiner kann das erklären, es ist einfach manchmal so, dass Printrezensionen nichts bringen. Ausgenommen eine Rezension im *Spiegel*. Aber es gab auch schon Bücher, die im *Spiegel* euphorisch gelobt worden waren, und es wurde dennoch kein großer Erfolg. Sogar bei *Brigitte* kommt das vor.

PUBLIKUM Ist es manchmal so, dass Sie mit einem Buch nichts anfangen können, obwohl Sie den Stil gut finden; dass das Buch gut gemacht ist, aber mit dem Sujet, mit dem Milieu, in dem es handelt, können Sie nichts anfangen? Oder wertet der Stil den Plot auf?

VOLKER WEIDERMANN Ja, das gibt es sicherlich oft. Hier haben wir eine Parallele zu der Tucholsky-Rezension. Klar ist man oft in so einer Lage. Man findet es nicht wirklich schlecht, aber auch nicht richtig gut, es ist nicht deine Welt, dann kann es schnell eine verquaste oder sogar verlogene

Kritik werden. Das Problem, ich glaube schon, dass ich das öfters habe — na ja, sehr oft nicht, aber das gibt es. Deswegen ist es vielleicht, wie Tucholsky feststellt, für Autoren, die regelmäßig Kritiken schreiben, so produktiv.

MARIUS MELLER Volker und ich sind in einer privilegierten Situation, denn wir dürfen Bücher einfach ausprobieren. Wir können viele Bücher anlesen und entscheiden, was wir gerne machen würden. Unsere freien Mitarbeiter oder Pauschalisten bekommen die Bücher oft einfach zugeschoben. Natürlich versucht man zu berücksichtigen, was sie gerne hätten, das muss man koordinieren, es gibt ja sehr viele freie Mitarbeiter. Beim *Tagesspiegel* sind es 60, obwohl wir nur eine Literaturseite pro Woche haben. Aber wir dürfen auch schon mal sagen: ›Eigentlich wollte ich zur Buchmesse dieses Buch machen, aber inzwischen habe ich 50 Seiten gelesen und möchte lieber doch nicht. Da kann man sich auch mal ein anderes aussuchen. Aber ein freier Mitarbeiter, der die Aufträge erhält und keine Verhandlungsmacht hat, muss mitunter eine Rezension über ein Buch schreiben, mit dessen Sujet er nichts anfangen kann.

PUBLIKUM Es wird immer wieder von der Krise der deutschen Literatur gesprochen, es gebe keinen deutschen Jahrhundertroman mehr. Mir ist trotzdem aufgefallen, dass zahlreiche ›euphorische Lobeshymnen-Bücher‹ erscheinen, die man dann liest und feststellt: die sind in zwei Monaten wieder vergessen. Kann es sein, dass diese Krisenstimmung dazu anregt, doch ein wenig besser zu rezensieren, damit das Lesen nicht aufgegeben wird? Was macht man, wenn wirklich ein großes Buch kommt und man nur noch auf die inzwischen zu Floskeln verkommenen Phrasen zurückgreifen kann, die man verbraucht hat für die mittelmäßigen?

MARIUS MELLER Erstens ist es wirklich eine Frage, ob man sich dafür einsetzen muss, dass viele Menschen lesen. Ich weiß nicht, wie es *(zu Zaimoglu)* bei dir ist, aber du bist doch bestimmt daran interessiert, dass die Leute deine Bücher lesen, da wirst du doch nicht so kokett sein und sagen: ›Nee…‹

Es wird von jeher geklagt, wir haben das vor allem in den 70er Jahren von Kulturpessimisten wie Neil Postman gehört, dass wir immer weniger lesen, weil wir durchs Fernsehen verblöden und unsere Aufmerksamkeitsorgane erschlaffen. Ich glaube, wir müssen das revidieren. Es lesen heute mehr Menschen als in den 70er Jahren, wenn man sich die Statistiken anschaut. Es lesen sowieso viel mehr als um die Jahrhundertwende des letzten Jahrhunderts und sogar sehr viel mehr, proportional gesehen im Vergleich zur Bevölkerung, als im Mittelalter. Im Mittelalter lasen nur die Mönche. Wir leben also geradezu in einer explosiven Lesekultur, deshalb muss man mit jenem Interesse keine Rezension schreiben. Ich will mich diesen Klagen überhaupt nicht anschließen.

Was die Anzahl der Jahrhundertbücher angeht: Erstens ist es sehr selten, dass man wie Tucholsky bei Kafka so einen Schriftsteller erkennt. Oft sind es Konstellationen, die sich erst mit der Zeit ergeben. Es gibt Experten, die extra dafür da sind, diese Phänomene zu erforschen, die sogenannten Kanonforscher, die das kulturelle Gedächtnis erkunden. Es kann nämlich sein, dass sich Bücher entwickeln, dass sie wie ein Negativ im Entwicklungsbad erst mit der Zeit ihre Macht entfalten. Wenn wir das 20. Jahrhundert betrachten, hatten wir in Deutschland ziemlich viele Jahrhundertbücher, wenn man die anderen Jahrhunderte damit vergleicht — das 13. Jahrhundert, wie viele Jahrhundertbücher hatten wir da! Das waren vielleicht zwei, drei! Im 20. Jahrhundert hatten wir immerhin Thomas Mann, Rainer Maria Rilke, Franz Kafka, wir hatten in der zweiten Jahrhunderthälfte Thomas Bernhard, über die anderen will ich nicht sprechen, aber bei diesen bin ich mir ganz sicher. Das ist doch eine ganze Menge! Jetzt haben wir erst vier Jahre verbraucht, wir haben noch 96 Jahre vor uns, warten wir doch ab, was noch kommt.

VOLKER WEIDERMANN Trotzdem glaube ich, dass da natürlich ein wahrer Kern ist. Ich weiß nicht, ob alle Formeln verbraucht sind, was das Jahrhundertbuch angeht, aber ich glaube, ganz so große Formeln werden tatsächlich nicht benötigt. Trotzdem ist es so, dass es das Gefühl gibt, dass man begeistert sein *will*. Zu unserem Beruf gehören ja unbedingte Begeisterung und der Enthusiasmus für Bücher und für den Gegenstand, weil man sich sonst langweilt. Dann merkt man auf Dauer, wenn man zurückschaut, dass einiges ein bisschen zuviel gewesen ist. Aber das ist auch ein sehr schmaler Grat. Jahrhundertbücher sind in den letzten zehn bis fünfzehn Jahren vielleicht nicht entstanden, aber ich bin trotzdem wahnsinnig zufrieden, dass ich in dieser Zeit anfange, Literaturkritiker zu sein. Es gibt viele interessante Bücher, es gibt vieles, das man gern lesen kann, das man auch gern loben kann, deswegen bin ich letztendlich zufrieden.

PUBLIKUM Letzte Woche war Maxim Biller hier, er hat sich mal wieder über die »Schlappschwanzliteratur« mokiert, das heißt über die deutsche Gegenwartsliteratur. Feridun Zaimoglu hatte das eingebracht. Wie seht ihr das?

MARIUS MELLER *(zu Weidermann)* Willst du?

VOLKER WEIDERMANN Auf keinen Fall!

MARIUS MELLER Ich bin also wieder der Minenhund für Volker. Soweit ich mich erinnere, hat das mit der schönen Akademie in Tutzing zu tun. Und Herr Biller bringt es fertig, nachdem er sich jahrelang zurückgezogen hat in seine privaten Netzwerke, die ganze Bundesrepublik einzuladen ins Bayerische, um sie dann alle zu beschimpfen. Da war sogar Rainald Goetz sprachlos und ist bleich geworden. Das ist legendär — ich war nicht dabei, mir hat es jemand beschrieben —, dass Rainald Goetz, der sonst nie erbleicht, tatsächlich ins Stottern geraten ist und kaum noch etwas gesagt hat. Du warst dabei *(zu Zaimoglu)*, nicht wahr? *(Zaimoglu nickt)* Das ist, soweit ich es verstanden habe, ein Abgrenzungsschlagwort gewesen, mit dem er sich ein bisschen hochputschen wollte für seinen nächsten Schreibakt. So habe ich das verstanden. Was dahinter steckte, war wohl die Popliteratur, die damals grassierte. Das Erschrecken einer kulturell eher linksorientierten Schreiberzunft darüber, dass es plötzlich eine intelligente Rechte gab, zumindest Autoren, die auf den ersten Blick doch ziemlich intelligent und auch ziemlich rechts waren und die sich auch noch popkulturell wunderbar in Szene zu setzen vermochten. Das war ein Schock — und hat bei dir *(zu Zaimoglu)* zur »Knabenwindelprosa«, zu diesem sehr schönen *Zeit*-Text *(vom 18. November 1999)* geführt. Wobei du mir, als wir uns in Heidelberg das letzte Mal getroffen haben, sagtest, dass dir durchaus einige der Autoren, die du damals in diesem Affekt, den ich übrigens teilte, beschimpft oder kritisiert hast, inzwischen ganz gut gefallen — zum Beispiel Christian Kracht.

FERIDUN ZAIMOGLU Das ist aber nur einer!

MARIUS MELLER Aber immerhin.

FERIDUN ZAIMOGLU Das habe ich tatsächlich zugegeben, beziehungsweise ich habe den Schlenker genommen ... Das war aber unehrlich von mir. Ich habe behauptet, Kracht hat nie zur Popliteratur gehört. Wenn es tatsächlich so gewesen ist, wieso hatte ich ihn dann in diese — na ja, es war keine Rezension, das war ein Wutanfall, ein Wutanfall, den ich noch immer großartig finde — »Schlappschwanzliteratur« einbezogen?

Ich war dabei, und ich bin in dieser Hinsicht sehr altmodisch. Maxim Biller war *sehr* unfreundlich. Und ich war in der ganz üblen Situation, dass er zwei Autoren aus seiner heftigen Polemik ausgenommen hat: Der eine war Kracht und der andere ich. Ich sitze da, es sitzen da Dutzende, es sitzen da Hunderte, er macht sie alle fertig, wirklich. Und ich finde es nicht gut, ich schäme mich, laufe rot an; und dann werde ich auch noch gelobt. Was soll ich machen? Ich habe es erlebt, und ich möchte nicht wieder in eine derartige Verlegenheit kommen, man steht als Depp da, alle schauen einen an: ›Wie reagiert er jetzt?‹ Ich war gelähmt, ich habe mich geschämt wegen dieser »Schlappschwanzliteratur«. Es war ein Rundumschlag, es war auch eine Exekution. Ich bin da altmodisch. Ich habe ja auch gelegentlich meine Ausfälle — gegen Autoren, die kein Erbarmen kennen. Das habe ich diesen Popliteraten vorgeworfen: Die kennen kein Erbarmen und prügeln auf

Menschen ein, die sich nicht wehren können. Da werde ich zum Pitbull, das mag ich nicht. Dazu stehe ich immer noch. Aber ich habe mich geschämt. Das war es. Augenzeugenbericht: Ich habe mich *sichtlich* geschämt, ich war gelähmt, ich war fertig, und ich habe Maxim Biller gesagt: »Sei nicht so unfreundlich, verdammt nochmal. Was machst du denn mit den Leuten?«

VOLKER WEIDERMANN Aber das ist doch jetzt ein Witz, was du da sagst? Ein Mann sagt zu 40 Schriftstellern, sie seien ›Schlappschwanzliteraten‹, und die fühlen sich exekutiert, anstatt Maxim Biller zu fragen: ›Was bist du denn für ein Würstchen?‹ Ich meine, er ist ja häufig eine Nervensäge — was oft auch unhöflich ist. Und unglaublich produktiv in solchen Fällen. Schon allein, dass wir immer noch darüber sprechen, und wie viele Artikel und Debatten es daraufhin gegeben hat, das ist doch irgendwie schon toll. Ich teile seine Meinung auch nicht immer — und empfinde manches als empörend. Ehrlichkeit muss nicht immer sein. Aber dass sich 40 Schriftsteller von einem beschimpfen lassen und das dann als Unhöflichkeit empfinden, anstatt entweder in eine Rückbeschimpfung oder ein Gespräch zu kommen, ist merkwürdig.

FERIDUN ZAIMOGLU Matthias Altenburg hat ordentlich zurückgeschossen. Alle Beteiligten mussten erst einmal eine Nacht schlaflos im Bett liegen. Am nächsten Tag ging es dann zur Sache.

VOLKER WEIDERMANN Was Schöneres kann man sich doch nicht wünschen! Natürlich könnte es sachlicher zugehen, und das ist es im weiteren Verlauf ja auch. Aber dieses Engagement für Literatur ist doch traumhaft!

FERIDUN ZAIMOGLU Es war kein Schriftstellerkongress, es war keine Tagung: Die üblichen Verdächtigen kommen zusammen und machen Händchenhalten mit Berühren — das lief gar nicht, das lief überhaupt nicht. Aber das heißt ja nicht, dass man gleich ins andere Extrem verfallen muss. So habe ich mich gefühlt, und dann habe ich es gelesen, immer wieder gelesen, nicht wegen des Lobs. Und wenn man das liest —

alleine ist in seinem Zimmer und es still vor sich hin liest, dann explodiert das einem zwischen den Fingern, so heftig ist das. Er hatte es ja in einem sehr netten, einem sehr modulierten Ton vorgetragen.

MARIUS MELLER Ich habe das so verstanden, und ich gebe darin, glaube ich, Volker recht. Obwohl ich deine *(zu Zaimoglu)* moralischen Bedenken natürlich teile, wobei — damit gehst du ihm auf den Leim. Doppelt dadurch, dass du auch noch zu denen gehörst, die ausgenommen sind. Denn eigentlich war das eine große Selbsterregungsveranstaltung, es sollte eine kollektive Selbstmotivierung sein. Er hat den einfachen Trick gewählt, erst einmal auf die Leute einzuprügeln und zu beobachten, ob sie die Energie haben, sich zu verteidigen. Und das hat ja offenbar auch wunderbar funktioniert. Denn wie du sagst: Am nächsten Tag haben sie zurückgeschlagen, da war etwas los. Ich glaube nicht, dass der Biller so blöd ist und da hingeht, um seinen Narzissmus zu konsolidieren, und die anderen deshalb als ›Schlappschwänze‹ und sich selbst als literarischen Potenzprotz hinstellt. Dafür ist er viel zu klug. Das war eine Art Happening zur Selbstmotivation: ›Leute, jetzt müssen wir wieder was machen!‹ Es gab während der 80er, Anfang der 90er Jahre die ersten Popliteraten und dann die Fräuleinwunder. Aber bis dahin war die deutsche Literatur doch eine wahnsinnig dröge Veranstaltung. Wir hatten auch keine neuen Institutionen. Von den alten sind wir manchmal so genervt, dass Volker einmal die Abschaffung von Klagenfurt gefordert hat. Das kann man verstehen, man kann die Institutionen reformieren. Das war damals schon eine ziemlich verschnarchte Veranstaltung. Da hat der Biller etwas unternommen. Das war ein verklausulierter, allegorischer Appell: ›Leute, wir müssen jetzt wieder was machen!‹ Das finde ich eigentlich nicht schlecht.

PUBLIKUM Gerade Rainald Goetz hat einmal sehr detailliert beschrieben, dass er schreibend sehr gerne exekutiert, da er seine ganze Wut in seine Texte hineinpackt, aber persönlich niemals mit Menschen so umgehen könne. Wenn er ihnen gegenüber stünde, könnte er sie niemals so beschimpfen. Wie ist das denn als Rezensent? Wie fühlt man sich, wenn man die Autoren kennt, über die man schreibt? Wie trennt man persönliche Begegnung von beruflicher?

VOLKER WEIDERMANN Das ist eine sehr gute Frage. Schwierig. Ich hab's gerade erst erlebt vor drei oder vier Wochen mit dem neuen Buch von Gregor Hens *(Matta verlässt seine Kinder)*, dessen erstes *(Himmelssturz)* ich sehr, sehr gut fand, das zweite *(Transfer Lounge)* auch — das habe ich entsprechend gelobt. Wir waren nicht gerade befreundet, aber wir haben uns geschrieben. Das neue Buch fand ich schrecklich. Ich sollte damals einen Überblickstext schreiben zur deutschen Literatur. Da stand ich zum ersten Mal vor dem Dilemma. Aus der eigenen Generation kennt man beinahe alle, aber in diesem Fall war es nun wirklich so, dass man sich besonders schätzte. Ich dachte: Lässt man es nun weg, oder schreibt man es? Und ich dachte natürlich: Kannst du nicht weglassen! Denn ich finde ihn so wichtig und nehme ihn so ernst, dass ich das schreiben *muss*. Das war schon unangenehm. Es gab Buchvorstellungen mit persönlichen Begegnungen, da dachte ich: Nee, da kannst du auf keinen Fall hingehen. Ich habe ihm dann kurz vorher eine Mail geschrieben: »Vielen Dank für das neue Buch, es gefällt mir leider gar nicht. Ich werde das auch schreiben.« Ich habe das dann später auch geschrieben. Klar und deutlich. Er hat zurückgeschrieben: Das sei schon ziemlich schwer verdaulich gewesen, und in Wirklichkeit sei natürlich das Gegenteil der Fall — er könne das auch belegen. Das ist manchmal durchaus schwierig. Man muss sich immer wieder freimachen. Ich habe vor kurzem über das neue Buch von Feridun geschrieben, und wir kennen uns jetzt schon eine ganze Weile. Man muss sich immer wieder davon freimachen. Letztlich kann man es nicht anders machen.

Es gibt in dem Buch von Reich-Ranicki eine großartige Passage, genau zu diesem Thema. Kann ich die vielleicht kurz einfügen? Ich fand das immer die stärkste Stelle in dem Buch.

Irgendwie konnte ich das nicht glauben. Sie spielt Ende der 50er Jahre, als Reich-Ranicki nach Deutschland kommt, praktisch keine Kontakte hat, niemanden kennt, keinen Beruf hat und langsam anfangen will. 1956 ist es, als er auf Heinrich Böll trifft. *(Weidermann liest die Passage von der ersten Begegnung mit Heinrich Böll in Warschau 1956 bis zur Rezension von* Fürsorgliche Belagerung *1979 aus Reich-Ranickis* Mein Leben *von 1999 vor).* Das fand ich unglaublich: Da ist ein Mensch, der alles für einen getan hat, und jemand wie Reich-Ranicki traut sich dann doch, einen Verriss zu schreiben.

PUBLIKUM Man hätte in diesem Fall auch darauf verzichten können.

VOLKER WEIDERMANN Ja, genau! Dazu würde Reich-Ranicki sagen: ›Das ist aber von großem öffentlichen Interesse, das muss man schreiben.‹

PUBLIKUM Sie sagten gerade über Gregor Hens, dass er Ihnen zu wichtig gewesen sei, als dass er nicht rezensiert hätte werden dürfen. Es gibt doch die Wendung: ›Jemand ist unter aller Kritik.‹ Bedeutet eine Kritik — auch eine schlechte — immer schon eine gewisse Wertschätzung? Wenn es unter aller Kritik gewesen wäre, dann ...

VOLKER WEIDERMANN Ja, ganz bestimmt! Einen hohen Prozentsatz an Büchern finde ich dermaßen uninteressant, dass ich darüber nie schreiben würde. Dann ist auch ganz unwichtig, dass sie nicht gut sind. Wenn jemand Talent besitzt und schon gute Bücher geschrieben hat, ist es natürlich wichtig. In Reich-Ranickis Fall ist es Heinrich Böll, in meinem ›nur‹ Gregor Hens. Aber ich finde ihn als jungen Schriftsteller eben so wichtig, dass ich sage: Das *muss* man jetzt schreiben. Zudem dachte ich, dass es vielleicht am Stoff liegt, auch deshalb *wollte* ich es schreiben.

FERIDUN ZAIMOGLU Ich würde sagen, dass wir zum Schluss kommen. Ihr wart hier, es war für mich großartig. Ich bedanke mich bei euch *(zu Meller und Weidermann),* und ich bedanke mich bei euch *(zum Publikum).* Beim nächsten Mal wird Albert Ostermaier hier sein. *(Applaus)*

Albert Ostermaier

Zurück zu den Lebenden!

FERIDUN ZAIMOGLU Ich grüße euch. Ich grüße Sie. Heute ist einer der besten Dichter Deutschlands hier. Er hat es auf sich genommen, hierher zu kommen für Ruhm und Ehre. Er ist aus Wien — vom Wiener Burgtheater zur Zeit — angereist: Albert Ostermaier. Er wird uns seine Gedichte, Poeme vorlesen; und dann kommen wir, wie üblich, ins Gespräch. Es geht los! Herzlich Willkommen, Albert Ostermaier!

ALBERT OSTERMAIER Hallo! Danke, Feridun. Ich werde aus meinem Gedichtband *Solarplexus* lesen; aus dessen verschiedenen Kapiteln. Zunächst ein längeres Gedicht, an der Grenze zwischen Theater und Prosa, es ist aus einem Zyklus von drei Gedichten, der überschrieben ist mit dem Titel »bewegungsmelder«. Es gibt drei verschiedene Figuren: Die erste Figur ist *sensor,* der als Archetypus, als Folie, Odysseus hat; ein Mann, der sich permanent definiert über die Bewegung, die Beschleunigung, die Fluchtgeschwindigkeit. Die zweite Figur ist eine Frau, *stay,* die Penelope als Vorbild hat. Sie befindet sich in einem dunklen Raum, wo alle Energie von innen kommt, nach innen geht. Dann gibt es die dritte Figur, die diese Geschichten der beiden usurpiert und weitererzählt.

Ich werde aus diesem Zyklus die erste Figur, *sensor,* lesen. Und anschließend weitere Gedichte. *(Ostermaier liest »sensor«, »am kanal« und »daktyloskopie nach pound« vor.)* Nun folgen Gedichte, die sich mit Shakespeares *Was ihr wollt* beschäftigen und aus den verschiedenen Rollen-Perspektiven erzählt sind. *(Ostermaier liest »zwei zimmer elyrien«, »sebastian«, »viola«, »leonce south of houston«, »alice in afghanistan«, »frontlines«, »repeat Hollywood elegie«, »topographie für ein weites land« vor, alle aus* Solarplexus *von 2004.)*

FERIDUN ZAIMOGLU Wenn Prosaschreiber wie ich Poeten lauschen, die ihre Gedichte aufsagen, dann werden sie zu Strebern, die dieses Flüchtige, diese wunderschönen Bilder mitschreiben. Ich habe also seitenweise *(lacht)* diese Bilder aufgeschrieben. Aber dann kommt man nicht mehr mit! »nur zwei / libellen die sich müde auf / dem strohhalm wiegen«; »alles auf sehnsucht einrichten nichts / auf gewohnheit« … Ich habe mich immer gefragt, ich, der ich keine Gedichte aufschreiben kann. Leider Gottes! Ich habe es versucht! Ich habe mich also gefragt, und es ist, ich gebe es zu, eine vielleicht etwas dämliche Frage: *Wie geht das überhaupt? (Ostermaier lacht.)* Ist das ein Anfall? Ist es eine Attacke? Ist es ein großer Aufwand? Ist es – mir fehlen die Worte. Ich wollte jetzt eine ganz schlaue Frage stellen … *(Gelächter im Publikum)* Meine erste Frage lautet: Ist ein Poem ein angstlösendes Mittel? Mein Gott aber auch! Diese Frage will ich dann doch nicht gestellt haben. Ich habe sie jedenfalls *erwähnt. (Ostermaier schmunzelt)* Wie geht das? Was soll das? Wie geht das?

ALBERT OSTERMAIER Das ist natürlich die verbotenste Frage von allen, weil sie nur eine Lüge provoziert …

FERIDUN ZAIMOGLU Ich will die Lüge hören!

ALBERT OSTERMAIER Du willst die Lüge hören?

FERIDUN ZAIMOGLU Ja.

ALBERT OSTERMAIER Es ist vielleicht insofern angstlösend, als ein Gedicht nicht unbedingt mit einer Angst beginnt, aber damit, dass *(sucht nach den richtigen Worten)* … Gedichte für mich etwas Seismographisches haben. Das heißt, man muss permanent jede Form von Erschütterung aufnehmen, ob das eine Erschütterung der Seele ist, eine Erschütterung der Wahrnehmung, eine Erschütterung durch ein Wort, eine Situation, eine Geste: alles, was abweicht von dem Gewohnten, dem Erfahrbaren. Das bedeutet auch, das Erfahrbare, das Alltägliche als eine Sensation, als einen Schock zu erleben, als etwas, das einem Angst macht, weil man auf einmal über Assoziationsmöglichkeiten nachdenkt. Als erstes ist da also ein Impuls, der mit etwas Kleinem, Zerbrechlichem beginnen kann. Dann ist es für mich so, dass sich die Dinge verdichten: Das heißt, bevor ich ein Gedicht schreibe, arbeitet es sehr lange in mir. Das ist ein Prozess, fast etwas Organisches: dass sich alles mit dem ganzen Gift innen, in mir verbindet. Dann gibt es so etwas wie einen ersten Satz, ein erstes Bild. Das ist der Auslöser. Es ergibt sich ein erster Fluss, der erste, völlig ungeschützte. Es folgen die verschiedenen Phasen — eigentlich ist es ein Wechselspiel zwischen Intuition, Inspiration, Verstand, Kontrolle und ein dauernder Kampf zwischen diesen Faktoren. Schließlich beginnt ein Gedicht sich zu organisieren. Es sprachlich genau zu bauen — das ist für mich sehr, sehr wichtig: der Rhythmus, die rhythmische Konzeption und Komposition. Der nächste Schritt besteht darin, das Unbewusste, das man in den Arbeitsvorgängen scheinbar diszipliniert hat, wieder freizusetzen, damit alles eine Selbstverständlichkeit hat und hoffentlich auch etwas Unangestrengtes. Das bedeutet auch, die Einflüsse, die ich habe, über Zitate, Literaturzitate, diese diversen Subebenen, wieder verschwinden zu lassen. Das funktioniert im besten Fall wie in der Malerei, wenn man bestimmte Schichten malt, die eine gewisse Tiefe oder ein Gefühl evozieren, aber nicht direkt auf den ersten Blick zu sehen sind.

FERIDUN ZAIMOGLU Wahnsinn!

ALBERT OSTERMAIER Aber ich glaube, bei der Prosa ist es doch nicht anders, oder?

FERIDUN ZAIMOGLU Bei der Prosa? Ich habe deinen Worten gelauscht und mir gesagt: Wie übertrage ich das? Erst einmal Details: Ich habe Details, kleine Details, und an diesen kleinen Details entzündet sich die große Geschichte. Nur, verdammt nochmal! Ich rede hier von »das meer / es kühlt mir mein fieber was will ich denn mehr« *(begeistert)* Mein Gott aber auch! Oder: »der busch muss brennen / damit gott dir erscheint« Das ist doch ... Es ist wirklich kein geheucheltes Pathos: Da geht doch die Sonne auf!

ALBERT OSTERMAIER *(lacht)* Das ist schön, wenn die Sonne aufgeht.

FERIDUN ZAIMOGLU Ein Prosaschreiber — ich darf das nicht verallgemeinern, aber was ich so mitgekriegt habe — ist auf etwas anderes bedacht: Man will eine Geschichte erzählen, und die große Falle ist — du hast es vorhin gesagt: Eine gewisse Kontrolle ist notwendig. Man hat sich im Alltag unter Kontrolle; und wenn ich an der Schreibmaschine sitze, dann muss ich ebenfalls diszipliniert sein. Wie ist das bei dir? Kannst du ›kalten Blutes‹ aufschreiben? Bei mir ist es so, ja. Ich habe eine Geschichte zu erzählen, und die gelingt nicht mit all diesen Bildern. Ich habe eine Struktur, ich habe eine Pointe oder keine Pointe, ich habe einen Fluss. Aber *das* ist ja *(deutet auf Ostermaiers Texte)* Schamanismus!

ALBERT OSTERMAIER *(schmunzelt)* Es wäre schön, wenn es Rituale geben würde …

FERIDUN ZAIMOGLU Ja, ich wusste gerne mehr davon.

ALBERT OSTERMAIER Wahrscheinlich geht es uns Lyrikern mit dem Erzählen genauso. Da ist eine Faszination — für den Atem, den eine Geschichte haben kann. Die Lyrik ist viel atemloser. Ich bin ein totaler Fetischist, was Sätze und Bilder angeht. Wenn einem im Laufe eines Gedichtbands einige Sätze glücken, die wirklich aufgehen, dann ist das für mich das Höchste. Die Lyrik ist auf Verdichtung konzentriert, auf Sätze. Sie hat eine andere Chance als die Prosa, denn sie kann Unvereinbares nebeneinander stellen. Ein Gedicht kann ganz schnell in Schnitten, in Brüchen erzählen, es kann Dinge unversöhnlich nebeneinander belassen, es kann sie aufeinanderprallen lassen. Es lebt vom Konflikt. Das ist ein Geschenk, denn ich muss nicht jede Wahrnehmung, jede einzelne Monade sofort erklären in einem größeren Kontext, sondern mein Kontext ist dieser Ausriss, diese kurze Etappe. Es muss natürlich auch alles gebaut und aufgefangen sein. Und es hilft, wenn es, auch von der Disziplin des Schreibens her, ein Ziel hat. Wo ich viel für mich gelernt habe, das war bei *Heartcore*, zwei Gedichtbände vor *Solarplexus*. Wir waren beim Endlektorat. Ich hatte alle Gedichte auf die letzten zwei Zeilen hin geschrieben und irrsinnig viel Zeit und Mühe drauf verwandt, dass jedes Gedicht kulminiert. Aber dann kam es mir irgendwann: Die Gedichte sind völliger Unsinn! Sie laufen auf etwas zu, das heißt, in der gesamten Strecke erzählen sie diese zwei

Zeilen! Aber sie müssen es eigentlich *vor* diesen zwei Zeilen erreicht haben, dass genau dieses Gefühl, diese Situation, dieser Gedanke aufscheint beim Lesen. Ich habe dann mindestens bei der Hälfte der Gedichte die letzten Zeilen gestrichen, die mich am meisten Zeit beim Schreiben gekostet hatten. Es ist wichtig, dass man sich fragt: Was kann ein Gedicht? Was ist möglich mit einem Gedicht? Aber von den Arbeitsabläufen her ist es — zumindest bei mir — eher unpoetisch. Auf der einen Seite ist das kein ›Nachts bei Rotwein melancholisch auf der Couch Liegen und Warten, bis die Muse kommt zum Küssen‹, sondern ein ›Jeden Morgen zur gleichen Zeit an der Schreibmaschine Sitzen und Erleben, ob etwas kommt oder nicht‹. Aber auf der anderen Seite — und das ist der Schamanismus, das sind die unerklärlichen Anteile — setzt das Schreiben etwas aus mir frei, das ich in meinem Leben oft nicht einlösen kann.

Es ist zwar so, dass viele Geschichten oder kleine Situationen der Bodensatz sind: Du kannst dich beim Rasieren schneiden und siehst das Blut ... Aber meistens ist es so, dass etwas heraufkatapultiert wird, dass eine Fremdheit zu sich selbst provoziert wird. Das ist das unglaublich Spannende: mit diesen Fremdpartikeln, mit diesem Fremdkörper, der aber aus dem eigenen Körper kommt, mit dieser anderen Haut umzugehen und weiterzuarbeiten. Am Ende steht immer die Enttäuschung, dass es einem im Schreiben so geht wie im Leben, dass du immer in der Situation bist zu denken: du hast die Dinge gesagt, du hast sie erzählt, du hast sie ausgesprochen, du warst noch nie so radikal in der Kritik deiner selbst; aber dann im Alltag zu merken: du hast es *nicht* gesagt, du hast es nicht eingelöst, du bist so schlau als wie zuvor! Aber das Schreiben *öffnet* auch, und in der Lyrik besonders. Ich muss mich ja nicht ein Jahr lang mit einer Geschichte auseinandersetzen, sondern kann viel offener sein für alles, was mich an Eindrücken überfällt.

FERIDUN ZAIMOGLU Manchmal, sagtest du, kannst du das, was du schreibst, »in deinem Leben nicht einlösen«.

Weißt du, ihr Dichter ... Ich habe vor zwei Tagen mit einem guten Freund aus Frankfurt gesprochen, F***. Das ist einer, der den Dichtern in die Falle gegangen ist. Er ist ein konkreter Fall von Besserung durch Poesie. *(Die folgende Anekdote ist auch in Imran Ayatas »Liebe ist mächtiger als Tito« aus* Hürriyet Love Express *von 2005 nachzulesen.)*

ALBERT OSTERMAIER Oh Gott, *worst case!*

FERIDUN ZAIMOGLU Er, F***, ist einer, der ein Buch aufschlägt — wir reden von türkischen Gedichten — und laut aufsagt: »Hier steht geschrieben ...« Einmal hat er gelesen: »Ich streue dir« — einer Angebeteten — »Rosenblätter auf den Weg«. So. Schnitt. F*** verliebt sich. Er verliebt sich und denkt sich ... *Wirklich!* Wir waren dabei, I*** und ich; wir wurden später, man ahnt es schon, zur ständigen Seelsorge abbestellt — F*** denkt sich also: »Das mach ich nach!« Denn für ihn ist es so: Die Dichter sind Modelle zur Nachahmung. Wenn sie etwas schreiben, dann stimmt es. Und ich muss sagen, sowohl I*** als auch ich sind damals derselben Meinung gewesen und haben ihn darin bestärkt. Er hat es gemacht. Er hat es wirklich gemacht. Diese Frau, sie wohnte in einem Studentenwohnheim. *(Gelächter)* — Wenn mir das keiner glaubt, werde ich F*** hierher zerren, und er erzählt das nochmal! — Er hat Rosen, dutzende Rosen gekauft, I*** und ich mussten mit Hand anlegen. *(Publikum lacht)* Wir haben die Rosen zerpflückt. Und: »Ich streue dir Rosenblätter auf den Weg.« Sie hatte irgendein Seminar, keine Ahnung, war an der Uni und hat dann, sagen wir mal: nicht so darauf reagiert, wie wir das alle gehofft hatten. Und wir, der Kreis der in F***s Liebe Eingeweihten, kamen zusammen. In dieser Nachbesprechung stellten wir fest: Es war gut, dass er die poetische Wahrheit versucht hat. Ja, es ist leider schlecht gelaufen; und ja, es brauchte Monate, bis er sich davon erholt hatte. Es gibt Menschen — und ich gehöre dazu —, die das ernst nehmen, nicht nur ernst nehmen, sondern sich von Poesie infizieren lassen. Meine Frage ist also: Du schreibst diese Gedichte, einer wie ich schlägt sie auf, ich schreibe mir etwas daraus ab und werde es da und dort zitieren, vielleicht auch als meine eigenen Worte … *(Gelächter)* … angeben. Aber es ist ja nur ein Gedichtband.

ALBERT OSTERMAIER Das Schönste für mich ist natürlich, wenn die Gedichte unabhängig von mir zu leben beginnen. Wenn mir Menschen erzählen, dass sie sich verlassen oder gefunden haben mit Gedichten, die nachts am Telefon als Beweis für die Untreue des anderen instrumentarisiert werden oder in Liebesbriefen oder in SMS auftauchen; wenn die Texte weiterleben und eine Kraft entwickeln, ist dies eine Bestätigung dafür, dass sie etwas mit der Wirklichkeit, mit Erfahrbarkeit zu tun haben. Natürlich sind Gedichte keine Handbücher. Denn sonst würden sie alle in den Irrsinn oder in die Haftanstalt führen. Aber die Lyrik lebt, deshalb hätte vielleicht *ein* Rosenblatt gereicht — und das Ausgelassene.

Das Ausgelassene, die Leerstelle ist das, was die Sehnsucht anfeuert, was angerissen wird, was nur erahnbar, erfühlbar ist, was Angst macht. Ein Gedicht verlangt nach jemandem, der mitdichtet, der die Bilder in seine eigene Wirklichkeit überträgt, der mit ihnen arbeitet, der sie verbindet, der sich irritieren lässt. Man kann Gedichte nicht konsumieren, natürlich gibt es auch Gedichte, die leicht konsumierbar sind, sie sind immer erst einmal ein Fremdkörper, der sich mit dem eigenen Blut vermischen muss. Das ist das Schöne — wenn die eigenen Gedichte zurückkommen. Und am schönsten ist das natürlich in persönlichen Geschichten.

FERIDUN ZAIMOGLU Ich könnte stundenlang mit dir weiterreden. Aber *(in die Runde):* Gibt es Fragen? Gibt es Geschichten, Anekdoten, Beispiele, die meine These von Besserung oder Verschlechterung durch Poesie verstärken? Hier *(deutet auf Ostermaier)* sitzt er. Legt los!

PUBLIKUM Ja, ich habe eine Frage. Warum gibt es so viele intertextuelle Bezüge? Man könnte doch auch ein Gedicht über Krieg, Liebe, Reise schreiben, ohne auf Bertolt Brecht und die *Odyssee* und die Bibel Bezug zu nehmen.

ALBERT OSTERMAIER Natürlich kann ein Gedicht ohne

diese Bezüge auskommen. Aber ich kann als Autor nicht ignorieren, dass ich in einem Referenzsystem aufwachse, das für mich wichtig ist. Stephen Greenblatt hat über Literaturwissenschaftler geschrieben, dass sie Schamanen seien, weil sie ein Gespräch mit den Toten führen. Es ist genau so. Und so wird es Ihnen vielleicht auch gehen. Zu bestimmten Autoren hat man eine unglaubliche Nähe, man befindet sich in einer permanenten Gesprächssituation mit ihnen, sie sind eine wichtige Kraft. Ich denke aber, ein Gedicht muss immer ganz direkt und unmittelbar funktionieren, es muss ohne Lexikon funktionieren, es muss ohne germanistische Ausbildung funktionieren. Man kann allerdings, wenn man die Bereitschaft hat, näher hineinzuschauen, weitere Bedeutungsebenen finden.

Eine Lektüre kann wie ein Thriller sein. Ich habe festgestellt, wenn ich übersetzte, dass ich in den Texten fand, was ich sonst nie gefunden hätte. Das macht den ersten und spontanen Eindruck nicht weniger bedeutsam, es handelt sich einfach um eine andere Lesart. Wenn ich über Krieg schreibe, kriege ich die entsprechenden Bilder nicht aus meinem Kopf, ebenso wenig wie Texte, die ich gelesen habe. Und manchmal passiert es, dass man eine Zeile schreibt und denkt: »Mensch, die ist jetzt geil!« Und man hat sie dann doch leider geklaut. *(allgemeines Gelächter)*

PUBLIKUM Wer sind die großen Vorbilder?

ALBERT OSTERMAIER Vorbilder? Ich mag das Wort eigentlich nicht, weil es ein ›Nachbilden‹ nach sich zieht. *(Er überlegt kurz.)* Ich bin ein absoluter Spätzünder, ich habe mich, bis ich 16, 17 war, überhaupt *null* für Literatur interessiert. Ich war auf einer katholischen Schule, da gab es eine Lehrerin, das war eine Ex-Nonne *(Gelächter)*, die einen linken Versuch unternommen hatte, in einer klösterlichen Gemeinschaft jenseits des Klosters zu leben. Die war also sperrig und wild und hat uns viele Texte unter der Bank gegeben. Bei ihr haben wir ein Jahr lang *Dantons Tod* gemacht, von Georg Büchner. Und so kitschig das klingt: Mit dem Büchner ist bei mir etwas aufgegangen. Da hat sich durch eine Sehnsucht, die ich schon vorher in der Musik hatte, alles eingelöst. Büchner hat meine Wahrnehmung verändert. Ich habe alles Alltägliche, habe die Dinge anders gesehen. Ich bin in einer Traumlandschaft aufgewachsen, habe das aber nie wahrgenommen. Und dann habe ich gemerkt, dass Details, dass die Natur, dass mich alles auf einmal auf eine ganz andere Art trifft, dass die Sinne bereichert werden — und ich naturgemäß auch viel mehr Probleme bekomme. Büchner hat mich so fasziniert, weil er in seiner Zeit zwei wesentliche Elemente zusammengebracht hat: einerseits die Präzision in der Poesie, dass jeder Satz stimmt und eine unglaubliche poetische Qualität und Tiefenschärfe hat, aber zugleich auch den gesellschaftlichen Horizont. Er hat als Autor, — für mich wie kein anderer — Poesie und politisches Bewusstsein miteinander verschmolzen; und auch die Sperrigkeit, die Reibung zwischen beiden sichtbar gemacht. Büchner war für mich ein Autor, bei dem jeder Satz stimmt. Und nach Büchner waren sehr wichtig: natürlich Brecht, Heiner Müller und Ossip Mandel'štam. Mein Lieblingsroman ist von Malcolm Lowry, *Unter dem Vulkan*. Ich habe dann wie ein Besessener gelesen. Die Literatur wurde etwas Existenzielles, im Lesen wie im Schreiben.

PUBLIKUM Beschäftigen Sie sich auch viel mit Philosophie?

ALBERT OSTERMAIER Philosophie ist Gift für die Poesie! Ja, ich beschäftige mich schon, aber nicht intensiv mit Philosophie. Ich lese durchaus viel, vor allem die Philosophen, die selbst Poeten sind, wie Jacques Derrida oder Michel Foucault. Die sind für einen Autor, für einen Lyriker unglaublich inspirierend. Da öffnen sich Räume. Sie sind nicht so fixiert in der Terminologie, in der Enge der Terminologie. Es gibt viele Dichter und Autoren, die streng philosophisch sind und über philosophische Systeme verfügen, aber mich interessieren eher die offenen Seiten, die offenen Enden, das Anarchische, das Oszillierende, und ich freue mich, wenn gelegentlich ein klarer Gedanke kommt. In der Philosophie muss man dagegen permanent klar denken.

PUBLIKUM Ist das nicht ein Widerspruch, weil Büchner ja extrem philosophisch war?

ALBERT OSTERMAIER Ja, natürlich. Man kann das nicht zu eng fassen, aber ich will sagen: Bevor ich ein Gedicht schreibe, lese ich nicht unbedingt Martin Heidegger. *(Publikum lacht)* Aber natürlich ist das Schreiben eine Auseinandersetzung mit Philosophie. Für mich kommen die Inspirationen jedoch mehr aus der Literatur als aus der Philosophie.

PUBLIKUM Und die frühe Leidenschaft zur Musik spiegelt sich gar nicht mehr in der Lyrik? Ist die komplett untergegangen?

FERIDUN ZAIMOGLU Frühe Leidenschaft?

PUBLIKUM Zur Musik!

FERIDUN ZAIMOGLU Ach so.

ALBERT OSTERMAIER Die findet sich schon noch in der Lyrik. Für mich ist Lyrik auf einer gewissen Ebene total Musik! Sie ist wie Musik, denn für mich hat sie sehr stark mit Rhythmus zu tun. Mit Rhythmik, mit Melodien, mit Sprachmelodien, mit Sprach-, mit Klangfarben, mit Akkorden. Ich hatte einmal ein traumatisches Erlebnis, eigentlich zwei traumatische Erlebnisse. Da habe ich aufgehört, Musik zu machen. Das erste war mein erster großer Auftritt. Ich bin in einem kleinen Dorf in Bayern aufgewachsen — wie man hört. Da gab es ein Jugendheim. Ich und ein Freund haben in totalem Übermut — wir waren 14 — unser erstes Konzert verabredet. Dann haben wir Ferienjobs gemacht und uns beide, wie die Scorpions, weiße »Flying Vs« gekauft — Gitarren in V-Form. *(Publikum amüsiert)* Wir haben versucht, über eine Stunde Konzert unsere drei, vier Songs, die wir bis dahin hatten, immer wieder sehr facettenreich zu wiederholen *(Gelächter)*, natürlich in einem wild erfundenen Englisch.

Dann habe ich irgendwann gedacht: ›Jetzt wird es langsam kritisch, wenn nichts passiert‹, und ich kam auf die große Idee: ›Ich müsste doch jetzt eigentlich ins Publikum springen, das macht man so!‹ *(Gelächter)* Der Raum war sehr, sehr hoch. Klasse! Ich dachte: ›Ist schon toll, wenn ich zwischen die 20 Hanseln, die ich da kenne, springe!‹ Nur es war da ein Mauervorsprung direkt über mir. Den hatte ich nicht gesehen. Ich bin, anstatt nach vorn, erst einmal nach oben gesprungen *(lacht, das Publikum ebenfalls)*, worauf ich zu Boden gefallen und zusammengesackt bin. Ich war kurz ohnmächtig. Dann bin ich wieder auf die Bühne. Es tropfte Blut auf meine weiße Gitarre. Das Ganze endete im Krankenhaus. Das ist heute noch ein Running Gag, wenn ich nach Hause komme. Aber damals konnte ich mich dort erstmal nicht mehr sehen lassen. *(Gelächter)* Das war der erste Impetus: Ich muss etwas auf der Bühne machen! Es war der große Beginn meiner Musikleidenschaft. Ich habe danach hart an mir gearbeitet.

Dann kam das wirkliche Desaster. Meine Musikkarriere endete damit. Meine große Liebe — während der Schulzeit — hatte Geburtstag, ich hatte meinen wirklich schönsten Liebessong *ever* komponiert, und war zu ihr gefahren. *(Gelächter)* Ich packte meine Gitarre aus und begann zu singen und zu schmachten. Mit ganz schwierigen Riffs und so, das war höllisch! Und dabei noch irgendwie die Emotionen zu kontrollieren … *Sie* konnte ihre Emotionen sehr gut kontrollieren *(großes Gelächter)* und begann, die Geburtstagstorte anzuschneiden und zu essen. Da war für mich der Zeitpunkt gekommen: Leg die Gitarre aus der Hand und mach das jetzt nur noch mit Worten! Aber es ist schon noch so, dass es diese Leidenschaft gibt. Ich arbeite viel mit Musikern zusammen, mit einem ganz tollen Gitarristen. So sind auch die Lesungen für mich immer noch Musik. Ich höre beim Schreiben permanent Musik. Für mich hat Lyrik sehr viel mit Musik zu tun.

FERIDUN ZAIMOGLU Ich kann keine Musik hören!

ALBERT OSTERMAIER Brauchst du die Stille?

FERIDUN ZAIMOGLU Das ist erstaunlich, ich kenne sehr viele, die Musik hören, auch mit Kopfhörer.

ALBERT OSTERMAIER Mit Kopfhörer? Da werde ich klaustrophobisch.

FERIDUN ZAIMOGLU Ach ja? Die Beschallung bringt mich um. Ich sitze da, völlig nüchtern und schreibe das runter, keine Musik. Das letzte Mal, dass ich Musik gehört habe, bei mir zu Hause, war vor anderthalb Jahren. Es ist zwar ein bisschen traurig *(Gelächter)*, aber ich bin auch nicht so oft zu Hause. Stört sie dich nicht, die Musik?

ALBERT OSTERMAIER Nein, ich brauche das total. Ich habe bei jedem Stück drei, vier CDs, die ganz wichtig dafür sind. Manchmal höre ich sogar Filmmusik, das ist besonders gut beim Schreiben.

FERIDUN ZAIMOGLU Was denn?

ALBERT OSTERMAIER Ja, was war das letzte? *Kill Bill* habe ich öfter gehört, den Soundtrack zum Tarantino-Film. Das war natürlich schwierig, wenn du bedenkst, was so unterschwellig mit einfließt. *(Alle lachen.)* Manchmal ist es nur ein Song. Aus der Kruder & Dorfmeister-Ecke einen Song musste ich permanent hören bei einem Stück. Das war einfach mein Rhythmus. Ich brauchte den. Wenn ich auf Reisen bin und keinen Walkman oder irgendwas dabei habe, dann brauche ich etwas anderes. Ich brauche die Nebengeräusche! Ich brauche Musik, ich brauche es, dass etwas passiert. Ich kann — in ganz romantischen Ausnahmefällen — schon auch mit der Hand und in der Stille und im Freien, in der Natur schreiben, aber es ist mühsam.

FERIDUN ZAIMOGLU Hm.

ALBERT OSTERMAIER Ich brauche die Musik. Und ich brauche die Tasten.

FERIDUN ZAIMOGLU Du Glücklicher.

ALBERT OSTERMAIER Und ich brauche viel, viel Kaffee.

FERIDUN ZAIMOGLU *(entschieden zustimmend)* Oh ja!

PUBLIKUM Bisher waren Romanautoren und Literaturkritiker hier, und es ging immer auch um Fehden. Aber erstaunlicherweise hört man aus dem lyrischen Bereich kaum so etwas, oder doch?

ALBERT OSTERMAIER Ich habe bei »Fehden« zuerst an ›Fäden ziehen‹ gedacht, aber es sind ja die ›Fehden‹ gemeint. Es gibt natürlich auch unter Lyrikern starke Richtungskämpfe. Was mich immer angeödet und unglaublich genervt hat an der Lyrik und an der Lyrikszene, ist, dass sie lange Zeit wie ein Ghetto funktionierte — wie ein Ghetto von Autoren, die sich permanent auf die Schulter klopfen und sich vergewissern, dass sie bessere Menschen sind und keiner sie versteht, weil niemand das intellektuelle Potenzial dazu besitzt. Da war ein permanentes Lamento darüber, dass sie verkannt, verachtet würden. Durch dieses Sich-Absperren und Abzirkeln entstand eine Lyrik ›mit Spoiler‹. Mich hat dieses Lamento immer genervt, weil ich der festen Überzeugung bin, dass Lyrik nichts für eine Minderheit ist oder für eine aussterbende Art und dass sie keine Schutzmechanismen braucht, sondern dass Lyrik eine Form ist, die sehr gegenwärtig ist, die wahnsinnig viel mit unserer Zeit zu tun hat, die mit den Techniken unserer Zeit arbeitet, die schnell ist, die rasant ist; die auch Gegenmodelle in der Langsamkeit, in der Konzentration bilden kann, die also viel mit den Bedürfnissen und Sehnsüchten von uns allen zu tun haben kann.

Die Abschottung fängt aber schon in der Schule an und beim Habitus vieler Autoren. Sie beginnt damit, dass Hemmschwellen aufgebaut werden, dass ein Abschreckungsmodell existiert. Meiner Ansicht nach ist es ganz wichtig, dass man die Lyrik öffnet, dass man nicht die Inhalte verrät, sondern kreativ in der Vermittlung ist. Es ist sehr viel passiert durch die Slam Poetry, die Poetry Slams, die viele traditionelle Dichter verteufeln. ›Das ist Verrat!‹ ›Es hat nichts mit Poesie zu tun!‹ Aber es hat wahnsinnig viel bewirkt. Über die Poetry Slams haben sich viele junge Leute für Lyrik begeistert und selber zu schreiben begonnen. Da öffnet sich etwas. Es gibt jetzt Lyriklesungen, die in Klubs stattfinden, mit DJs, mit Musik. Selbst die, die vorher jede Berührung als Sakrileg betrachtet hätten, öffnen sich. Dadurch dass die Lyrik wieder mehr mit der Welt zu tun bekommt und mit ihren möglichen Lesern, wird sie auch besser. Man merkt einfach, dass da nicht mehr nur einige Mönche für einander schreiben, sondern dass Lyrik direkt und gegenwärtig ist. Natürlich gibt es in der Lyrikszene auch Kämpfe. Es war lange Zeit so, dass zum Beispiel die Lautpoeten jeden, der einen ganzen Satz geschrieben hat, als völligen Dilettanten bezeichneten. Oder wenn man es dann gewagt hat, wie ich, auch einmal ›Ich‹ zu sagen oder ein Liebesgedicht zu schreiben, dann war man ganz unten. Und wenn man dann noch mehr als 15 Lyrikbände verkauft hat, dann war man ohnehin stigmatisiert. Aber jetzt kehren wir zurück zu den Lebenden!

PUBLIKUM Was für ein Ziel hat ein Dichter? Ein Prosaautor zum Beispiel mag das Ziel haben, einen Roman zustande zu bringen.

ALBERT OSTERMAIER *Mein* großer Traum ist, einmal einen Roman zu schreiben. *(Gelächter)* Das ist nur wahnsinnig schwer. Ich habe davor einen Höllenrespekt. Ich habe einmal ein Jahr lang an einem Romananfang herumgetüftelt. Die große Sehnsucht: einen Tausendseitenroman zu schreiben, einmal diesen Atem zu haben, diese Ruhe, diese Lässigkeit, Geschichten zu erzählen. *(Ostermaier grinst Zaimoglu an.)* Ich werde es auch irgendwann probieren. Aber ich bin auch Dramatiker. Und ich lebe vom permanenten Austausch mit Menschen. Im Theater kommen so viele Verrückte zusammen, es gibt dauernd Kommunikation, Gespräch, brutalste Kritik. Es gibt immer Austausch, das ist für mich für das Schreiben ganz wichtig. Davon profitiert auch meine Lyrik. Für mich ist Prosa dies: Da sehe ich einen einsamen Weg — und da muss ich irgendwann durch.

FERIDUN ZAIMOGLU Wo musst du durch?

ALBERT OSTERMAIER Durch diesen einsamen Weg der Prosa.

PUBLIKUM Ich denke an zwei der letzten Gedichte, die Sie gelesen haben, die beiden Afghanistan-Gedichte: Wollen Sie Lyrik als Mittel des politischen Engagements benutzen? Warum gebrauchen Sie dieses Medium? Wird es der Situation in Afghanistan gerecht? Stellen Sie sich diese Fragen?

ALBERT OSTERMAIER Eigentlich ist es ja so, dass das Gedicht das Ohnmächtigste ist, was es überhaupt gibt. Ein Gedicht hat meist nur einen minimalen Leserkreis. Es ist eher verschlüsselt. Aber das Gedicht hat mit Erschütterung zu tun. Es ist für mich als Dichter existenziell, das zu verarbeiten und auf das zu reagieren, was ich sehe, und dafür offen zu sein — auch für das, was politisch ist. Man muss auch etwas riskieren, eine Haltung riskieren. Man muss auch mit diesen Themen umgehen.

Ich kann diese Themen natürlich völlig verklausuliert bearbeiten, um später sagen zu können: ›Ich habe ja schon Neunzehnhundertsoundso in dieser Zeile links unten ...‹ Aber ich finde es auch wichtig, sich angreifbar zu machen und sich auch als Lyriker, der für das Ätherische zuständig sein soll, mit ganz irdischen und politischen Dingen auseinanderzusetzen. Ein Gedicht kann bestimmte Wahrnehmungs-Sensibilisierungen schaffen, durch Bilder, und es kann vor allem zeigen, wie Sprache funktioniert und wie Sprache über die Medien im Krieg instrumentarisiert und entleert wird. Hier kann Lyrik, und sei es nur bei einem oder zweien, etwas bewirken. Ich lebe in dieser Welt, und ich schreibe über diese Welt. Es gibt für mich kein Tabu, was ins Gedicht darf oder was nicht ins Gedicht darf. Ich habe auch ein Gedicht über Oliver Kahn geschrieben, das ist wahrscheinlich auch verboten. Aber für mich ist nichts verboten. Es gibt nur gute oder schlechte Gedichte.

PUBLIKUM Sie haben gesagt, Sie sind ein Fetischist, was Bilder angeht. Ist der Umgang mit Bildern im Theater ähnlich wie in der Lyrik, oder ist das ein ganz anderer Prozess?

ALBERT OSTERMAIER Im Theater bringe ich die Regisseure zum Wahnsinn durch meine Regieanweisungen. Die meisten Regisseure streichen als erstes die Regieanweisungen und zeigen sie den Schauspielern gar nicht mehr. Um die Atmosphäre zu schaffen, in der die Stücke stattfinden, gibt es für mich zwei Schienen. Die eine ist sehr nahe am Gedicht, sehr poetisch in der Dichte der Bilder, in Bewusstseinsströmen, in der Höhe der Sprache. Die andere führt zu Stücken, die auf Handlung und Dialoge konzentriert sind. Ich schreibe filmische Erzählungen, ich erzähle Filme, dann bin ich am nächsten an der Prosa. Man muss im Theater einiges herunterfahren, denn nicht jeder Mensch spricht poetisch. Man muss das Poetische verstecken. Dann ist es toll, wenn man einen total verrückten Spinner auftreten lassen kann, denn der darf schräge poetische Bilder absondern.

FERIDUN ZAIMOGLU Ich denke, die Poeten schlagen sich besser. Ich sage es dir. Und wir machen an dieser Stelle einen *Cut*. Ich danke dir herzlich, dass du gekommen bist. *Solarplexus* — wer das *(Zaimoglu hält das Buch hoch)* nicht gelesen hat, ist selber schuld! *(Applaus)*

Klaus Vater

Geht rein!

FERIDUN ZAIMOGLU Ich grüße euch, ich grüße Sie, ich grüße vor allem unseren heutigen Gast. Klaus Vater ist Redenschreiber, Journalist und Pressesprecher im Bundesgesundheitsministerium. Er schreibt aber auch literarische Texte: Jugendbücher und Krimis. Seien Sie willkommen!

KLAUS VATER Vielen Dank für die Einladung. Ich fange gleich an. *(Vater liest zwei Kapitel aus einem bisher unveröffentlichten Institutionenroman, in dem eine Ministerialbeamtin ein apokalyptisches Szenario aufdeckt: Um der Überalterung der Gesellschaft entgegenzuwirken, hat die Regierung beschlossen, dem Trinkwasser heimlich Blei zuzusetzen. So soll die Lebenserwartung der Menschen unmerklich gesenkt und mit drastischen Mitteln ein Ende der demographischen Krise herbeigeführt werden. Die älteren Menschen sterben an einer Bleivergiftung, die wegen ihrer Langzeitwirkung nicht nachgewiesen werden kann.)*

FERIDUN ZAIMOGLU Vielen Dank! Wir kommen gleich darauf zu sprechen. Ich habe mir einiges aufgeschrieben. Ist das ein Schlüsselroman? Unsereiner ist mit der 68er-Parole vom ›Gang durch die Institutionen‹ aufgewachsen. Und mit einem anderen Schlagwort: ›Die Korridore der Macht‹. Sind diese Menschen tatsächlich so? Hatten wir sie idealisiert, die in den Institutionen? Sind das ihre Spielfelder? Kann man tatsächlich Macht gewinnen, wenn man in einem Ministerium arbeitet?

KLAUS VATER Ein Schlüsselroman? Das weiß ich nicht. Das ist der Versuch, zu beschreiben, wie so etwas entstehen kann. Ich habe eine Idee im Kopf. Und wenn ich Zeit habe und ich habe Zeit, meine Familie ist in Bonn, wenn ich Zeit habe abends, dann schreibe ich. Das ist ein Stück Psychologie: sich die Dinge von der Seele schreiben, vom Herzen schreiben, überlegen, was ich erlebt habe und wie ich dem eine eigene Färbung geben kann. Wir haben in der BRD eine Debatte über das Älterwerden in der Gesellschaft. Und niemand weiß so recht, was das bedeutet. Frank Schirrmacher hat ein Buch vorgelegt, *Das Methusalem-Komplott.* Er glaubt, dass unsere Gesellschaft sich in Richtung Altenzivilisation und Altenkultur entwickeln wird. Das wird so sein. Ich habe das einfach umgedreht. Ein Roman ist das, kein Witz, sondern der Versuch, die Geschichte von den Füßen auf den Kopf zu stellen.

Die großen Apparate haben in den letzten 20 Jahren eine unglaubliche Entwicklung durchlaufen. Teilweise sind sie noch sehr konservativ strukturiert, teilweise sind sie aber besetzt mit jungen Leuten, die leistungsorientiert sind. Der klassische Aufbau ist etwas, das sie als Behinderung empfinden. Ich kann nur dazu auffordern: Geht rein! Das gehört zu unserer demokratischen Kultur! Es gehört dazu, in diese Apparate hineinzugehen, sie zu verändern und transparent zu machen. Was ich beschrieben habe, ist ein Stück Realität. Das ›Referat‹, dieser Begriff taucht ja mehrmals auf, ist nur die kleinste Einheit des Ministeriums, mit einer Frau oder einem Mann an der Spitze. Ein Referat hat eine spezielle Aufgabe. Ein Referat hat einen konkreten Auftrag. Wenn etwas aus dem Parlament kommt, landet es in einem Referat, bei den Fachleuten. Die schauen sich das an und fragen sich, ob es eine Lösung gibt. Es gibt riesige Ministerien mit Hunderten von Referaten. Es gibt Ministerien, in denen der Zug von unten nach oben schnell fährt, und Ministerien, in denen es langsamer zugeht. Es ist wichtig, den Blick zu schärfen für das, was passiert, Entscheidungen voranzubringen, wirklich etwas mitzubewirken. Es ist wichtig, sich mit diesem Bereich unseres Staates auseinanderzusetzen. Sich zum Beispiel als Insider zu fragen: ›Welches Einkommen hast du als Rentner?‹

FERIDUN ZAIMOGLU Das hört sich zwar gut an, aber ist es nicht öde? Ist es nicht so: Man geht da rein. Mit Schwung. Lernt dann, dass der Schwung nachlässt. Die Jüngeren sagen: ›Okay, wir gehen da rein!‹ Das war in der Tat vor zehn, fünfzehn Jahren so. Da spürte ich eine gewisse Begeisterung: ›Wir wollen da rein, wir wollen da mitwirken.‹ Sie haben mitbestimmt. Und ich habe sie darauf angesprochen: »Ihr habt mich geradezu als imbezil dargestellt, weil ich draußen bleibe! Aber im Magen der Bestie wird man doch verdaut!«

KLAUS VATER Sehe ich verdaut aus?

FERIDUN ZAIMOGLU Nein, aber wir haben von *jungen* Leuten gesprochen!

KLAUS VATER Da *(deutet zur hinteren Reihe des Seminarraums)* sitzt eine ganze Reihe aus meinem Bereich, schauen Sie mal. Die sind nicht verdaut. Die haben ihre Vorstellungen und Ideen. Und wenn sie dabei bleiben, werden sie alle ihren guten Weg gehen.

FERIDUN ZAIMOGLU Wenn sie dabei bleiben. Wie lange sind sie da? Wie lange? Ein Jahr, zwei Jahre? Das gilt nicht.

KLAUS VATER Ich will mal historisch ansetzen. In den 70ern habe ich in Bonn angefangen bei einer Nachrichtenagentur. Da habe ich eine Vielzahl von jüngeren Frauen und Männern kennengelernt. Es gab eine Stellenexpansion, die öffentlichen Apparate stellten viele Leute ein. Die gibt es jetzt nicht mehr. Damals sind die da rein gegangen und haben sich in vielen Bereichen engagiert. Sie waren eifrig, sie haben versucht voranzukommen, und sie haben sich fleißig bemüht, ihre Vorstellungen durchzudrücken. Eine ganze Reihe von denen hat ihren Idealismus nie verloren ... Andere haben ihn verloren. Es ist die Aufgabe dieser Jahrgänge hier *(zeigt in die Runde)*, daran wieder anzuknüpfen, da rein zu gehen und es alten Säcken wie mir schwer zu machen. Uns zu sagen: ›Da liegst du schief, es gibt neue Methoden! Eigne sie dir an! Und wenn du das nicht willst, musst du beiseite treten, das ist nun mal so!‹

FERIDUN ZAIMOGLU Ich bin noch nicht ganz überzeugt. Ich halte Ihren Text für eine Art Schlüsselroman. Was Sie beschreiben, klingt nicht verlockend. Es ist für mich leichter, abseits zu stehen und Steine gegen das Ministerium zu werfen.

KLAUS VATER Die haben alle dicke *(lacht)* Mauern!

FERIDUN ZAIMOGLU Genau das ist das Ding: Es bringt gar nichts, trotzdem habe ich den Stein geschmissen. Es ist sehr en vogue, auf Politiker zu schimpfen, das meine ich nicht. — Kommen wir zu einer anderen Frage: Sie sind Redenschreiber. Ich habe bei Politikern immer das Gefühl, man stellt sie da hin, einige sind charmanter als andere und vermitteln dem Publikum das Gefühl, dass sie das eine oder andere durchaus *meinen.* Aber eigentlich sind das fremde Reden. Kann man das so verstehen, dass Redenschreiber komplizierte Vorgänge volkskompatibel machen? Wie sieht das aus? Was müssen Sie tun? Kommen die zu Ihnen und sagen: ›Da habe ich ein Thema, darüber möchte ich was erzählen, bitte machen Sie mir dazu eine Rede.‹?

KLAUS VATER Genauso geht das.

FERIDUN ZAIMOGLU Echt? *(Publikum lacht)*

KLAUS VATER Ich mache das jetzt schon viereinhalb Jahre und habe auch in der Fraktion gearbeitet. So ganz hundertprozentig vereinnahmen habe ich mich nie lassen. Die kritische Sicht, ein Stück kritische Solidarität muss sich jeder bewahren. Eines sollte jeder wissen: Wir leben in einer Durchgangssituation. »Nichts wird mehr so sein, wie es war«, hat Hans-Dietrich Genscher gesagt. Ich habe das damals nicht verstanden, heute weiß ich es. »Nichts wird mehr so sein, wie es war.«

FERIDUN ZAIMOGLU Wie meinte er das?

KLAUS VATER Ökonomisch, politisch, sozial. Ich habe mit Menschen zu tun, die in der damaligen DDR groß geworden sind. Die arbeiten mit mir zusammen, und wenn ich mit ihnen rede, wenn sie sich öffnen, stelle ich fest: Sie haben das, was wir in unserem Durchgangsstadium heute verzögert mitbekommen, alle schon erlebt. Einen radikalen Schnitt. Was einmal war, woran sie geglaubt haben, was ihr Leben ausgemacht hat, ist plötzlich weg. Wir erleben das jetzt. Wir werden nicht mehr lange in einem Industriestaat leben. Nichts wird mehr so sein, wie es einmal war! Wir müssen dafür sorgen, dass unser Rechtsstaat, der uns viele Möglichkeiten bietet, diese Veränderung unbeschadet übersteht.

FERIDUN ZAIMOGLU Ich ahne Kulturpessimismus.

KLAUS VATER Ich bin überhaupt kein Kulturpessimist!

FERIDUN ZAIMOGLU Ich habe das herausgehört. Ich unterstelle Ihnen das. Ich verstehe Sie so, als würden Sie sagen: ›Freunde, macht euch auf was gefaßt. Macht euch keine Illusionen!‹

KLAUS VATER Ich habe fünf Kinder: 30, 24, 20, 17 und 12. Und ich weiß, alle haben sie ihren spezifischen Ansatz, um Probleme zu lösen. Das wird anders stattfinden, als ich das gemacht hätte. Ich kann mir »Kulturpessimismus« gar nicht leisten. Man muss Vertrauen haben, und ich bin ganz sicher, dass dieses Vertrauen gerechtfertigt ist. Es gibt so viele Menschen, die neugierig sind. Sie haben alle ihre spezifischen Begabungen. Wir müssen dafür sorgen, dass sie zur Geltung kommen, dass das explodieren kann.

FERIDUN ZAIMOGLU Und was wäre ein Rohrreiniger?

KLAUS VATER Ein Rohrreiniger wäre, ich fange bei der Bürokratie an, dass Leute wie ich über 58, 59, 60, sich langsam auf das Leben *nach* der Arbeit vorbereiten. Oder zumindest nicht mehr da sitzen, wo ich jetzt sitze. Jüngere sollten Verantwortung übernehmen. Da wird noch einiges zu tun sein. Das nächste ist sehr viel schwieriger. Ich war immer Betriebsrat, unentgeltlich. Ich kann nur dazu ermuntern: Fangt an und trainiert euer demokratisches Bewusstsein! Kümmert euch! Es gibt viele, die machen das. Die sind zum Beispiel in einer Dritte Welt-Gruppe. Aber man muss mehr tun! Man muss das, was wir in Deutschland haben, als Chance begreifen.

FERIDUN ZAIMOGLU Auf der einen Seite muss man, weil die Zeiten nun mal sind, wie sie sind, zusehen, dass man mit dem wenigen, was man hat, als junger Mensch irgendwie zu Rande kommt. Ich rede von Studenten und Studentinnen. Junge Leute müssen Geld verdienen, und dann sollen sie sich auch noch sozial engagieren!

KLAUS VATER Es ist noch viel schlimmer. Wer sich heute in dieser Welt *engagieren* will, der muss sich umfassend *informieren*. Ein Beispiel: Als ich zu arbeiten anfing, gab es für meinen Job einen Schlüsselbegriff, das war die ›Nachricht‹. In dem Wort steckt etwas sehr Interessantes: etwas, *nach* dem ich mich *richten* kann. Eine Orientierungshilfe. Die klassische Nachricht besteht aus Aussagen: die Zeit, das Wetter, das Geschehen. Im Laufe der 70er und 80er Jahre wurde dieser Begriff der Nachricht durch das Wort ›News‹ ersetzt. Ich will etwas bringen, was der andere nicht oder noch nicht hat. In der Hoffnung, dass es abgedruckt wird. Ich überhole ihn. In einer Konkurrenz setzt sich etwas durch. Wir sehen das auch daran, wie die Journalisten, die Agenturleute, heute arbeiten. Heute gibt es keinen ›Inhalt‹ mehr, sondern ›Content‹. Das ist ein ganz bemerkenswerter Unterschied. Wir klopfen etwas ab und schauen, ob es *konflikt*trächtig ist. Gibt es irgend etwas, das ich an die Front bringen kann, gegen jemand anderen?

Wer sich sein Bild der Gesellschaft entwerfen will, der kann nicht nur die *Bild* lesen, der muss *Tagesspiegel*, *Freitag*, *Berliner Zeitung*, *taz*, FAZ lesen. Er muss die Möglichkeit suchen, sich umfassend zu informieren. Übrigens muss man auch vorsichtig sein bei solchen *Officials* wie Klaus Vater — da ist auch nicht immer alles hundertprozentig richtig. Es ist nicht immer drin, was drauf steht.

FERIDUN ZAIMOGLU Heißt das jetzt, Sie betreiben Desinformation?

KLAUS VATER Keine Desinformation. Ein Hinlenken auf bestimmte Aufgaben. Vielleicht darf ich Ihnen ein Beispiel dafür liefern, in welchem Aufgabenfeld wir uns alle bewegen. Ich weiß nicht, ob Sie heute in der Zeitung gelesen haben, dass immer mehr Menschen die Bestattung ihrer Angehörigen nicht mehr selbst erledigen, sondern der Gemeinde überantworten. Es gibt immer mehr Tote ohne Angehörige. In Hamburg 800 Fälle, ich habe beim Statistischen Landesamt nachgefragt. In Hamburg sterben pro Jahr 19000 bis 20000 Menschen. Sie haben eine Vergleichszahl von vor vier Jahren gewählt: 1998 waren es 280, 2003 dann 800. Ist das statistischer Schwachsinn? Man muss ständig aufpassen. Man muss sich gut informieren, möglichst viel speichern, möglichst kritisch rangehen, auch an das, was die *Officials* vorhaben.

FERIDUN ZAIMOGLU Wunderbar! Gibt es Fragen?

KLAUS VATER Oder habe ich euch tot gequatscht?

PUBLIKUM Sie haben gesagt, Sie hätten sich nicht vom Staatsapparat vereinnahmen lassen. Trotzdem werde ich das Gefühl nicht los, dass Sie den Habitus des Politikers nicht vermeiden können. Daher wollte ich fragen, ob man irgendwann nicht mehr anders kann, als mit Worten, Phrasen, Schlagwörtern, Worthülsen um sich zu werfen, zum Beispiel die Jugend aufzufordern, auch mal ›etwas zu tun‹. Schleicht sich irgendwann so ein Habitus ein?

KLAUS VATER Da muss ich gestehen, meine Kinder sagen das manchmal auch. Da ist etwas dran! Aus der Rolle zu schlüpfen, das ist nicht so leicht. Aber dafür diskutieren wir ja, und wenn Ihnen das zuviel wird, müssen Sie mir auf die Nuss klopfen!

PUBLIKUM Es ist allein schon die Richtung, diese Aufforderung: ›Tut was!‹ Man hat alle Hände voll zu tun, und dann soll man noch mehr tun!

KLAUS VATER Dahinter steckt auch eine gewisse Enttäuschung, das gebe ich zu. Vielleicht ist das falsch. Betrachten wir den Bereich, den ich ganz gut kenne, die Medien. Wir haben in den 70er Jahren um Pressefreiheit in den Redaktionen gekämpft. Wir wollten, dass unsere Beziehungen zu den Chefredakteuren, zum Verlag, kodifiziert werden. Rechte errungen zu haben, darauf waren wir sehr stolz. Die sind dann im Laufe der 80er Jahre wieder abgeräumt worden. Ich vermisse bei den Kollegen, die jetzt auf der anderen Seite arbeiten, oft ein kritisches Bewusstsein. Ist es nicht möglich, wieder eine Debatte über die innere Pressefreiheit, über Redaktionsstatute zu führen? Jetzt könnt ihr sagen, das ist Besserwisserei, aber dahinter steckt Enttäuschung.

FERIDUN ZAIMOGLU Ich kaufe jeden morgen vier Zeitungen, ich kann das Geld von der Steuer absetzen, es ist nicht vergeudet. Mein Lieblingsplatz in Deutschland ist das

Feuilleton. Ich schlage das Feuilleton auf, und ich lese die politischen Kommentare. Und manchmal — Entschuldigung — ist das opportunistische Scheiße, vor allem im Zusammenhang mit dem Irak-Krieg. Für diesen Dreck habe ich Geld ausgegeben! Neulich kaufe ich eine Berliner Zeitung und muss lesen, wie all jene Menschen, die hier in Deutschland aus guten Gründen den Irak-Krieg *nicht* bejubeln, denunziert werden als »Anti-Amerikanisten«. Ich habe im Jahr zwei Wutanfälle. Was für ein Dreck! Ich habe rumgebrüllt. Und ich stoße immer wieder darauf.

Ich kaufe bestimmte Zeitungen, und ich kaufe bestimmte Zeitungen nicht. Zum Beispiel den *Focus* — das ist ein Schweineblatt. Aber wenn ich sogenannte kritische Zeitungen kaufe, da Sie sagten, man solle sich informieren, und ich schlage diese Zeitungen auf — bei der Masse an Desinformation wird einem die Lust vertrieben. Früher habe ich immer darüber gelästert, aber seit dem Irak-Krieg kaufe ich die *Neue Zürcher Zeitung.* Früher haben wir immer gewitzelt: wenn man in einem Wiener oder Berliner Café angeben will, holt man die *Neue Zürcher Zeitung* hervor, dann wird man als Schlaumeier wahrgenommen. Das ist ein Intellektuellenblatt. Aber es ist der helle Wahnsinn! Man liest sie und denkt: Da steht, was in den meisten Blättern in Deutschland *nicht* steht. Entschuldigung, was da unten passiert, ist ein Verbrechen. George Bush ist ein Kriegsverbrecher! Wieso lese ich das nicht?

KLAUS VATER Nicht in allen Medien in Deutschland gibt es Debatten, aber in vielen.

FERIDUN ZAIMOGLU Echt?

KLAUS VATER Ich wollte nur sagen, bei der Menge von Schrott-Informationen, die jeden Tag auf uns einprasseln, kann man sich nur helfen, wenn man sich seine eigene mediale Gegenwelt aufbaut. Was muss ich lesen? Ich muss die *taz* lesen, ich muß die FAZ lesen, ich muss das Feuilleton der *Süddeutschen Zeitung* lesen, das ist das spannendeste, das hier in Deutschland erscheint, den *Focus* muss man nicht lesen, da gebe ich Ihnen vollkommen recht. Aber man muss sich informieren. Das ist unsere Art, sich zu wehren, gegen das, was mit uns geschieht oder was für uns veranlasst wird. Ihr hört das jetzt alles. In 15, 20 Jahren, wenn ihr Verantwortung übernommen habt — und hier sitzt vielleicht auch der eine oder andere Minister oder der nächste oder übernächste Regierende Bürgermeister —, dann geht das nur, wenn ihr gelernt habt, euch umfassend zu informieren.

PUBLIKUM Wenn ich das machen wollte und regelmäßig Zeitungen läse, würde ich eher zum Zyniker werden als zum Regierenden Bürgermeister.

KLAUS VATER Dann müssen Sie einen anderen Weg wählen, sich zu informieren, dann müssen Sie ins Internet gehen, dann müssen Sie in Zeitungen schauen, die außerhalb der Bundesrepublik erscheinen, aber Sie dürfen den Anspruch nicht aufgeben. Zyniker werden und resignieren, das kann man nicht machen.

PUBLIKUM Ich finde diese Diskussion belastend. Mich stört die kategorische Forderung: ›Man muss etwas machen!‹ — Inwieweit haben Sie das Gefühl, dass Ihre Wahrnehmung durch das, was Sie schreiben, beeinflusst ist?

KLAUS VATER Ich sehe nur zwei Möglichkeiten: entweder man greift die Politiker an, oder man ist selber einer. Überall wird Politik gemacht — von der Wiege bis zu Bahre. In dem Moment, in dem Sie geboren werden, beginnt Politik. Sie versuchen, Ihre Fähigkeiten zu entfalten und Ihren Kopf einzusetzen, um Ihre Forderungen durchzusetzen. Ich habe über das, was ich tue, was ich geschrieben habe, in diesem Zusammenhang noch nicht nachgedacht. Aber es gibt eine Psychoebene: beschreiben, für mich neu thematisieren. Ich wollte Dinge loswerden, mir selbst Wege eröffnen. Aber in Beziehung auf das, was ich jeden Tag tue, würde ich direkt nichts ablesen.

PUBLIKUM Sie haben gerade von der »Psychoebene« gesprochen. Ich habe gehört, was sie geschrieben haben. Das klingt voll lau, da merke ich nicht, dass Sie wütend sind. Mich würde interessieren, was Sie dabei gefühlt haben. Das klingt so diplomatisch, geglättet, das muss ich ehrlich sagen.

KLAUS VATER Ich glaube, dass Literatur gegen den Strom schwimmen muss. Einige schwimmen Zickzack, andere schwimmen auf dem Rücken, wieder andere setzen sich ans Ufer und ruhen sich aus oder lassen sich treiben. Literatur, die mit dem Strom schwimmt, ist verkehrt. Aber die eigentliche Provokation entsteht dadurch, dass wir uns mit tiefgreifenden Brüchen auseinandersetzen müssen. Wir alle leben in Zeiten, in denen wir uns daran gewöhnen müssen, dass es heute, morgen, übermorgen krachen wird. Was ich beschrieben habe, könnte eintreten und diese Gesellschaft in einem schrecklichen Prozess enden. — Aber ich glaube, ich habe sie nicht überzeugt.

PUBLIKUM Es tut nicht weh, was Sie schreiben. Und das ist der Punkt. Wenn ich mir die Gegenwart anschaue, tut das weh, das ist schrecklich. Was Sie schreiben, muss genauso weh tun wie das, was da draußen passiert.

KLAUS VATER Darf ich ihnen zwei Seiten von dem vorlesen, was ich früher geschrieben habe? Geht das? *(Vater liest den Anfang seines Romans* Sohn eines Dealers *aus dem Jahr 2001 vor, für den er 2002 mit dem Krimipreis für Kinder- und Jugendliteratur ›Emil‹ ausgezeichnet wurde.)*

Seit Christian weiß, dass sein Vater Stoff verkauft, wird seine Welt zerfetzt. Während er fühlt, wie aus seiner Welt jeden Tag ein weiteres Stück herausgerissen wird, bleibt sein Vater ungerührt. Auch heute Mittag, als Christian aus der Schule kommt und sich zu Hause am Tisch niederlässt. Rechts am Tisch sitzt sein Vater, gegenüber seine ältere Schwester Sonja. Mutter gießt Vater und sich Mineralwasser in die Gläser, hält die Flasche einen Augenblick über dem Tisch in der Schräge, um den Kindern auch etwas anzubieten. Sie setzt die Flasche ab und beginnt zu essen. Vater und Sonja essen ebenfalls, während Christian zögert und im Essen stochert. Meist herrscht Schweigen. Meist hängt während des Mittagessens jeder seinen Gedanken nach. Auch heute. Wer außer mir weiß noch, was mit Vater los ist?, fragt sich Christian.

Sein Vater verkauft den Stoff nicht an irgendwelche Leute, die Christian völlig gleichgültig sein könnten, sondern an Gleichaltrige oder Ältere, auch Jüngere, jedenfalls an Schülerinnen und Schüler. Christian ist wütend und zugleich enttäuscht. Als ob sein Vater ihm einen Hinterhalt gelegt, eine Fallgrube mit spitzen Pfählen darin gegraben hätte. Dieser Mistkerl! Von mir fordert er, dass ich fair bleibe; daß ich nicht klaue wie andere; ausgerechnet er fordert, dass ich die Finger von Drogen lasse; dass ich Respekt vor der Mutter habe; dass ich ordentliche Noten nach Hause bringe. Weiß der eigentlich, was er von mir verlangt? Und er selber? Alles Gerede. Alles Show. Vater ist Dealer. Vater macht Kinder kaputt!

PUBLIKUM Tut mir leid, sowas habe ich gelesen, als ich in der vierten oder fünften Klasse war. Das tut nicht weh!

FERIDUN ZAIMOGLU Aber entscheidend ist doch die Richtung. Ich habe knallharte Bücher geschrieben, man hat mich fix und fertig gemacht. Auch was du gesagt hast vorhin: Es muss weh tun, weil das, was man jeden Tag erlebt und sieht, auch weh tut. Das ist ein klasse Satz, ich habe mir das aufgeschrieben. Aber ich glaube, entscheidend ist die Richtung. Man kann weich kommen, und man kann dem Leser mit Karatehieben knallhart das Genick brechen. Man kann die Leute abschießen, man kann ihnen weh tun. Darüber mache ich mir jedesmal, wenn ich ein Buch schreibe, Gedanken. Soll es hart sein? Und wie hart soll es sein? Ich habe es als fließend empfunden, was Klaus Vater vorgetragen hat. Aber nach meiner Ansicht wurde es falsch verstanden.

PUBLIKUM Es muss nicht weh tun! Es muss nicht sein, dass die Worte hart gewählt werden. Aber sie müssen authentisch sein. Hatten Sie so einen Vater, haben Sie mit solchen Leuten geredet? Ich habe meinen Zivildienst mit Drogenabhängigen verbracht. Und ich weiß, diese Worte hätten sie nie erreicht. Nein, das ist kein Echo von uns. Niemals.

KLAUS VATER Die Rückmeldungen der Verlagsvertreter sind positiv. Sie schreiben: »Man kann mit diesem Buch bei 14-, 15-jährigen prima arbeiten, sie begreifen es.« Die Dramatik passt, die Figuren sind überzeugend für sie, und damit habe ich das erreicht, was ich wollte.

PUBLIKUM Ich glaube, die Jugendlichen, die Ihren Text lesen, würden so etwas gar nicht erst machen.

KLAUS VATER Aber sie diskutieren darüber!

PUBLIKUM Nur diejenigen, die genau in dieser Situation sind, werden das Buch nicht lesen.

KLAUS VATER Das ist kein Argument gegen das Buch! Höchstens dafür, dass man Jugendliche nicht erreicht.

PUBLIKUM Ich wollte an einer ganz anderen Stelle ansetzen, am Schluss Ihres ersten Textes, den ich erstaunlich fand, aber noch nicht so richtig verstanden habe. Sie haben von einer umgekehrten Alterspyramide und von sinkender Lebenserwartung gesprochen. Was für eine Art Utopie ist das? Sie arbeiten im Gesundheitsministerium, die Probleme kommen ja daher, dass die Menschen so lange leben, und Kosten produzieren, aber nicht mehr lange genug arbeiten, um diese Kosten zu decken. Wäre es Eskapismus, dass Sie denken, so wäre die Welt einfacher, die Statistiken drehen sich wieder um? Ist es die Todessehnsucht eines alternden Mannes? Oder woher kommt diese Phantasie? Das ist ja harter Irrealismus, alle Statistiken der Gegenwart und sämtliche Zukunftsprognosen deuten darauf hin, dass wir irgendwann 100 werden, die Sozialsysteme ächzen und völlig umgebaut werden müssen.

KLAUS VATER Krimis entstehen aus absurden Impulsen. Der Gang der Geschichte geht so: Es gibt eine Gruppe von Menschen, denen gefällt nicht, dass sich die Gesellschaft immer stärker auf eine Altenkultur ausrichtet. Die wollen ihre Jugendkultur erhalten. Aber man kann die Alten ja nicht einfach umbringen, einen Krieg anfangen in der Gesellschaft, alle 75-jährigen abknallen. Also kommen sie auf einen bestimmten Dreh. Sie kontaminieren eine Anzahl Jahrgänge von Kindern mit einer ausreichenden Menge von Blei, so dass deren Lebenserwartung sich, über 30 Jahre gerechnet, von durchschnittlich 82 auf 71 reduziert. Mit allen Konsequenzen. Blei hat die entsetzliche Wirkung, wenn man die Menschen damit verseucht, dass sie es jahrzehntelang mit sich herumtragen und man anhand der Krankheitsbilder, die später auftreten, nicht erkennen kann, was die Ursache war. Das war der Ausgangspunkt. Jetzt können Sie sagen, in der

Tat, der ist ja ein durch und durch morbider Typ. Einverstanden, aber welcher Krimiautor ist das nicht?

PUBLIKUM Woher kommt diese Theorie? Haben sie das irgendwo in der Zeitung gelesen, oder unterhält man sich darüber bei Ihnen im Ministerium? *(Publikum lacht)*

KLAUS VATER Wahrscheinlich wird es dafür keine vernünftige Erklärung geben. Irgendwann ist die Idee da! Wie mit anderen Dingen auch, wenn jemand ein Bild malt — entweder legt man es beiseite, oder man fängt an, wie besessen darüber nachzudenken. Vielleicht kam der Anstoß, als ich irgendwann mit Medizinern und Wissenschaftlern sprach. Vielleicht liegt es auch einfach daran, dass mir die Debatte zur Überalterung gegen den Strich ging.

FERIDUN ZAIMOGLU Es ist plötzlich da! Und *(mit Blick auf die Uhr)* es ist plötzlich vorbei! Ich bedanke mich ganz herzlich! *(Applaus)*

Imran Ayata

Gärt es in dir?

FERIDUN ZAIMOGLU Auf zur nächsten Runde: Imran Ayata — er sei uns herzlich willkommen. Er ist Geschäftsführer der Kommunikationsagentur — früher Ahrens & Behrent, heute hört sich das ein bisschen komisch an: Ahrens & Bimboese.

IMRAN AYATA Genau.

FERIDUN ZAIMOGLU Wir kennen uns schon seit ein paar Jahren, wir sind zusammen aufgetreten, wir haben zusammen, wie du richtigerweise sagst, »Multimedialesungen« gemacht. Der Mann schreibt nämlich gut und ist genauso gut am Plattenteller. Es fing so an: Ich habe gelesen, Imran Ayata hat aufgelegt, vorher, nachher und während der Lesung — bis er mit seinen Geschichten rausgerückt ist, dann haben wir zusammen in Deutschland, in der Schweiz und in Österreich gelesen ...

IMRAN AYATA ... und in Island ...

FERIDUN ZAIMOGLU ... und in Island. In Reykjavik haben wir gelesen vor einem Bibelkreis von zehn Leuten. *(Gelächter)* Das war nicht schlecht. Er ist da, er wird aus seinem Buch lesen, einem Kurzgeschichten-Band, der bald, so hoffe ich, bei Kiepenheuer & Witsch erscheinen wird. Alles weitere von dir, Imran.

IMRAN AYATA Vielen Dank für die Einführung, Herr Professor. *(Gelächter aus dem Publikum)* Ich finde es sehr amüsant, heute hier zu sein — erstens weil man feststellt, wie alt man geworden ist, wenn man so in die Reihen schaut; und zweitens hatte ich meinen Kumpel noch nicht als Professor erlebt.

FERIDUN ZAIMOGLU *Gast*professor!

IMRAN AYATA Entschuldigung. Ich hatte eigentlich vorgesehen, eine heitere und eine melancholische bis traurige Erzählung vorzulesen. Vielleicht ist beides zu lang, ich werde erst eine lesen, und dann schauen wir, wie die Stimmung ist, dann lese ich vielleicht noch eine zweite. Die erste Kurzgeschichte heißt: »Kein Mensch ist illegal.« *(Ayata liest »Kein Mensch ist illegal« vor, seine Erzählungen kamen 2005 als* Hürriyet Love Express *heraus.)*

FERIDUN ZAIMOGLU Ich liebe Happy Ends. Ich habe das wieder an dieser Geschichte gemerkt — eine in Maßen pathetische Geschichte mit einem schönen Ausgang. Ist sie stellvertretend für das Buch, sind die anderen Geschichten ähnlich? Ich kenne die eine oder andere, die fallen ebenfalls melancholisch aus. Und dann die ganz doofe Frage: Wieso schreibst du solche Geschichten?

IMRAN AYATA Ich fange mit dem Buch an: Es ist konzeptionell angelegt. Es beginnt mit Alltagsgeschichten, die ungefähr so sind wie diese — Geschichten von Leuten, die sich an urbanen Peripherien herumtummeln: Illegale, Betrunkene, Migranten. Dann wird es aber zunehmend ernster, und am Schluss traurig. Am Anfang ist es noch lustig, und am Ende fragt man sich, warum das Leben so melancholisch ist.

Nun zur schwierigen Frage: Warum schreibt man solche Geschichten? Ich habe vorher journalistische Sachen geschrieben, über Themen, die damals nicht wirklich viele interessiert haben. Dann wurde Migrantenkultur auf einmal wichtiger, und ich wurde zu Vorträgen eingeladen, oft an Orte, die ich nicht einmal von der Landkarte kannte. Ich sollte immerzu erzählen. Ein Vortrag hieß »Differenz und Identität — Kanaken-Rap in Deutschland« oder so ähnlich. Ich habe diesen Vortrag ungefähr 25 Mal gehalten, die Zuhörer waren immer ganz begeistert. Aber ich dachte beim Vortragen: ›Mein Gott du bist ein Langweiler!‹ Und dann, wie es manchmal eben so kommt, sind die Zeitschriften, für die ich geschrieben habe alle eingegangen, oder die Herausgeberschaft hat gewechselt und die neuen Herausgeber wollten nicht mehr, dass ich für sie schreibe. So war es zum Beispiel mit der *Spex* 1999. Wenn man sich aber ans Schreiben gewöhnt hat, bleibt man dran auch wenn man keine Abnehmer mehr hat. Irgendwann haben mich Freunde überredet, Storys zu schreiben.

FERIDUN ZAIMOGLU Wir haben uns nämlich so kennen gelernt: Mein Buch *Kanak Sprak* erschien 1994, und ich wusste, es gibt da eine Zeitschrift mit dem Namen *Die Beute*, in der ausgesuchte Poplinke schreiben.

IMRAN AYATA Alles richtig bis jetzt.

FERIDUN ZAIMOGLU Irgendwann fiel mir eine Rezension in die Hände — ein gewisser Imran Ayata hatte das Buch besprochen. Es war eine Exekution! Du hast mich da fertig gemacht. Du hast das Buch verrissen. Du hast mich verrissen.

IMRAN AYATA Das stimmt.

FERIDUN ZAIMOGLU Und das hat mir imponiert. Es gibt ja blöde Verrisse, aber das war, wie ich feststellen musste, leider Gottes ein sehr guter Verriss. Er hatte an den richtigen Stellen die richtigen Hebel gesetzt. Auch wenn es mir schwer fiel, habe ich dich angerufen.

IMRAN AYATA Das hat mich wiederum überrascht. Diese Zeitschrift erschien alle drei Monate, wenn man also einen Text geschrieben hatte, gingen Wochen, manchmal zwei Monate ins Land, bis die Zeitschrift herauskam. Dann rief Feridun an und war sehr höflich. Ich dachte, ich kenne keine so höflichen Menschen. *(Gelächter)* Er erzählte irgend etwas, halb auf türkisch, halb auf deutsch. Ich konnte mich erst gar nicht erinnern, worum es ging, und als er den Namen noch einmal sagte — heute würde man das nicht vergessen, aber damals warst du noch nicht ganz so bekannt wie heute …

FERIDUN ZAIMOGLU Ich war *gar nichts*.

IMRAN AYATA … da fiel es mir wieder ein, und mir fiel auch ein, dass ich das Buch verrissen hatte. In dieser Zeitschrift fand man selten etwas gut, es sei denn, es war von Freunden — also wenn Diedrich Diederichsen ein Buch geschrieben hatte, war es auf jeden Fall super. Dann lud mich Feridun zu einer Lesung ein. Ich antwortete etwas versnobt: »Mal sehen, ob ich Zeit habe.« Dabei hatte ich ja nichts zu tun den ganzen Tag. *(Gelächter)* Ich sagte: »Ich schau da vielleicht mal vorbei.« Als ich dann auf dieser Veranstaltung war, das war ...

FERIDUN ZAIMOGLU Im ›Club Voltaire‹ in Frankfurt!

IMRAN AYATA ... genau, im legendären ›Club Voltaire‹, wo Andreas Baader und Ulrike Meinhof Biertrinken waren. Da merkte ich, muss ich gestehen, dass ich bei meiner Besprechung leicht daneben gelegen hatte, sie hatte nicht den Kern getroffen. Irgendwie gefiel mir das schon ganz gut, was Feri rapartig vortrug. Ich dachte: irgendwie hat das was. An diesem Abend waren wir zusammen aus, bei einem furchtbar schrecklichen Abendessen mit vielen Arschlöchern — und im Kreis von Arschlöchern solidarisiert man sich schnell. Seitdem machen wir manchmal gemeinsame Sache — so wie heute.

FERIDUN ZAIMOGLU Es ist natürlich sehr verkürzt, wenn ich sage: Die Ich-Erzähler deiner Geschichten sind Champs in der Gesellschaft. *(Ayata murmelt zustimmend.)* Ich würde sogar bei der einen oder anderen Geschichte feststellen wollen: Das ist richtig geiler Trash für Hochbegabte. Das ist die eine Seite. Die andere Seite ist: Du bist Geschäftsführer in einer Kommunikationsagentur.

IMRAN AYATA Ja, auch das ist wahr.

FERIDUN ZAIMOGLU Daran schließt sich natürlich die nächste blöde Frage an — Jetzt bin ich in der Rolle desjenigen, über den ich mich sonst immer ärgere. Lebst du in diesen Geschichten dein anderes Ich aus? Gärt es in dir? Ich kann mir gut vorstellen, dass du das eine oder andere aus dem Alltag in der Agentur erzählen wirst. Du bist ja, wie man in diesen Tagen sagt, in einer »verantwortungsvollen Position«, du kannst einstellen und entlassen. Du hast auf der sozialen Leiter einige Sprossen genommen — das ist Mainstream. Auf der anderen Seite sind da diese Geschichten, ich finde sie geil, in denen man auf Verlorene trifft, auf Menschen, die — wie hast du gesagt? — »sich an der urbanen Peripherie tummeln«. Wie geht das zusammen? Oder ist das üblich, das eine mit dem anderen in Verbindung zu setzen?

IMRAN AYATA Mir wurde auch im privaten Umfeld schon oft so etwas wie professionelle Schizophrenie diagnostiziert. Und, ehrlich gesagt, glaube ich, dass das als Lebenskonzept, um es hochtrabend zu sagen, natürlich nicht funktionieren würde. Ich könnte das nicht permanent so machen — denn ich versuche tatsächlich sehr streng, in diese Geschichten das, was ich beruflich tue, überhaupt nicht einfließen zu lassen. Das haben ja viele andere schon vor mir gemacht: Agenturromane zu schreiben, die furchtbar langweilig sind. Ich glaube, dass in meine Geschichten, so hoffe ich zumindest, nichts davon einfließt. Das ist eigentlich das Schwierigste für mich: das, was 70 bis 80 Prozent meines Alltags ausmacht, nämlich arbeiten, da rauszulassen.

Das hat seine Vor- und Nachteile. Der erste Nachteil ist natürlich, dass das Schreiben unheimlich viel Zeit braucht. Man kann ja nicht sagen: Ich schreibe jeden Donnerstag von 17 bis 18 Uhr. Das funktioniert so nicht. Es ist darum sehr mühsam. Die Art, wie ich lebe und wie ich meinen Alltag organisiere, verknüpft Dinge, die wenig miteinander zu tun haben. Ich habe aber, als ich in dieser Agentur anfing, die Bedingung gestellt, dass ich nebenbei weiter schreiben darf. Ich habe das zum Bestandteil meines Vertrages gemacht.

FERIDUN ZAIMOGLU Ach?

IMRAN AYATA Das haben sie erstmal ganz locker unterschrieben, kein Problem — natürlich wussten sie, dass man dort unheimlich viel arbeitet, und dachten wohl, ich würde sowieso nicht zum Schreiben kommen. Als ich drei Monate später einen ziemlich bösen Verriss, ich weiß nicht mehr wovon, in der *Frankfurter Rundschau* veröffentlicht hatte, merkten sie, dass ich wirklich schreibe. Sie wissen, was ich mache, und sie akzeptieren es. Ich kann mir inzwischen selbst einteilen, wann ich an Veranstaltungen wie dieser hier teilnehme oder nicht. Um es kurz zu machen: Es passt auf der einen Seite gar nicht zusammen, weil die beiden Welten wenig miteinander zu tun haben; auf der anderen Seite haben sie sehr viel miteinander zu tun. Denn das, was manche versuchen uns einzutrichtern, dass es *diese* Lebensform gibt und dann *die andere*, ist natürlich Quatsch, in den Großstädten zumindest vermischt sich das einfach. Ich kann in Berlin-Mitte sitzen und die Regierung beraten, und ich kann auch in Kreuzberg auf den Putz hauen, das ist schon in Ordnung. So ist das auch in meinen Geschichten.

FERIDUN ZAIMOGLU Du hast lange Jahre in Frankfurt gelebt, hast da studiert und gehörtest, glaube ich, nie der Poplinken an, sondern du warst …

IMRAN AYATA … ich war ausgeliehen.

FERIDUN ZAIMOGLU Ja, du warst ausgeliehen. Du hattest eine hardcore politische Einstellung, es gab gewisse Konsequenzen, auf die ich nicht näher eingehen möchte. Es ist ja nicht so, dass man — schwuppdiwupp — plötzlich in einer Kommunikationsagentur landet.

IMRAN AYATA Klar.

FERIDUN ZAIMOGLU Deshalb war das eine rhetorische Frage. Du hast erwähnt, dass du die Regierung berätst. Jetzt mal konkret: Was machst du da? Wie sieht deine Arbeit aus? Wen berätst du?

IMRAN AYATA *(druckst herum, Gelächter)* Ich habe gesagt, ich halte das auseinander. Also, unsere Agentur setzt politische Kampagnen um — zum Beispiel zur Arbeitsmarktreform: Wie schafft man es, bürgerschaftliches Engagement im Kampf gegen Arbeitslosigkeit öffentlich zu machen? Praktisch ist das eine PR-Kampagne, die ›Teamarbeit für Deutschland‹ heißt. Es gab im Winter Anzeigen mit Verona Feldbusch und Alice Schwarzer, die hat vielleicht der eine oder andere gesehen. Ich leite dieses Projekt. In meiner — ›Abteilung‹ hätte man jetzt altdeutsch gesagt, im ›Team‹ heißt das jetzt im Neudeutschen — in meinem Team sind etwa 25 Leute. Damit verdiene ich Geld. Und so wie jeder sein Hobby hat, versuche ich, Geschichten zu schreiben. Es ist schon schwierig, weil ich mir, wenn ich sie jemandem zu lesen gebe, ständig anhören muss, ob das denn überhaupt zusammenpasst. Ich bin gespannt. Wenn das Buch herauskommen sollte *(lacht)* …

und der eine oder andere es liest, muss ich vielleicht anders darüber reden. Aber das ist das Risiko, das man eingeht.

FERIDUN ZAIMOGLU Die Frage ist bescheuert — ich habe sie endlich einmal selber jemandem stellen wollen, nachdem ich sie, ich weiß nicht wie oft, tausendmal, hatte beantworten müssen: »Wie authentisch sind Sie?«

IMRAN AYATA Ja, ja, genau.

FERIDUN ZAIMOGLU »Sie sind doch jetzt ein Teil des deutschen Feuilletons, der deutschen Kultur.« — »Sie sind eingemeindet.« — »Sie können sich doch jetzt nicht hinstellen und ghettoeske Miniaturen oder Geschichten erzählen.«

IMRAN AYATA Ja.

FERIDUN ZAIMOGLU Das ist Blödsinn, diese Frage wird immer noch gestellt, sie wird dir auch bald gestellt werden. Man muss sich nicht für seine Kultur und seine Kunst entschuldigen. Wir könnten jetzt so weitermachen, ich habe natürlich noch ein paar Fragen, aber ich würde das Wort gerne ans Publikum geben. Gibt es Aufklärungs- und Klärungsbedarf?

PUBLIKUM Ich würde gerne wissen, was Sie selber lesen.

IMRAN AYATA Ich muss gestehen, dass ich es nicht mehr schaffe, so viel zu lesen wie früher. Zur Zeit lese ich, das finde ich sehr beeindruckend, *Jesus von Texas* von DBC Pierre, das finde ich großartig.

FERIDUN ZAIMOGLU Oh ja!

IMRAN AYATA Außerdem — das ist jetzt ein bisschen wie abgesprochen — lese ich gerade Feriduns Roman. Dann lese ich auch relativ viel türkische Literatur, in der Originalsprache. In meiner Jugend musste ich viele russische Klassiker lesen: Tolstoj, Dostoevskij et cetera. Aber das habe ich jetzt gelassen. Ich versuche, junge, neue Sachen zu finden, die manchmal richtig gut sind und manchmal auch eine Katastrophe. In den letzten beiden Jahren habe ich mir vorgenommen, nur noch Autoren zu lesen, die jünger als 50 sind, alles sehr gemischt. Nicht dass ich wirklich Ambitionen hätte, ich mache das nur als Hobby. Ich hasse Popliteratur. *(Zaimoglu jubelt.)* Das ist wirklich eine Zumutung. Ansonsten lese ich, was ich empfohlen bekomme und was man zeitlich auch schafft, ich arbeite ja etwa 50 bis 60 Stunden die Woche.

PUBLIKUM Ich möchte noch einmal auf deine Arbeit zurückkommen, aber ganz kritisch. Ich bin nämlich vor kurzem Opfer der ›Teamarbeit für Deutschland‹ geworden …

IMRAN AYATA … sehr schön!

PUBLIKUM Ich bin zu einer Veranstaltung gegangen, bei der es um einen Call Center-Job ging, der mit 5,– Euro die Stunde entlohnt worden wäre.

IMRAN AYATA Aber nicht von ›Teamarbeit für Deutschland‹.

PUBLIKUM Es war im Rahmen dieser Kampagne. Jetzt würde ich gerne wissen, ob es Spaß macht, so etwas zu kommunizieren? Gerade bei deiner persönlichen Vergangenheit interessiert es mich, ob man das nur durch Zynismus schaffen kann? Ich meine, dein Text war zynisch-melancholisch. Aber schafft man es nur durch Zynismus, so weit zu kommen?

IMRAN AYATA Ich klinge jetzt wie der Pressesprecher von Wolfgang Clement. »Ich werde dieser Sache nachgehen, weil das nicht im Kern das ist, wofür ›Teamarbeit für Deutschland‹ steht.« Das Interessante an der Kampagne ist ja — jetzt bin ich völlig wertneutral —, dass sie eine andere Form von Regierungskommunikation darstellt. Diese ›Teamarbeit für Deutschland‹-Kampagne ist letztendlich der Versuch, Initiativen, Bürger und Unternehmen, die etwas Besonderes tun, öffentlich zu machen. Dabei gibt es auch Missbrauch — wir sind schon drei oder vier Fällen juristisch nachgegangen. Manchmal wird ein Anwalt eingeschaltet und dem Veranstalter untersagt, das Logo zu nutzen. Den konkreten Fall, den du ansprichst, kenne ich nicht, aber ich werde es weitergeben.

Nun zu der Frage, ob man dafür zynisch sein muss. Ich hätte natürlich versuchen können, in einer Menschenrechtsorganisation für 1500,– Euro ein Projekt zu machen, aber wahrscheinlich hätte ich das sowieso nicht bekommen, weil ich in diesem Bereich keine guten Beziehungen habe. Ich bin eher zufällig dort hineingeraten. Ich bin mir bewusst, was ich da mache. Das ist mein Job, ich verkaufe meine Arbeitskraft. Natürlich ist das nicht ganz unproblematisch, aber ich stehe auch dazu. Da soll mir ein Drucker kommen und sagen, er mache einen korrekten Job. Was soll das? *(Jemand murmelt skeptisch vor sich hin.)*

Das ist eine linke Yuppie-Logik von Bildungsbürgerkindern, die sagen: »Das mache ich nicht mit, ich finde das unheimlich scheiße.« Der muss auch nicht arbeiten! *(Gelächter)* Ich kenne Leute, die steigen aus, lassen sich eine Yacht in Portugal schenken und lesen Adorno. Das hätte ich auch gerne gemacht. *(Publikum lacht)* Nein wirklich, ich habe einen Freund, mit dem ich zusammen studiert habe, der hat eine Depression bekommen — und dann hat der Papa gesagt: Ich kauf dir eine Yacht, auf nach Portugal! Der ist superlinks heute, der findet Globalisierung scheiße und so weiter. Was ich damit sagen will: Die Bedingungen, in denen du lebst, erfordern, vielleicht ist das Zynismus, eine Form von Selbstorganisation. Du musst dich durchschlagen. Ich meine das nicht pathetisch. Ich habe bestimmte Verantwortlichkeiten, familiärer und freundschaftlicher Art. Ich hole die Kohle ran, verteile sie auch wieder, und das ist okay. Und wenn jemand damit ein Problem hat, dann soll er mir das ruhig sagen. *(Gelächter)*

PUBLIKUM Haben Sie schon einmal für die türkische Zeitung *Birikim* geschrieben?

IMRAN AYATA Ja, habe ich.

PUBLIKUM Ich kenne Sie nämlich von daher.

IMRAN AYATA Das ehrt uns beide. *(Gelächter)* Wobei ich gestehen muss, dass ich auf deutsch geschrieben habe und ein Freund es für mich übersetzt hat … *(lacht)* Ich könnte auf türkisch schreiben, aber für *Birikim* — das ist eine Theoriezeitschrift — für sie würde mein Türkisch nicht reichen. Aber ich habe schon ab und zu, ich bin großer Fußballfan, zum Beispiel für *Radikal,* eine türkische Tageszeitung, Fußballgeschichten geschrieben. Die kann ich auch auf türkisch schreiben, aber Theorie ist schwierig. Es geht *(zu einer Person im Publikum, die eine Frage stellen will)* hier ja zu wie in einer Pressekonferenz!

PUBLIKUM Ich kann gut nachvollziehen, was du im Hinblick auf die Arbeitssituation sagst. Ich stimme auch zu, dass Popliteratur scheiße ist …

IMRAN AYATA Meinen Text fandest du auch scheiße?

PUBLIKUM Das war nicht Popliteratur, aber dafür Pop*corn*literatur. Die Erzählung hat mich nicht ergriffen. Aber das ist ein Grund dafür, dass man einen Text liest, dass man ergriffen wird, dass man durchgeschleift wird durch eine charakterliche Entwicklung. Ich hatte den Eindruck, das war Konsensliteratur. Ich wurde an Robert Gernhardts Satiren über die 68er erinnert — das liest man, jeder stimmt zu, und man hat auch mal geschmunzelt. Aber da, wo es interessant wurde, hast du es nicht weiterentwickelt. Zum Beispiel an der Stelle, wo der Typ sagt, er habe das erste Mal ein fremdes Land mit einem Geruch verbinden können, das war eine Stelle, an der ich dachte: Da erzählt er etwas, das ich so noch nicht kenne.

IMRAN AYATA Ich bin da sehr entspannt. Ich schreibe meine Texte ja nicht, damit alle ergriffen sind und sagen: ›Hurra! Auf den haben wir gewartet.‹ Es kommt auch darauf an, wo man etwas liest, vor welchem Auditorium. Ich habe die Geschichte schon einmal in einer linken Flüchtlingsveranstaltung gegen Abschiebung gelesen. Ich dachte: Wie witzig, das passt doch, die Veranstaltung hieß nämlich »Kein Mensch ist illegal«. *(Gelächter)* Das war echt hässlich. *(Publikum lacht)* Die Leute waren ergriffen, aber nicht so, wie ich das wollte.

Und wenn das, was ich schreibe, Mainstream ist, habe ich kein Problem damit. Auch wenn es vermessen klingt, von seinem eigenen ›Stil‹ zu sprechen: Ich mag es, wenn der Text schlank ist, wenn die Pointen so stehen, wie sie stehen. Wenn dir mein Stil nicht gefällt, ist es schade, aber ich würde mich überheben, wenn ich versuchen würde, mich der Sprache besonders zu ermächtigen. Mainstream finde ich sehr gut, das nehme ich sogar als Kompliment. Den Vergleich mit Robert Gernhardt kann ich aber nicht nachvollziehen. Wieso denn das? Aber das können wir ja noch bilateral klären. *(Gelächter)* Mir war doch klar, dass ich mich heute in die Höhle des Löwen begebe. Ihr studiert wahrscheinlich alle Literaturwissenschaft. *(Publikum lacht)* Ich habe keine Ahnung davon. Die Erzählungen sind für mich nur eine Form, etwas zu sagen.

PUBLIKUM Inwieweit beruhen deine Geschichten auf Ideen, die dir tatsächlich im Leben, im Bekannten- oder Freundeskreis begegnet sind? Oder sind sie rein fiktiv?

IMRAN AYATA Die Geschichte »Kein Mensch ist illegal« ist natürlich ziemlich absurd. Und viel von dieser Absurdität ist von mir dazuentwickelt worden. Aber den Grundplot habe ich recherchiert, den gibt es im Groben. Ich habe zwar die Figur ›Kein Mensch ist illegal‹ noch nicht kennen gelernt, aber ich habe auf einer Lesung jemanden getroffen, der ihn kannte, und der völlig erbost gegen meine Geschichte protestiert hat: »Das stimmt gar nicht, das war ganz anders!« Bei dieser konkreten Geschichte ist es also eine Mischung. Es gibt den Stoff, und dann entwickelt man ihn weiter. Der Charakter, den ich zu zeichnen versucht habe, wird wahrscheinlich nicht mit der realen Person übereinstimmen, den habe ich mir ausgedacht. Die meisten Geschichten, die ich entworfen habe, sind fiktiv. Aber man schnappt immer etwas auf, ich habe ja viel mit Leuten zu tun, und dann versuche ich, das weiterzuentwickeln. Daher ist es *etwas* authentisch.

PUBLIKUM Mich interessiert, was du aufgelegt hast. Wie funktioniert das, was ihr macht? Suchst du Musik aus, die dem Rhythmus der Sprache entspricht? Oder soll es einfach cool sein? Außerdem frage ich mich, wie man aus der *Spex* rausfliegen kann? Ich kaufe sie jede Woche und ärgere mich auch jedesmal darüber. Da gibt es immer superschlaue Popdiskurse, Diederichsen schreibt nicht unter drei Seiten. Aber was hat denen nicht gepasst von dem, was du geschrieben hast? Und worüber hast du damals geschrieben?

IMRAN AYATA Zunächst zur *Spex*. Zu der Zeit, als ich

da veröffentlichte, nicht in jeder Ausgabe, nur ein paar Mal, habe ich über HipHop geschrieben und über die Chicness von Migrantenkultur, darüber, dass das auf einmal ›in‹ war, türkischer Film und solche Dinge. Damals gab es eine feste Herausgeberschaft, Diederichsen war dabei, Tom Holert und andere. Aber die konnten die *Spex* nicht mehr finanzieren und mussten sie an einen Verlag verkaufen, Piranha, der das auch heute noch herausgibt. Sie haben das Team komplett ausgewechselt, hatten eigene Leute, die sie ins Blatt heben wollten. Ich hatte zwei Texte eingereicht, aber wenn der zweite schon nicht kommt, dann versucht man es kein drittes Mal mehr. Dass Diederichsen da jetzt wieder schreibt, ist mir nicht entgangen — das liegt aber am Phänomen Diederichsen. Der würde auch mit 70 noch über deutsche Popkultur schreiben. Es gibt relativ wenige Leute, die sich so wie er Gedanken dazu machen.

Zum Auflegen: Das hat sich so entwickelt. Nachdem ich Feriduns Buch verrissen hatte, sind wir uns ab und zu begegnet, weil ich überall diesen Vortrag über HipHop und Identität hielt und er überall gelesen hat. Irgendwann haben wir gedacht: Wir können doch mal etwas zusammen machen. Nun zur Vertonung: Es wäre schon recht anstrengend gewesen, bei dem, was Feridun damals gelesen hat, den Rhythmus der Sprache zu finden. Man musste sogar mit der Musik eher Contra geben, damit das die Leute nicht ganz weghaut. Das lief so: Er hat gelesen, etwa 20 Minuten, und ich — da ich ja einen Großteil der Geschichten schon kannte, hatte ich mir vorher etwas überlegt — habe wild versucht, etwas dazu zu basteln. Manchmal ging es richtig schief, weil es dann zu laut wurde; manchmal ging es ganz gut. Das war eine abwechslungsreichere Form, als nur zu lesen und *danach* aufzulegen.

FERIDUN ZAIMOGLU Ich erinnere mich an die Lesungen von *Liebesmale, scharlachrot,* meinem vierten Buch …

IMRAN AYATA Das war gut, ja.

FERIDUN ZAIMOGLU Das ist *Die Leiden des jungen Werthers,* nur anders geschrieben. Es geht um zwei Menschen, die sich unterschiedlich inszenieren: der eine inszeniert sich als hammerharten Street-Kanaken, der genau weiß, wie das ist mit der Liebe zu den Frauen, und er beschimpft — das hat mit der Musik zu tun — seinen Freund, der abgehauen ist und vorgibt, er wolle seine Ruhe haben. Dabei hat er seine Beziehung und die Liebesaffären nicht unter Kontrolle und ist feige fortgegangen. Da ist also der Harte, und da ist der Pseudointellektuelle, und beide spielen etwas vor. Es war ein Briefroman, und da ich versucht habe, mit der Stimme mal ›hart‹, mal ›weich‹, mal ›nachdenklich‹ und mal ›liebesergriffen‹ in diese Rollen zu schlüpfen, klappte es mit der Musik wunderbar. Nur irgendwann hatte Imran die Nase voll, weil ich immer zum Schluss einen Liebesbrief geschmettert und ihn dazu jedes Mal gebeten habe: »Bitte, bitte, lass es ausklingen, hochpegeln: Blumfeld, ›Tausend Tränen tief‹«. Er hatte irgendwann, nach dem siebten oder zehnten Mal, die Schnauze voll. Ich fand es so dramatisch geil ... Wir hatten eine dreiviertel Stunde Zeit. Ich habe ihm gesagt, welche Geschichten ich lese, und wenn es dann rhythmischer wurde, habe ich angefangen zu schmettern, es wurde immer schneller, und er kam mit. Und zwar ohne großartige Zeitverzögerung, es klappte wunderbar, es war ein gutes Zusammenspiel. Und wenn er auflegt, dann tanzen fast alle. Also keine Chips-Party.

IMRAN AYATA Bis auf Reykjavik.

FERIDUN ZAIMOGLU Reykjavik war schlecht, also die haben ... *(Publikum lacht)*

PUBLIKUM Haben die Leute getanzt, während du gelesen hast, oder erst hinterher?

FERIDUN ZAIMOGLU Leider erst hinterher. Also nicht während der Lesung. Da klebten sie noch auf den Sesseln. Da ist man natürlich als Vorleser dankbar, dass die nicht groß ausflippen. Imran hat anschließend aufgelegt. Das letzte Mal waren wir in Basel — das war *wirklich geil*, oder?

IMRAN AYATA Es war *sehr gut.*

PUBLIKUM Demnächst tretet ihr in Berlin auf, in der Schaubühne, am 20. Juni.

FERIDUN ZAIMOGLU Das hatte ich völlig vergessen.

PUBLIKUM Das ist alles konzipiert als *commercial spot.*

FERIDUN ZAIMOGLU Du legst dann auf, nicht wahr?

IMRAN AYATA Ja, später.

FERIDUN ZAIMOGLU Sehr gut. Dann werdet ihr's sehen. *Oriental hours.*

PUBLIKUM Ich hätte eine Frage zum Ort Tübingen in der Geschichte. Sie sagten ja, dass Sie nicht über das Milieu schreiben, in dem Sie jetzt arbeiten. Wie sieht es mit Tübingen aus, haben Sie dort gelebt? Ist das eher ein satirischer Zugriff oder ein idyllischer? Das blieb für mich in der Schwebe. Einerseits ist es immer nett, über den Schwabendialekt und die Menschen dort Witze zu machen; aber vielleicht ist das auch ein bisschen zu einfach.

IMRAN AYATA Ich habe viele Geschichten geschrieben, die in Großstädten spielen, in Frankfurt, Berlin und so weiter. Ursprünglich sollte diese Geschichte in Marburg spielen, aber dann war ich zufällig dort und besuchte einen Freund in seiner WG, und ich hatte das Gefühl, dass es irgendwie nicht passt. Das Interessante an dieser Geschichte ist, dass in ihr, obwohl sie eigentlich in einem studentischen linken Milieu spielt, total spießige Leute auftauchen, und das verbinde ich mit Baden-Württemberg. Ich habe 20 Jahre in Ulm gelebt und wollte meiner Heimatstadt das nicht antun. Also nahm ich eine Landkarte und entschied mich für Tübingen. Dort habe ich zwei Kanakos gefunden, die mir etwas geholfen haben. Die Namen der Cafés und Straßen habe ich verändert. Aber ich dachte, die Geschichte passt ganz gut nach Tübingen. Sie würde in Norddeutschland nicht funktionieren.

PUBLIKUM Die Geschichte ist ja ganz klar klischeehaft angelegt oder zumindest nahe daran vorbei. Als Deutscher ist man da sehr vorsichtig, ganz besonders wenn man über andere schreibt. Wie geht man als Türke in Deutschland mit Klischees um? Muss man aufpassen? Versucht man, sie zu vermeiden? Oder denkt man nicht darüber nach? *(Ayata räuspert sich. Gelächter.)*

IMRAN AYATA Das ist eine gute Frage. Ich würde sagen, dass die Konstruktion von Identitäten und identitäre Zuschreibung meistens ein Luxus der Mehrheitsgesellschaft sind. Die Definition dessen, wie ein Kanake oder ein Türke sei, ist meistens ein wirres Zusammenspiel von Zuschreibungen, Vorurteilen, Ideologien, Medien und so weiter. Ich bin jahrelang, Feridun weiß das, gegen Klischees angerannt, habe versucht, sie zu dekonstruieren, habe Artikel geschrieben. Irgendwann reicht es einem. Man ist ja nicht der Therapeut der deutschen Gesellschaft. Jemandem zu erklären, Feridun ist eigentlich nicht so, sondern so – das wurde mir lästig. Das hat auch damit zu tun, dass ich nicht mehr politisch engagiert bin. Dass ich nahe an den Klischees vorbeischreibe, ist gewollt. Natürlich ist es am Ende auch eine Form von Luxus, den ich mir herausnehmen kann. Wenn jemand sagen würde: ›Ach, der studierte Türke macht hier dies und das‹, könnte ich das politisch immer kontern, denn die Klischees gibt es ja leider wirklich.

Ich habe jahrelang versucht, allen einzureden, dass das Quatsch ist, aber selbst in linken Zusammenhängen, wenn Leute betrunken sind, so richtig betrunken, und dann anfangen über deine Familie zu sprechen, dann sagst du dir: ›Halleluja, gut, dass ich das morgen vergessen habe!‹ *(Publikum lacht)* Da diese Vorurteile ohnehin existent sind, ist mein Text ein Versuch, humoristisch, auch zynisch, damit umzugehen. So, ich lese jetzt eine ältere Geschichte. Vielleicht ist sie wieder so, wie du *(zu Zaimoglu)* sie beschrieben hast. Aber ich lese sie trotzdem, sie heißt »Martin Heidegger«. *(Ayata liest vor).*

FERIDUN ZAIMOGLU Wir danken dir herzlich für dein Kommen.

IMRAN AYATA Ich danke für die Einladung.

FERIDUN ZAIMOGLU Wer hören will, wie er auflegt, wer sehen will, wie gut er drauf ist, der soll am 20. Juni in die Schaubühne kommen. *(Applaus)*

Maybrit Illner

Macht euren Ärger publik!

MAYBRIT ILLNER Du warst beim Friseur!

FERIDUN ZAIMOGLU Nein!

MAYBRIT ILLNER Doch!

FERIDUN ZAIMOGLU Ich habe mir die Haare geschnitten. Ich war *nicht* beim Friseur. Ich hatte die Schnauze voll. Eines Morgens habe ich mir gesagt, ich kämme sie einfach nach vorne. So ist das entstanden.

MAYBRIT ILLNER Du kannst uns ja nachher mal zeigen, wie du das machst.

FERIDUN ZAIMOGLU Herzlich, herzlich, herzlich willkommen! Ich brauche dich, ich brauche Maybrit Illner nicht vorzustellen. Ich bin heute in der komischen Situation — deshalb kann ich von Anfang an keine *bella figura* machen — neben ihr so etwas wie einen Moderator abgeben zu müssen. Ich gebe deshalb einfach weiter.

MAYBRIT ILLNER Tausend Dank. Ich freue mich sehr! Ich musste gar nicht lange überlegen, um dieser Einladung prompt zu folgen. Ich würde natürlich gerne nicht nur mit dir, Feridun, sondern auch mit euch ins Gespräch kommen über alles, was mit dem großen Thema ›Politik und Medien‹ zusammenhängt. Hocken Politiker und Journalisten zu dicht zusammen? Wie groß sind hier die Gefahren einer tödlichen Symbiose? Wie kann man sich davor schützen und einigermaßen sauber bleiben? Ist es überhaupt noch attraktiv, in den Medien zu arbeiten? Wir Journalisten sind immerhin in der schlimmen Lage, nach Verbrechern und Politikern die drittschlechtest beleumundete Branche zu sein. Und dennoch gibt es offensichtlich eine große Faszination für das Fernsehen.

Ich möchte euch eine Geschichte erzählen. Sie stammt von Sascha Arnz, dem langjährigen Regisseur der Sendung ›Wetten, dass ..?‹ In dieser großen Unterhaltungsredaktion landen jede Woche zahlreiche Briefe und Faxe mit Vorschlägen für

Wetten. Eines Tages kam eines aus dem tiefsten Bayern. Ein Bauer schrieb, dass er über das Talent verfüge, eine Glühbirne zum Glimmen bringen zu können, indem er mit beiden Händen jeweils ein Schwachstromkabel anfassen und sich eine Glühlampe in den Mund stecken würde. Die Redakteure dachten: ›So etwas haben wir noch nicht gelesen! Das ist neu. Den fahren wir besuchen.‹ Üblicherweise vergewissert sich das Team vor Ort, ob es sich bei einem Kandidaten einerseits um einen vorzeigbaren Menschen und andererseits um ein vorzeigbares Talent handelt. Also fuhren sie mitten im Winter, bei Eiseskälte und Schnee, nach Bayern, von Mainz aus in schlappen fünf Stunden, und klopften schließlich an das Tor des Bauern: »Ja, wir sind's, von ›Wetten, dass ..?‹ Sie haben uns doch geschrieben, dass Sie über diese grandiose Fähigkeit verfügen …« Darauf schaute der Bauer die Fernsehleute an und sagte: »Ja mei, ihr glaubt's aber auch alles.«

Wenn dieses Gespräch heute Abend zu einem gut sein soll, dann dazu, dass es euch ermutigt, nicht alles zu glauben, was man euch erzählt. Nichts ist ohne sein Gegenteil wahr, sagt Martin Walser. Ich habe vor kurzer Zeit zusammen mit einer Kollegin ein Buch herausgegeben, für das wir einige Edelfedern dieses Landes gebeten haben, von den größten journalistischen Katastrophen zu erzählen, die sie fabriziert haben. *(Illner liest Passagen aus den Texten von Wolfgang Büscher, Rudi Carrell, Hans-Ulrich Jörges, Jürgen Leinemann, Hans Leyendecker, Jürgen Todenhöfer und Volker Wieprecht sowie einen eigenen Beitrag aus ihrem zusammen mit Ingke Brodersen herausgegebenen Sammelband* Ente auf Sendung. Von Medien und ihren Machern *von 2003.)*

FERIDUN ZAIMOGLU Wenn ich den Fernseher einschalte, was nicht häufig vorkommt, sehe ich dich immer wieder in der Runde eitler Alphamännchen, die, wenn es gut kommt, fehlerfrei als Monologmaschinen reüssieren. Du bist stets sehr geduldig, du stellst eine Frage, die der Politiker, meistens sind es Männer, nicht beantwortet; und dann kommt ein Satz von dir, auf den ich mich immer sehr freue, nämlich: »Sie haben meine Frage nicht beantwortet. Ich stelle sie nochmal, vielleicht haben Sie mich nicht verstanden.« Du hast diesen Vorgang einmal als ein »Sich-Abarbeiten an ruhenden Gegenständen« bezeichnet. Auf der einen Seite willst du ihnen Informationen entlocken, selbstverständlich. Auf der anderen Seite gehörst du zu denen, die sich manch eitles Geschwätz nicht gefallen lassen. Wie bestehst du als Frau, wie bestehst du als Journalistin in der Runde dieser Menschen?

MAYBRIT ILLNER Da gibt es keine goldene Regel. Es gibt ja auch ein weites Spektrum unterschiedlicher Charaktere. So begegnet man etwa dem ›Ignoranten‹. Der bekommt eine Frage von mir gestellt und antwortet darauf: »Also, als erstes würde ich gerne mal folgendes sagen …« Das ist exakt der Moment, in dem die Moderatorin ein: »Nein! Das tun Sie nicht!« ruft. Es gibt den ›Abweichler‹, der auf die Frage entgegnet: »Das ist ein sehr interessanter Punkt, aber ich würde zunächst gerne noch einmal sagen wollen …« Wieder »Einspruch, Euer Ehren!« durch die Moderatorin. Es gibt die ›Umständler‹, unglaublich kluge Leute, die wirklich Ahnung haben und kompliziert denken und sich auch genau so kompliziert ausdrücken. Das heißt für mich, die Sätze zu decodieren, zu übersetzen.

Es gibt den ›Authentiker‹, der unentwegt versucht, die Sprache des Volkes zu sprechen, der weiß, wie die Basis denkt und fühlt, und darauf Bezug nimmt, um aber im Grunde doch nur Ideen seiner Partei zu präsentieren. Dann gibt es auch die possierliche Spezies des ›Abduckers‹. Das sind die Politiker, die sehr unter Druck stehen, sich in die Runde setzen und sich vorgenommen haben, gar nichts zu sagen. Bei denen schießt mir hoffentlich spätestens in der vierzehnten Minute die Frage durch den Kopf: ›Was macht eigentlich …?‹ Peter Struck ist so ein Kandidat. Der hat immerzu diese virtuelle Pfeife im Mund, sitzt stets ein wenig zurückgelehnt, egal worum es geht, ob Hohmann-Affäre, die Diskussion über faschistoide Tendenzen in der Bundeswehr, den Irak-Konflikt oder andere Sachverhalte, zu denen ein Verteidigungsminister in die Sendung kommt. Ihr merkt, da gibt es eine echte Artenvielfalt! — Aber die Politiker diskutieren automatisch anders, wenn sie nicht nur auf ihresgleichen treffen. Es ist heute quasi verboten, die Gesundheitsreform mit den fünf gesundheitspolitischen Sprechern der Parteien zu diskutieren. So etwas bietet man nicht mehr an. Wir laden maximal zwei entsprechende Verantwortungsträger ein, also einerseits die Ministerin, andererseits den wichtigsten Oppositionspolitiker ... und setzen dazu Menschen, die alle mit den gefassten Entschlüssen und Gesetzen leben müssen: einen Schmerztherapeuten, der fürchtet, dass er seine Therapien nicht mehr anwenden kann, den Vertreter der Pharmaindustrie ... und den Patienten, der sich seit Monaten den Hals wund wütet, weil bestimmte Dinge auf politischer Ebene schlecht oder gar nicht entschieden werden. Auf solche Mitdiskutanten reagieren Politiker anders, weil Menschen dieser Provenienz für sie nicht so vorhersehbar sind wie die Kollegen, denen sie ohnehin 14 Stunden am Tag begegnen.

FERIDUN ZAIMOGLU Gibt es einen journalistischen Ehrenkodex? Wie sollte ein solcher deiner Meinung nach aussehen?

MAYBRIT ILLNER Ganz konkret: Journalisten sollten in keiner Partei sein. Journalisten sollten nicht zu privaten Festen von Politikern gehen. Journalisten sollten Politiker nicht duzen. Und Journalisten sollten über Politiker keine Biographien schreiben. Dieses alles birgt die Gefahr einer Nähe, die uns am Ende in Gewissensnöte bringt. Wir haben keinen journalistischen Ehrenkodex, leider, wir sollten darum ringen, und es fänden sich bestimmt genug Journalisten, die durchaus wagen würden, sich danach zu verhalten. Journalisten müssen unabhängig bleiben. Was es dazu braucht, ist ein entsprechendes *Backing* des Senders. Ein Chefredakteur, der es sich mit einem Politiker nicht verderben will oder Angst vor dessen Beschwerden hat, trägt dazu nicht bei. Man braucht immer den Rückhalt des Hauses, in dem man arbeitet, um entsprechend klar und journalistisch auftreten zu können.

Im ZDF habe ich bis heute nicht ein einziges Mal eine Situation erlebt, in der ich nicht die hundertprozentige Rückendeckung hatte. Da sitzen wirklich gute Journalisten, durch die ich mich gehalten, unterstützt und gepflegt fühle.

PUBLIKUM Ich habe das Gefühl, dass in den letzten Jahren das Kungeln und Klüngeln für journalistische Karrieren sehr bedeutsam geworden ist; dass es umgekehrt läuft, und nicht wie du es eben beschrieben hast. Die Realität sieht doch ganz anders aus: Nicht nur der Politiker korrumpiert den Journalisten, sondern man korrumpiert sich innerhalb des journalistischen Systems auch untereinander. Zum Beispiel steht häufig nicht die Qualität, sondern der Bekanntheitsgrad des Journalisten im Vordergrund. Vertrittst du nicht ein sehr idealisiertes Bild?

MAYBRIT ILLNER Eine Bekanntheit ohne Qualität wäre schon schlecht. Aber auch das mag es geben. Ich kann lediglich aus meiner Erfahrung berichten: die Qualität ist das entscheidende Kriterium. Es gibt genug Zeitungen und Zeitschriften, die gestatten sich eine couragierte und authentische Haltung zu politischen Ereignissen. Auch gegen jedes vorherrschende Urteil oder Vorurteil. Die *Süddeutsche Zeitung* zum Beispiel ist nicht als ein konservatives Blatt bekannt. Und trotzdem gingen sie mit der rot-grünen Regierung kritisch und journalistisch um. Da schrieb die gesamte Hauptstadtredaktion sehr kluge Vivisektionen, Operationen am offenen Herzen, die schmerzten. Vergleichbares gilt auch für Redaktionsleiter, Kommentatoren und Redakteure der *FAZ*. Die Kollegen schauen gegen jede Vorfestlegung sehr genau hin und urteilen mit einem klugen, fachkundigen Auge.

Im öffentlich-rechtlichen Fernsehen verhält es sich ähnlich. Wir versuchen, ein faires, ausgewogenes, vorurteilsfreies Bild der Dinge zu liefern. Aber es gibt auch immer Fälle, in denen man als Medienkonsument in Deutschland das Gefühl hat, nicht ganz ausgewogen informiert zu werden. Während des Irak-Krieges beispielsweise schienen mir neben dem alten Europa und dem Amerika der Bush-Administration relativ selten Stimmen des anderen Amerika Gehör zu finden. Man machte keinen großen Unterschied zwischen den Menschen, die in den USA leben und der Regierung Bush ... Aber es gibt nicht nur Schwarzweiß. Ich finde stets Zeitungsartikel und Sendungen, durch die ich mich gut informiert fühle.

PUBLIKUM Es gab ein interessantes Interview mit Helmut Schmidt im *SZ-Magazin,* in dem er sagte, dass er den Job des Bundeskanzlers heute nicht mehr geschenkt haben möchte, weil er diese Fernsehrepublik traurig finde. Länger als 90 Sekunden höre einem keiner mehr zu. Man könne nur noch in Überschriften reden. Haben Sie jemals auch für Printmedien gearbeitet? Wo liegen bei den unterschiedlichen Medien die Vor- und Nachteile?

MAYBRIT ILLNER Ehrlich gesagt, habe ich bisher noch nicht für eine ernstzunehmende Zeitung geschrieben. In meiner Übungsphase mit sechzehn oder siebzehn Jahren habe ich ein bisschen Hörfunk gemacht und Betriebszeitungen mit kleinen Artikeln ausgestattet, dann mit 24 noch mal Hörfunk. Das hätte ich gern mehr getan ... Politik bedeutet eigentlich: dicke Bretter zu bohren und in Ruhe über etwas nachzudenken, Sachverstand zu sammeln, verschiedene Stimmen zu hören und dann mit einer hoffentlich klugen, vernünftigen Lösung an den Start zu gehen. Medien hingegen bedeuten: Tempo, Tempo, Tempo.

Diese beiden Planeten zusammen zu bringen, ist die lebende Paradoxie eines jeden politischen Tages in Deutschland und in der Welt. Denn eigentlich möchte man den Politikern an vielen Stellen raten: Lasst das Mikrofon einmal stehen! Fragt noch mal jemanden! Und manchmal möchte man auch seinen eigenen Kollegen raten: Dass ihr jetzt im Bundestag steht oder live dabei seid, wie irgendjemand ein Band durchschneidet, ist für sich noch nicht unbedingt eine Nachricht. Einerseits glaubt das Medium Fernsehen, unglaublich viele Vorteile zu besitzen, weil es schnell ist. Andererseits: ›Ich bin jetzt hier. Super aufregend, super spannend. So richtig kann ich ihnen noch nicht sagen, was eigentlich passiert. Aber wir melden uns schon mal!‹ Das reicht nicht aus. Damit wird lediglich Sendezeit gefüllt. Dieses Pfund Schnelligkeit und Authentizität, das wir besitzen, muss nicht immer schon eine Qualität, ein Wert an sich sein.

PUBLIKUM Spielt das noch viel langsamere Medium Literatur für Sie eine Rolle, sei es in Form von psychologischen oder politischen Romanen oder in Form von Sachbüchern? Oder ist für eine Fernsehfrau die *FAZ* oder die *Süddeutsche* schon das Optimum an Langsamkeit und Gründlichkeit, das man sich zumuten kann?

MAYBRIT ILLNER Nach zehn Stunden Agentursprech habe ich einen richtigen Durst nach guter, sauberer und schöner Sprache. Ich habe als letztes von einem Neapolitaner, Luciano De Crescenzo, ein Buch mit dem schönen Titel *Der Listenreiche* gelesen. De Crescenzo erzählt die *Odyssee* noch einmal mit anderen Worten. Er hat einen grandiosen Wortwitz. So findet sich beispielsweise die Geburt der Athene auf folgende Weise wiedererzählt: Zeus hatte an einem Tag sehr große Kopfschmerzen, ein Gefühl, als hätte ihm eine Axt den Kopf gespalten. Und tatsächlich hatte ihm eine Axt den Kopf gespalten, denn Athene kam heraus. Und wenn Frauen aus Köpfen heraus kommen, hat man für gewöhnlich große Kopfschmerzen. Wenig ist schöner im Leben als ein gutes Buch.

PUBLIKUM Das ist ja eine prima Sache, dieser »Ehrenkodex«. Aber ist es nicht viel realistischer, freier, verantwortungsbewusster und schlicht besser für unsere Gesellschaft, wenn es dieses Gezerre *doch* gibt? Durch einen Ehrenkodex würde der Eindruck von einem sauberen, unanfechtbaren Geschäft entstehen, das es tatsächlich aber nicht geben kann. Ist es nicht ehrlicher, wenn die Leute über die Woche die gleiche Sache fünfmal anders hören? Ist das nicht die komplizierte Realität, die man aushalten muss?

MAYBRIT ILLNER Wir hätten uns einfach präzise Parameter für unsere Arbeit formuliert! Es wird vielleicht noch geraume Zeit dauern, ehe wir uns auf so einen Ehrenkodex verständigen. Es wird weiterhin jene Journalisten geben, die ich salopp als ›Schließmuskelakrobaten‹ bezeichnen würde. Aber es setzen sich bestimmt jene Kollegen durch, die einen sauberen Journalismus machen. Und gerade sie sind es übrigens, die von den Politikern geachtet werden. Man sollte nicht annehmen, dass man durch derartige gymnastische Übungen unbedingt im Ansehen eines Politikers steigt.

PUBLIKUM Aber gilt das für die *Bild*-Zeitung? Die wahrscheinlich die einflussreichste politische Zeitung in Deutschland ist. Dieser Ehrenkodex würde doch einfach nicht funktionieren.

MAYBRIT ILLNER Springer hat einen Kodex schon seit vielen Jahren. Die Kollegen haben formal hausintern etwas durchgesetzt, was ich mir für die gesamte Branche wünschen würde.

FERIDUN ZAIMOGLU Ich würde jetzt ein Stück zurückspulen und von dem Wesentlichen auf das kommen wollen, was mich außerdem noch interessiert, nämlich die Frage, wie dein Alltag überhaupt aussieht. Das Fernsehen vor der Kamera habe ich ja ein paar Mal erlebt: Ich werde eingeladen, ich bekomme ein kleines Vorgespräch, dann gibt man sich im Backstage-Bereich die Pfötchen, und anschließend sitzt man dann da. Natürlich war man vorher in der Maske. Aber was ist davor? Das Thema. Wie bereitest du dich vor? Wie sieht dein Stab aus? In welcher Zeit muss das klappen? Ist es hektisch? Hast du die Ruhe?

MAYBRIT ILLNER Unterschiedlich. Ich habe natürlich eine tolle Redaktion. Fünf Kollegen kümmern sich quasi in Manndeckung um die fünf Gäste der Sendung ... vom Einladen, der Logistik bis zu inhaltlichen Vorbereitung. Ich bekomme zu jedem Gast ein umfangreiches Dossier und dazu eine klassische Materialsammlung mit allem, was zu einem bestimmten Thema auch lange zurück in der Presse publiziert wurde. Das ist relativ viel geschriebenes Material, das ich in der Regel bis Donnerstagabend inhaliere. Dann fühle ich mich so gut vorbereitet, dass ich mit dem Gefühl in die Sendung gehe: mir kann hier eigentlich nichts Schlimmes passieren. Noch weiter davor liegt natürlich der redaktionelle Prozess, ein Thema und mögliche Gäste zu finden. Man hat vielleicht als Außenstehender die Vorstellung, dass es immer nur ein diskussionswürdiges aktuelles Thema geben könne. Das ist nicht der Fall. Eigentlich kristallisieren sich immer zwei, drei Themen heraus, die spannend sein und das Thema der Woche werden könnten. Schließlich entscheidet unsere diskussionsfreudige, sehr basisdemokratische Truppe nach harten Kämpfen, welches Thema mit welcher Besetzung uns am meisten interessieren würde. In der Regel ist das Dienstagabend klar.

FERIDUN ZAIMOGLU Machtfragen. Frank Schirrmacher hat vor einiger Zeit einen in meinen Augen recht törichten Text geschrieben, in dem er sich, wenn ich ihn richtig verstanden habe, als Agitpropkämpfer inszeniert hat. Ich wurde von Zeile zu Zeile wütender. Er hat ernsthaft in Stellung gebracht, dass es im seriösen Fernsehgeschäft zu viele Frauen gebe – Maybrit Illner, Sabine Christiansen, Sandra Maischberger –, und ich hatte den Eindruck, dass ihm dieser Tatbestand ganz und gar nicht gefiel. Es las sich gar schrecklich: Jetzt müssen wir gegen das Frauen-Establishment kämpfen!

MAYBRIT ILLNER Da müssen wir mal schauen, ob wir ihm helfen können.

FERIDUN ZAIMOGLU Was will er?

MAYBRIT ILLNER *(lacht)* Na, wir sind als »männermordende Machtmaschinen« unterwegs, gehen blind und schwertschwingend durch das männlich Geschlecht, und Leichen säumen unseren Weg ... Im Ernst, ich hatte das Gefühl, es sei Mitte, Ende der 90er Jahre in den Chefredakteurs- und Intendantenetagen angekommen, dass dieses weibliche Geschlecht durchaus über Talente verfügt, die man vorher ausschließlich Männern zuerkannt hatte. Plötzlich konnten wir von der Börse berichten, investigative Magazine leiten und Redaktions- und Hauptredaktionsleiterinnen werden. All das hätten meine Kolleginnen natürlich auch schon in den 70er Jahren unter Beweis stellen können. Die Zeiten waren nicht danach. Jetzt passiert da nichts anderes als ein Nachholwettbewerb. Aber keine Sorge, es werden auch wieder Zeiten kommen, in denen die das erneut unter Beweis stellen. Vielleicht auch Herr Schirrmacher. Aber ich möchte ihm nicht Unrecht tun. Manchmal ist man nachträglich auch erschrocken darüber, was man mit einer These ausgelöst hat.

Es gibt eine hübsche Geschichte von Norbert Blüm und Heiner Geißler: Norbert Blüm ist zusammen mit Heiner Geißler im Südsudan. Der Südsudan ist ein schrecklich armes Land, und sie wollen Geld sammeln für ein Kinderkrankenhaus dort. Sie überlegen sich, eine PR-Aktion zu starten, und sagen RTL, ARD und ZDF Bescheid, dass sie vorhätten, auf Eseln durch die sudanesische Wüste zu reiten. All diese Fernsehsender kommen. Nun ereignet sich folgendes: Unter Norbert Blüm bricht der Esel zusammen. Die Aufnahmen machen natürlich die Runde. RTL strahlt sie aus, sogar in ARD und ZDF sind sie zu sehen. Nach dieser Aktion kommt Geißler nach Hause in sein Abgeordnetenbüro, will sich die Artikel und Beiträge anschauen, die Post lesen, die über die Zeit seiner Abwesenheit liegen geblieben ist, und fällt nachträglich fast in Ohnmacht: Zehntausende Briefeschreiber wollen nicht dem Südsudan helfen, sondern fragen, wie's dem Esel geht. Auch das ist eine ganz entscheidende Frage, die wir noch nicht besprochen haben: das Aussenden von Nachrichten, und was am Ende ankommt beim Rezipienten, können zwei sehr verschiedene Dinge sein. Der Esel kann plötzlich wichtiger sein als der Sudan.

PUBLIKUM Ich habe den Verdacht, dass deine Idee von Wahrheit in Bezug auf die Rolle des Journalisten möglicherweise etwas einfach ist. Diese Idee von einem Ehrenkodex ist ja schön und gut. Aber man bekommt keine Wahrheit heraus, indem man Leute verschiedener Couleur zusammensetzt und ein bisschen miteinander sprechen lässt. Was mir dabei fehlt, ist deine eigene Position. Ich glaube, es würde dem einzelnen Zuschauer vielmehr helfen, wenn er wüsste, welche Einstellung ein Journalist hat. Nehmen wir zum Beispiel Josef

Joffe, der meiner Meinung nach vollständig reaktionär ist. Aber ich lese ihn, um mich stimulieren zu lassen. Ich weiß, dass der eine bestimmte Brille aufhat. Bei dir und auch bei Sabine Christiansen weiß ich überhaupt nicht, was für eine Position ihr habt. Das, was in euren Sendungen gesagt wird, können wir auch alles nachlesen. Es gibt sowieso keine Wahrheit. Deswegen kann man nur seine eigene Parteilichkeit offenlegen.

MAYBRIT ILLNER Vielleicht stoßen wir nicht zur Wahrheit vor, aber es gibt anerkannte Methoden, sich ihr zu nähern. Und es geht vor allem darum, die Parteilichkeit der Diskutanten offen zu legen, ihre Interessen. Parteilichkeit verbietet sich für Journalisten und erst recht für Moderatoren.

PUBLIKUM Man wird doch auch eine Meinung haben, wenn man nicht in einer Partei ist.

MAYBRIT ILLNER Meine Meinung muss ich als Moderatorin für mich behalten. Die Zuschauer schalten auch nicht ein, weil die sie interessiert. Du kannst im Übrigen davon ausgehen, dass Journalisten eine sehr viel differenziertere Meinung haben, wenn sie nicht in einer Partei sind, weil sie sonst automatisch Parteigänger werden und versuchen, die Interessen einer bestimmten Parteiung zu vertreten. Ich habe allerdings noch nicht richtig verstanden, was du dir eigentlich wünschst: Soll ich am Ende einer Sendung einen Kommentar sprechen? Oder sollte ich mit einem Kommentar anfangen und sagen: ›So, nun diskutiert ihr mal hübsch. Meine Meinung ist übrigens folgende …‹?

PUBLIKUM Ich denke, man wagt in Deutschland zu wenig Konflikte. Wenn man sich die Zeitungslandschaft anschaut, sieht man deren Parteilichkeit auf den ersten Blick. Aber immerhin weiß man, da hält einer das linke oder das rechte Auge zu. Damit kann man sich auseinandersetzen.

MAYBRIT ILLNER Ich kann dir nur sagen, was ich für das Entscheidende *meiner* Sendung halte. Ich glaube, der wichtigste Ansatz von ›Berlin Mitte‹ ist, dass wir weder Pseudokonflikte suchen, also nicht gekünstelte Kontroversen aufbauen, noch eine Pseudoharmonie anstreben, nach dem Motto: ›Eigentlich müsstet ihr euch doch jetzt verständigen. Uns allen geht es schlecht. Warum finden wir denn nicht gemeinsam eine Lösung?‹ Die Rolle dieser Sendung ist im besten Fall — und dann hat sie schon eine Menge geschafft —, existierende Interessenkonflikte offen zu legen, deutlich zu machen, wer für wen steht, wer wen vertritt, wer wem nutzen will. Existierende Interessenkonflikte legt der Politiker und Lobbyist in der Regel nicht offen auf den Tisch, sondern die muss man herausarbeiten. Ich glaube, es gibt genug Leute, die eine Meinung von Maybrit Illner nicht für eine Nachricht halten. Mich interessiert die Journalistische Frage an den verantwortlichen Politiker. Dafür habe ich ein ganz einfaches methodisches Register zur Verfügung: Wo befindet sich der Politiker im Widerspruch zu seinen Parteifreunden? Wo befindet er sich im Widerspruch zu dem, was er irgendwann einmal gesagt hat? Wem nutzt sein Handeln? Wem schadet es? In wessen Interesse macht er welchen Vorschlag? Wie regiert die politische Opposition darauf? Und was sagt eigentlich der Bürger draußen auf der Strasse?

PUBLIKUM Das kann doch nicht klappen.

MAYBRIT ILLNER Warum nicht? Die Politik trifft auf das Volk, die Politik trifft auf das Leben.

FERIDUN ZAIMOGLU Es gab und gibt ausreichend auf Krawall und Konflikt angelegte Talkshows, die man schon am Nachmittag anschauen kann. Meiner Meinung nach ist es nicht der Job eines Journalisten oder einer Journalistin, Leute einzusammeln und ihnen die Dinge um die Ohren zu hauen. Ich habe bei deiner Sendung im Gegensatz zu anderen eher den Eindruck, dass hier Information entlockt wird. Natürlich gibt es all diese ›Blender‹, ›Umständler‹, ›Abweichler‹, ›Authentiker‹ und ›Abducker‹, aber ich glaube, bei aller Härte und aller Unduldsamkeit, die auch mich immer wieder anpackt, kann man doch davon ausgehen, dass das Publikum, dass die Fernsehzuschauer so mündig sind, das Gesehene zu beurteilen und einzuordnen, ohne noch einen expliziten

Kommentar der Moderatorin mit auf den Weg zu bekommen.

MAYBRIT ILLNER Man kann Unterschiedliches von einer solchen Sendung erwarten. Ich setze mich zusammen mit meinen Kollegen allerdings ungern dem Vorwurf aus, dass ich mit einer Doktrin am Start stünde oder auch nur mit einem Vorurteil. Genau das macht diese Sendung nicht.

PUBLIKUM Wie schaffst du es in deinem Job, nicht zur Zynikerin zu werden? Hast du nicht den Drang nach Veränderung oder Verbesserung? Muss man, um ein guter Journalist zu sein, ein unermüdlicher Idealist sein?

MAYBRIT ILLNER Ich bin schon häufig genug erstaunt über die Ratlosigkeit der Politik. Es hat sich viel verändert. Neuerdings legt die Politik zeitlich befristete Gesetze vor, die jedes Jahr auf ihre Zweckmäßigkeit hin überprüft und entweder verlängert oder kassiert werden. Das ist nichts anderes als in die Tat umgesetztes Üben. Es gibt sogar Politiker, die das ehrlich aussprechen, dass sie nicht die allein selig machende Lösung parat haben, Politik keine Wissenschaft ist und man gerade im 21. Jahrhundert mehr nach dem Prinzip »Versuch und Irrtum« arbeitet. Im Grunde ist man als Bürger dafür dankbar.

PUBLIKUM Wird nicht bereits durch die Auswahl der Gäste für deine Sendung Einfluss genommen? Nach welchen Kriterien findet diese Auswahl statt, wenn ›Berlin Mitte‹ nicht auf Harmonie oder Konflikt programmiert sein soll? Sabine Christiansen hat zum Beispiel zu den Studentenprotesten eine Sendung gemacht, in die sie eine Studentin einlud, die aber, wie sich im Nachhinein herausstellte, in der grünen Hochschulgruppe vom AStA Hannover vertreten war. Was soll das? Da wird einem doch Neutralität vorgegaukelt.

MAYBRIT ILLNER Natürlich haben wir kein Schachbrett, auf das wir den Bauern aus dem Volk stellen und als nächstes den Läufer und irgendwann König und Königin. Wir fragen uns als erstes: Was ist das Thema der Woche? Worüber diskutieren wir? Um uns als zweites zu fragen: Wer sind Menschen, die möglichst Kluges, Vernünftiges in dieser Sache zu sagen haben? Daneben gibt es natürlich immer politisch Betroffene. Die sind in keiner Funktion, in keiner herausragenden Verantwortung, haben aber mit dem zu leben, was andere für sie beschließen.

Stichwort Studentenproteste: Dass die Gelder gekürzt werden und dass eure Hörsäle auseinander krachen und die Fenster mal wieder erneuert werden könnten *(sie deutet auf die Wände des Seminarraums)*, braucht natürlich eine Öffentlichkeit. Insofern habt ihr zu dem besten Mittel gegriffen, das man sich in einer solchen Situation wünschen kann: Ihr habt öffentlich protestiert. Und es ist gut, wenn du kritisierst, dass du dich durch diese Studentin, die in der Sendung meiner Kollegin Christiansen zu Wort kam, nicht entsprechend repräsentiert gefühlt hast. Also, wann immer ihr die Chance habt, sucht die Öffentlichkeit und macht euren Ärger publik! Macht Vorschläge!

PUBLIKUM Sind Literatur und Literaten für deine Sendung von Bedeutung?

MAYBRIT ILLNER Bücher sind Planeten. Ihnen verdanken wir, dass wir uns auf andere Milchstraßen begeben können ... Natürlich freuen wir uns über Gäste wie Norman Mailer oder Jonathan Franzen, die uns übrigens zu dem Blick auf das andere Amerika verholfen haben, von dem ich vorhin sprach. Zuletzt hatten wir den Journalisten Gabor Steingart bei uns. Er hat ein Buch geschrieben über die deutsche Wirtschaft mit Blick auf die letzten 60 Jahre und die kommenden wilden 40 Jahre. Und ich freue mich nächste Woche auf Wibke Bruhns. Eine Sendung wie ›Berlin Mitte‹ wäre bekloppt, wenn sie nicht immer wieder nach derartigen Impulsen von außen Ausschau halten würde.

FERIDUN ZAIMOGLU Ein schönes Schlusswort. Herzlichen Dank, dass du gekommen bist! *(Applaus)*

Neco Çelik

Nur nichts verniedlichen!

FERIDUN ZAIMOGLU Neco Çelik, sei uns herzlich willkommen, sei *mir* herzlich willkommen! Ich habe dich — vielleicht etwas reißerisch, aber es entspricht einigermaßen der Wahrheit — als ehemaligen Anführer der Kreuzberger Gang »36er« angekündigt. Jetzt bist du Filmemacher. Er wurde *(zum Publikum)* von den amerikanischen Medien als der »Spike Lee Deutschlands« ge*hyped*. Neco Çelik und ich haben uns vor ein paar Jahren kennengelernt. Man muss sich das so vorstellen — auch wenn es für ihn vielleicht nicht ganz so nett ist, dass ich das sage: Es hatte etwas von einer Szene im Film *Der Pate*. Ich habe es ein paar Mal gesehen. Da kommen so richtige Brecher und Schlägertypen — vom Aussehen her — auf ihn zu, küssen ihm die Hand und sagen: »Großer Bruder Neco ...« *(Publikum und Zaimoglu lachen.)* Sagen wir also: ›Der Pate von Kreuzberg‹. Du *(zu Çelik)* arbeitest — ›Jugendzentrum‹ kann man es nicht nennen — in der ›Naunynritze‹ in Kreuzberg. Da habe ich ebenfalls ein paar finstere Gestalten gesehen. Aber in deiner Gegenwart sind sie sehr zahm. Was du heute machen wirst, es wird auch eine Überraschung für mich sein.

NECO ÇELIK Also, was das Händeküssen betrifft: Das war mein jüngerer Neffe *(allgemeines Gelächter)*, der meine Hand küssen wollte aus Respekt, weil ich sein Onkel bin. Ich sagte ihm: »Hör auf damit!« — *Er (auf Zaimoglu deutend)* inszeniert das hier natürlich.

FERIDUN ZAIMOGLU Es waren mehrere! Es war nicht nur dein Neffe.

NECO ÇELIK Ich bin hauptberuflich Erzieher in der Naunynritze und arbeite dort mit erwachsenen Jugendlichen. Nebenbei mache ich Filme. Na ja, nebenbei ist ein bisschen untertrieben. Aber ich versuche, meine Filme mit meiner Arbeit zu verbinden, indem ich den Jugendlichen vor Augen halte, dass es kein Traum bleiben muss, Filme zu machen; und dass Leute, die nicht studiert haben, es auch schaffen können, als Autodidakten. Einige haben es angenommen, andere nicht. Die interessiert mehr meine Vergangenheit. Damit schlage ich mich im Alltag herum. Feridun hat mich angesprochen: »Ich möchte, dass du was vorliest.« Und Respekt! Ich habe noch nie jemandem etwas vorgelesen. *(Çelik lacht, das Publikum auch.)* Also ist das für mich das erste Mal, und ich habe mein erstes Treatment ausgegraben. Es ist von 1995, als ich meine Ideen und Geschichten erzählte. Ich habe die Leute bei jeder Gelegenheit vollgetextet, bis sie sagten: »Junge, schreib auf! Schreib auf! Keiner wird dir zuhören.« Ich dachte: »Schreiben? Was ist Schreiben?« Ich war, ehrlich gesagt, nicht so oft in der Schule. Ich musste alles nachholen. So bin ich zum Schreiben gekommen. Mit der Rechtschreibung hapert es noch, aber beim Lesen geht es.

FERIDUN ZAIMOGLU Wie du zum Schreiben gekommen bist, das war zu kurz jetzt, darüber sprechen wir nachher.

NECO ÇELIK Okay. Soll ich anfangen?

FERIDUN ZAIMOGLU Hau rein!

NECO ÇELIK *(schlägt seinen Text auf)* Den Titel hatte ich damals noch nicht. Ich fang einfach mal an zu lesen:

1. AUSSEN. TAG. BERLIN AM MORGEN.
Vorspann mit dokumentarischen Aufnahmen aus einem Stadtviertel. Punks putzen Autoscheiben von Autos, die an den roten Ampeln halten. Kinder springen, in Badehosen, von einer Brücke in einen Kanal. Plakatierer plakatieren Häuserwände mit verschiedenen Veranstaltungsplakaten. Graffitisprüher sprühen an den Resten der Berliner Mauer. Eine Hochbahn fährt Richtung Osten. Menschen strömen aus einem U-Bahn-Zug. Schlange vor einer Döner Kebab-Bude, mit einem Riesenschild ›Döner 2,90 DM‹. Jugendliche spielen auf einem heruntergekommenen Fußballplatz Fußball. Mütter mit Kindern, offenbar aus Kleinasien, picknicken auf einer Wiese. Auf Hinterhöfen spielen Kinder Ballspiele.

2. INNEN. TAG. HERUNTERGEKOMMENES ALTBAUZIMMER.
Eko, ein junger Mann um die 19 Jahre, liegt mit offenem Mund auf einer Matratze und schnarcht (aus dem Hinterhof dringen laute Kinderschreie). Erste Barthärchen zeigen sich auf seiner Oberlippe. Aus der

Decke ragt sein Kopf, ein Ärmel seiner blauen Bomberjacke und einer seiner Superstar-Turnschuhe. Um die Matratze liegen 'zig Zigarettenstummel und Bierdosen. Eine Gruppe kleiner Kinder unterschiedlicher Nationen betritt das Zimmer. Sie versammeln sich um Ekos Matratze. Ein kleiner koreanischer Junge visiert mit einer groben Zange einen von Ekos Zähnen an. Der Junge schaut noch einmal prüfend in die Runde der Kinder. Die Kinder nicken entschlossen. Ruckartig beginnt er seinen ersten Versuch, den Zahn zu entfernen. Eko wacht auf.

EKO *(schmerzhaft)* Ahhhaaaaaaaaaa!

Die Kinder schrecken zurück und laufen vor Schreck aus dem Zimmer. Eko sitzt schockiert im Bett, überprüft ängstlich seine Zähne. Plötzlich kommt eine sehr große Frau mit den heulenden Kindern in das Zimmer. Sie ist Ekos Mutter. Ihr Kopf bleibt oberhalb der Bildkante. Die Mutter beginnt, das Zimmer aufzuräumen.

MUTTER *(brüllend)* Steh auf, Eko! Sieh dir doch mal an, wie du hier lebst. Du sollst arbeiten gehen! Wozu bist du nur gut?

Ein kleines Kind wirft Eko eine Socke an den Kopf.

EKO *(müde)* Mama, kann ich jetzt weiterschlafen?

MUTTER Was? Es ist 1 Uhr, Eko! Steh auf, Eko!

Eko schaut auf die Uhr.

3. INNEN. TAG. EKOS ZIMMER.

Eko rennt durch das Zimmer, zieht sich dabei hektisch an. Einige Kinder versuchen, ihm dabei eins mit der Fliegenklatsche überzubraten. Ekos Schwester Sozan sitzt in ihrer Zimmerecke, die sie mit auffällig vielen Fidel Castro- und anderen Revolutionär-Postern geschmückt hat, und beobachtet Eko. Als Eko einmal kurz ins Zimmer gerannt kommt:

SOZAN *(angeekelt)* Wenn das meine Bude wäre, dann hätte ich …

EKO *(energisch)* Dann hätte ich deine verfickten Poster verbrannt!

Sozan sieht ihm hasserfüllt nach.

4. AUSSEN. TAG. GÖRLITZER PARK.

Eko rennt durch einen Park. Auf der Wiese liegen einige Penner, die eifrig Eko grüßen.

5. AUSSEN. TAG. PARK / TUNNEL.

In einem abgelegenen Teil des Parks befindet sich ein Tunnel. Eko steht vor einem Tunneleingang. Eko will hektisch ein Gitter öffnen, das einen Tunneleingang versperrt — es klemmt. Eko rastet aus und tritt immer wieder gegen das Gitter.

EKO *(brüllt)* Fick-Gitter! Verfluchte Scheiße!

Eine Dose Ravioli kocht auf einem Feuerchen. Davor sitzt Adrian. Er sieht Eko vor dem Tunnel auf das Gitter eindreschen. Adrian hat in der Ecke sein Lager aufgeschlagen (Schlafsack und Schnellkochset).

Adrian sieht aus wie ein heruntergekommener HipHopper: Brille, unrasiert, Strickmütze, Nike-Schuhe, extravagantes T-Shirt. Er beobachtet Eko. Eko unterbricht sein Rütteln am Gitter, um einen Moment zu verschnaufen. Plötzlich öffnet sich das Gitter wie durch ein Wunder. Eko überlegt.

6. INNEN. TAG. TUNNEL.
Eko im Tunnel. Er holt einen Zettel aus der Tasche. Er setzt seine Schritte anhand des Zettels (nach Plan). Schließlich beginnt er, mit den Händen zu buddeln, findet aber nichts. Er buddelt an einer anderen Stelle — wieder nichts. Und wieder nichts. Er buddelt weiter. Plötzlich hat er den Abzug einer Handgranate in der Hand. Eko schaut sich das Ding an.

EKO Ooooooooohhhhhhh MAMAAA!!!

7. AUSSEN. TAG. PARK.
Eko rennt aus dem Tunnel, wirft sich direkt vor Adrians Füße, hält sich die Ohren zu. Keine Explosion. Eko wartet. Keine Explosion. Eko öffnet die Augen, entdeckt Adrian. Adrian löffelt gleichgültig seine Avocado, schaut kurz zu Eko. Eko schaut Adrian an, versucht, wieder cool zu sein, richtet sich auf, klopft sich ab. — Adrian löffelt immer noch. Eko beobachtet Adrian.

EKO *(abwertend)* Hey, was isst'n da?

ADRIAN Avocado!

Eko schaut sich die Avocado an. Die beiden schauen sich an. Plötzlich erschüttert eine Explosion die Erde und hüllt Adrian und Eko in eine Staubwolke.

8. AUSSEN. TAG. STRASSE.
Eko platziert zwei Avocados in eine Tüte und geht in eine Bar.

9. INNEN. TAG. HERUNTERGEKOMMENE BAR.
An einer ultra-alten Theke sitzt Monty — ein junger Gangster um die 24. Er raucht. Um ihn herum vier Gangster der gleichen Preisklasse.

MONTY Hast du die Avocados, die du uns versprochen hast?

EKO *(irritiert)* Was?

Monty nimmt ihm die Tüte weg. Monty fühlt die Tüte. Eko schluckt.

MONTY Fühlt sich gut an, Eko.

EKO Was ist jetzt?

MONTY *(ahnungslos)* Was soll schon sein?

EKO *(mit ernster Miene)* Ich will einer von euch sein.

Alle lachen. Monty nimmt Eko beiseite.

MONTY *(auch ernst)* Du musst Geduld haben, Eko.

Von draußen eine Hupe. Monty geht mit der Tüte unter seinem Arm nach draußen.

10. AUSSEN. TAG. STRASSE.
Monty übergibt einer behaarten, mit Goldringen verzierten Hand, die aus einer Autoscheibe ragt, die Tüte.

MONTY *(beharrlich)* Ich will einer von euch werden, Onkel Osman!

ONKEL OSMAN *(mit tiefer Stimme aus dem Inneren des Wagens)* Du musst Geduld haben, Monty.

Das Fenster schließt sich automatisch. Das dunkle, noble Auto verschwindet. Eko hat alles vom Barausgang aus beobachtet. Monty kommt zu ihm, klopft ihm auf die Schulter und geht.

11. AUSSEN. TAG. STRASSE.
Eko geht eine Straße hinunter. Plötzlich will ihn ein Typ überholen. Eko schlägt dem Typen grundlos in den Bauch. Der Typ hält sich den Magen.

TYP *(schockiert)* Bist du bescheuert, Mann?

Jetzt entdeckt Eko, dass der Typ zwar klein, aber unheimlich kräftig ist.

EKO *(bereuend)* Du, es tut mir leid. War ein Versehen, wirklich!

12. AUSSEN. TAG. STRASSE.
Eko kommt um eine Straßenecke gerannt. Plötzlich knallt er gegen eine Scheibe. Im Umschnitt erkennen wir, dass Eko nicht bemerkt hat, dass eine Scheibe auf dem Bürgersteig abgestellt worden war. Ein paar Glaser tragen die Scheibe weg. Plötzlich applaudiert jemand. Auf der gegenüberliegenden Straßenseite sitzt Adrian auf einer Bank. Er steht auf und geht auf Eko zu.

ADRIAN Wieso machst du das?

EKO *(neugierig)* Wieso mache ich was?

ADRIAN *(selbstsicher)* Ich sehe dich nur auf dem Boden kriechen.

13. AUSSEN. TAG. PARK.
Eko und Adrian sitzen auf einer Wiese. Im Hintergrund wird Fußball gespielt. Adrian macht eine kleine Geste.

ADRIAN Dir ist hoffentlich klar, dass Monty dir das Ohr abschneiden wird. Meistens hacken sie auch die Finger ab.

EKO Wegen zwei Avocados? Alter, du guckst zu viele Filme!

Im Hintergrund beginnen sich die Fußballer zu streiten.

ADRIAN Die Araber schneiden auch gerne die Zunge raus!

Eko steht auf und geht. Adrian folgt ihm. Im Hintergrund schlagen sich die Fußballer.

14. AUF EINEM PARKPLATZ EINER GIFTMÜLLDEPONIE.
Kids tanzen, rappen, lungern rum, zeichnen Graffitis in schwarze Bücher. Eko und Adrian sitzen in kaputten Sesseln neben einem Müllcontainer. Möwen kreisen über der Szenerie. Plötzlich kommt ein klappriger VW-Bus auf den Parkplatz gefahren. Die Seitentür geht auf,

zwei Boxen und eine kleine Bühne werden ausgefahren. J. D. S. Radio Kanaka beginnt auf der Stelle zu senden — ein Piratensender. J. D. S. bittet Eko auf die Bühne. Eko lässt sich lange bitten, dann freestylt er (improvisiert Reime). Adrian geht zu J. D. S. in den Bus. Der Wagen ist ausgestattet mit Satellitenschüsseln, Monitoren, Plattenspielern etc. J. D. S. bietet Adrian etwas zu trinken aus seiner improvisierten Bar an.

ADRIAN Ich trinke keinen Alkohol!

Die Sonne geht unter.

15. NÄCHSTER TAG. IM ALTBAUZIMMER, DAS WIR SCHON KENNEN.

Die Gruppe Kinder öffnet leise die Tür. Der koreanische Junge hat bereits eine Flachzange in der Hand. Die Kinder nähern sich dem Bett und sind plötzlich verunsichert. Diesmal sehen sie zwei Paar Superstar-Turnschuhe, vier Arme und zwei Köpfe unter der Decke. Der Koreaner geht durch einen Vorhang, der den Raum in zwei Hälften teilt, zu Sozan. Sozan sitzt auf ihrem Bett. An der Kopfseite ist ein Bild von Mao angebracht. Sie sortiert ihren Werkzeugkasten. Der Koreaner zeigt ihr bedeutungsvoll zwei Finger. Sozan kann es nicht glauben. Sie tritt durch den Vorhang und schreit:

SOZAN Eko ist schwul! Die verdammte Sau ist schwul! Schwul! Schwul!

Die Mutter kommt herein und sagt:

MUTTER Oh mein Gott! Mein Sohn?

Eko und Adrian wachen auf und sind sehr erschrocken.

16. IN EINEM HAUSFLUR.

Eko und Adrian kommen aus einer Tür. Eko schließt von draußen ab. Von drinnen wird gerüttelt.

SOZAN *(brüllt)* Du Stück Scheiße!

ADRIAN Nette Familie!

Die Jungs drehen sich um. Ein mysteriös blassdunkel aussehendes Mädchen, Samsara, steht vor den beiden.

SAMSARA *(zu Eko)* Du wolltest doch heute mit mir auf den Dachboden, Eko?!

EKO Jetzt nicht, Samsara.

ADRIAN Ich könnte ja mit dir …

Samsara schüttelt traurig den Kopf. Samsara ist plötzlich verschwunden. Adrian schaut Eko erschrocken an. Eko zuckt mit den Schultern.

17. IN EINEM SUPERNOBLEN FAHRSTUHL.

Ein Stockwerkzähler. 33, 34, 35 … Eko ist etwas befremdet von dieser Umgebung.

EKO Sag mal, wo fahren wir eigentlich hin?

ADRIAN *(schweigt, dann sagt er)* Stehst du auf ältere Frauen?

EKO Klar, Alter. Je älter, umso besser.

18. EIN VIDEO LÄUFT.

Adrian steht neben einem jungen HipHopper.

ADRIAN Glaubst du nicht auch, dass es mal wieder Zeit ist, Mann, für eine positive Aktion? Damit man den Leuten mal klar macht, was mit ihrer Kreativität los ist und was man alles auf der Straße für positive Aktionen machen kann!

Der HipHopper zuckt die Schultern, sagt »Peace« und geht. Adrian lächelt, das Bild friert ein. Plötzlich kommt aus dem Hintergrund ein Turnschuh mit ohrenbetäubender Geschwindigkeit um Adrians Kopf geflogen und hinterlässt eine Schmauchspur, aus der sich der Schriftzug entwickelt: »Der Underground HipHop Award wurde Ihnen präsentiert von Superstar-Turnschuhen.«

19. GIGANTISCHES BÜRO

Schnitt auf eine Karrierefrau Ende 30 (Mary Bukowski), die hinter einem modernen Schreibtisch thront, eine mächtige Großstadtskyline im Rücken.

MARY BUKOWSKI *(steht auf)* Ich mache keine Turnschuhe mehr. Ich mache Ladyfitnessgeräte und Sportswear. Ihr unverschämten Bengels, was bildet ihr euch nur ein? Hier in mein Büro zu kommen und mir was vom Geschäft vorzufaseln! Ich möchte auch nicht, dass ihr meinen Namen benutzt.

Eko und Adrian in Ledersesseln — im Hintergrund das gigantische Büro, ausgestattet mit ein paar Vorführgeräten.

EKO Ey, entspann dich mal, Alte. Sei mal ein bisschen netter!

Adrian hält Eko am Arm fest.

ADRIAN Entschuldigen Sie, mein Partner ist etwas ...

20. EKO UND ADRIAN GEHEN DIE STRASSE HINUNTER.

ADRIAN Wenigstens haben wir ihre Nummer.

EKO *(nimmt Adrian Frau Bukowskis Business-Karte weg)* Ich habe ihr das geklaut. Die ist heiß auf mich!

Die Jungs gehen ein Stück.

EKO Jetzt erzähl mal endlich von diesem Award-Dings! Was für ein Scheiß ist das? Willst du die Alte abziehen, oder was?

Plötzlich quietschende Reifen. Zwei Polizisten springen aus einer Polizeiwanne (Mannschaftswagen) und rennen auf die beiden Jungs zu. Polizist 1 lässt eine Handschelle an Adrians linkem Handgelenk zuschnappen.

POLIZIST 2 Das ist, glaube ich, der Falsche.

Polizist 1 lockert die Handschelle und greift sich Ekos Handgelenk.

POLIZIST 1 Jetzt bin ich total verunsichert.

POLIZIST 2 Sollen wir beide mitnehmen?

POLIZIST 1 Nee, lass uns nur einen nehmen.

POLIZIST 2 Und welchen?

Polizist 1 zuckt mit den Schultern. Sie führen Eko ab, Adrian kann es nicht glauben. Der Polizeiwagen fährt mit quietschenden Reifen davon. Das Bild wird frei für Adrian vor der Mauer, paralysiert — im Hintergrund das Plakat einer lächelnden Chansonnière.

PLAKATIERER *(zu Adrian)* Mach mal Platz!

ADRIAN Hast du das gesehen?

Der Plakatierer klebt weitere Bilder der Chansonnière, ohne zu antworten. Adrian ist total verwirrt, beobachtet den Plakatierer. Plötzlich stutzt er, schaut sich das Bild der Chansonnière genauer an.

ADRIAN Das gibt's doch nicht!

Der Plakatierer drückt Adrian ein Plakat in die Hand und sagt:

PLAKATIERER Hier! Dann kannste dir die Frau zu Hause angucken und stehst nicht im Weg!

Im Bildvordergrund taucht plötzlich Frau Bukowski auf. Sie geht an einem Ferrari vorbei, steigt in einen Fiat Panda ein und fährt davon.

21. IN EINEM TEUREN RESTAURANT.

An einem Tisch sitzen vier steife Herren. Einer davon ist besonders dick und besonders steif — das ist Dr. Benedikt. Frau Bukowski steht neben Dr. Benedikt.

DR. BENEDIKT Setz dich, Mary. Du siehst gar nicht gut aus. Möchtest du was essen?

Sie schüttelt den Kopf, setzt sich.

DR. BENEDIKT *(isst und trinkt, dann zu Frau Bukowski)* Und?

MARY BUKOWSKI Ich brauche noch etwas Zeit.

Benedikt nimmt ihre Hand und drückt ganz schön fest zu. Es knackt.

DR. BENEDIKT Abgelaufen!

MARY BUKOWSKI Ich will was ganz Neues machen.

DR. BENEDIKT Was denn?

Frau Bukowski weiß nicht, was sie sagen soll. Sie überlegt. Dr. Benedikt wartet. Die Herren schauen sie an. Plötzlich entdeckt sie in ihrer Handtasche Adrians Videokassette mit der Aufschrift »Underground HipHop Award«.

MARY BUKOWSKI HipHop.

DR. BENEDIKT HipHop?

MARY BUKOWSKI HipHop! Das Geschäft des Jahrhunderts!

DR. BENEDIKT *(schaut die Herren in der Runde an)* Das Geschäft des Jahrhunderts. HipHop?

Die Herren schauen sich an. Einer erzählt eine Geschichte von seinem Sohn, ein anderer eine Geschichte von seiner Tochter. Plötzlich wird auch am Nachbartisch über HipHop geredet, ebenso am nächsten Tisch, plötzlich im ganzen Restaurant. Dr. Benedikt beobachtet die Szenerie. Überall entsetzte Eltern, die mit eindeutigen Gesten ihre Kinder pointieren. Dr. Benedikt schaut Mary an und nickt.

MARY BUKOWSKI Also, es geht darum, eine positive Welle auszulösen, damit den Leuten mal klar wird …

22. NACHTS. EIN RIESIGES, FURCHTERREGENDES GEFÄNGNIS VON AUSSEN.

Innen hören wir stöhnende Menschen. Eko in einer klitzekleinen Zelle. Eine schnelle Schnittfolge: Er steht, geht, hämmert gegen die Wand, liegt am Boden. Der Mond schaut unbeteiligt zu. Eko liegt erschöpft am Boden.

23. AM NÄCHSTEN TAG.

Ein Streifen Sonnenlicht erhellt die Zelle. Schwere Schritte im Gang. Zellenwärter Herman öffnet die Zellentür.

HERMAN Raus, Eko!

EKO *(klammert sich an seine Pritsche)* Vergiss es, Alter!

Adrian liegt in einem Schlafsack auf einer Parkbank vor dem Gefängnis. Im Hintergrund hören wir jemanden brüllen: »Ihr Schweine! Lasst mich rein! Ich will wieder rein! Ihr Scheiß-Bullen! Ihr sperrt mich ja sowieso gleich wieder ohne Grund ein.« Adrian wacht auf. Umschnitt auf Eko: Er wehrt sich dagegen, aus dem Gefängnis geworfen zu werden. Plötzlich kriegt er einen Tritt und fliegt auf den Bürgersteig. Ein langer Schatten fällt auf Ekos Gesicht. Eko schaut hoch.

ADRIAN Dein Leben ist Scheiße, Eko.

EKO Fang nicht wieder an, mich vollzuquatschen, Alter!

Im Hintergrund auf einmal laute Musik. Die Jungs schauen sich an.

24. SCHNITT

Frau Bukowski sitzt am Steuer eines Jaguars, die Scheibe heruntergedreht, die Musik sehr laut. Sie trägt ein Basecap. Eko schaut sie an. Frau Bukowski zwinkert Eko zu.

EKO Geiles Auto! Ey, Bukowski, lass uns 'ne Runde drehen!

25. IM AUTO.

Eko fährt. Er fährt extra langsam, wird von draußen gegrüßt. Eko zeigt keine Reaktion. Hinten sitzen Frau Bukowski und Adrian.

ADRIAN Ich brauche Geld. Räume und Leute, die mir helfen, den Award zu verwirklichen!

MARY BUKOWSKI Und was habe ich davon?

ADRIAN Ruhm! Der Award wird die wichtigsten HipHop-Künstler der Welt zusammenbringen. Das wird die hypnotisierendste Aktion der HipHop-Geschichte. Und die HipHop-Geschichte ist lang, sehr lang. Schon in der Steinzeit gab's Höhlengraffiti und …

MARY BUKOWSKI Ich hab dir das schon mal gesagt: Ich mache Sportswear und Sportgeräte!

ADRIAN Die Weltpresse wird anwesend sein, ganz Europa wird auf uns gucken! Verstehen sie das, Frau Bukowski?

Frau Bukowski schaut aus dem Fenster.

ADRIAN Eko, zeig Frau Bukowski mal, was in der Stadt los ist!

Eko gibt Gas — Frau Bukowski ist sehr besorgt um den Wagen.

26. AUSSEN. TAG. STRASSE.

Eko, Adrian und Frau Bukowski stehen vor einer vollgeschmierten Wand. Ein Typ schreibt mit Filzstift seinen Namen an die Wand.

TYP Hast du das gesehen, Eko?

Ekko nickt anerkennend. Frau Bukowski ist nicht sehr beeindruckt.

27. EIN HOCHHAUS.

Unten stehen wieder die drei. Eko brüllt nach oben.

EKO Ey, Mario. Mariiooo!

Auf einem Balkon erscheint Mario mit Hornbrille.

EKO (brüllt) Los, Mario, rap mal!

Mario fängt an zu rappen. Er macht ein paar wirklich erbärmliche Reime: »Ich bin der Coolste, ihr seid die Coolsten, was soll's denn!« Eko schaut die beiden an, zuckt mit den Schultern. In einer absurden Geschwindigkeit fliegen ein paar Körperteile durch die Gegend. Im Hintergrund: Adrian und Frau Bukowski mit offenen Mündern — Eko steht zufrieden daneben. Sturm beendet seine atemberaubende Breakdance-Choreographie und lächelt. Frau Bukowski applaudiert.

28. IM GEGENSCHUSS ERKENNEN WIR, DASS BEREITS DER ORT GEWECHSELT WURDE.

MO2 *steht vor einem Graffiti, bedankt sich für den Applaus.*

MO2 Thank you. Danke. Danke!

MARY BUKOWSKI *(wendet sich Adrian zu)* Solche Leute sollen dann weltweit nominiert werden und in Berlin gegeneinander antreten?

ADRIAN Ja. Langsam raffst du es, Frau Bukowski!

Eko nickt. Frau Bukowski wendet sich wieder MO2 *zu.* MO2 *hat inzwischen die Outline für ein riesiges Sprühgemälde der Bukowski an die Wand gezaubert.*

MARY BUKOWSKI *(fühlt sich geschmeichelt)* Die Weltpresse, ja?

Adrian nickt.

29. WIEDER IM AUTO.

MARY BUKOWSKI *(zu Adrian)* Nettes Shirt hast du an!

ADRIAN Ja, selbst entworfen.

Auf dem Shirt steht »Underground HipHop Award — das Jahrhundertereignis seit der Steinzeit!« Eko sitzt vorne und raucht. Er passiert Monty und dessen Gang, deren Gesichter mit Pflastern und Mullbinden übersät sind.

EKO Ey, Jungs!

Montys Gang kann es nicht glauben.

30. EIN PARKHAUS.

Eko fährt wie ein Wahnsinniger. Manchmal knallt Frau Bukowskis Jaguar irgendwo gegen. Ihr bleibt fast das Herz stehen. Monty und seine Gang verfolgen den Jaguar in einem schwarzen BMW.

ADRIAN *(zu Eko)* Ich hab's ja gesagt. Die werden dir die Hand abhacken ...

Ekko schwitzt.

MONTY *(brüllt)* Na, gefällt dir das so?

31. EIN PARKHAUS IM 14. STOCK.

Eko hängt über der Dachkante, seine Hände sind unter Montys Füßen eingeklemmt. Monty dreht sadistisch seinen Hacken in Ekos Hand.

MONTY Avocados! Ich kann's nicht glauben. Der hat in die Tüte Avocados reingetan. Tolle Idee, Eko!

Eko schreit vor Schmerzen. Monty macht eine Kusshand.

ADRIAN Ganz kurz mal eben. Ich will mich ja jetzt nicht aufdrängen, aber ich dachte, ihr würdet ihm die Fingernägel rausziehen oder die Hand abhacken. Ihr habt doch viel mehr gelitten. Ihr könnt den doch jetzt nicht so schnell töten!

Monty guckt Adrian an und überlegt. Ein Springmesser springt auf. Im Hintergrund schreit Eko. Monty will sich gerade am ersten Finger zu schaffen machen, den ihm seine Kollegen hinhalten.

ADRIAN *(weiß nicht mehr weiter, völlig absurd)* Hast du dich schon mal gefragt, Monty, warum Eko einen Jaguar fährt?

Monty reagiert und überlegt.

ADRIAN Der Junge steht kurz davor, ein Riesengeschäft abzuschließen. Wenn du ihm jetzt die Fingernägel ziehst, wird er Schwierigkeiten haben, den Vertrag zu unterschreiben.

MONTY Der Idiot kann nicht schreiben.

EKO *(weint)* Ich kann schreiben!

MONTY Denkt euch was anderes aus!

ADRIAN Was willst du?

Monty überlegt. Dann sagt er etwas genauso Absurdes.

MONTY Zieh deine Jacke aus!

Adrian zögert und zieht seine Jacke aus. Monty hat auf einmal Spaß daran und fordert ihn auf, weitere Kleidungsstücke auszuziehen. Adrian steht nackt auf dem Dach des Parkhauses. Die Gangster finden das sehr komisch und lachen Tränen. Eko und Adrian fühlen sich nicht so klasse. Monty nimmt Adrians Turnschuhe und geht.

MONTY Ich hab was gut bei euch!

FERIDUN ZAIMOGLU Jetzt sind wir gespannt. Wie endet das Ganze? Geht es gut, geht es schlecht aus?

NECO ÇELIK Es geht gut aus. Aber es gibt natürlich Streitereien. Sie verkaufen sich an die Geschäftsleute. Es entstehen »Underground«-BHs und »Underground«-Schlüpfer, weil Frau Bukowski daraus Kapital schlagen will. Die anderen HipHopper distanzieren sich von ihnen. Am Ende stehen sie dumm da und wollen diese Award-Sache eine Nummer kleiner machen. Sie wollen das super low in einer Garage durchziehen und die, die daraus Kapital schlagen wollten, auflaufen lassen in einer Sadomaso-Party.

FERIDUN ZAIMOGLU Und was geschah dann weiter? Hast du den Film realisieren können? Oder ist das ein Projekt in der Schublade?

NECO ÇELIK Ich hatte Tausende von Ideen im Kopf. Das Nächste, das mit mir zu tun hatte, war nun einmal die HipHop-Szene. Ich habe einfach alles aus dem Kopf heraus aufs Papier gebracht. Wenn ich das jetzt lese, — ich habe das wirklich nach Jahren wieder rausgepackt —, dann ist es eine Farce. Damals habe ich das sehr ernst genommen, da war kein Witz dabei. *(Publikum lacht, Zaimoglu auch.)* Für euch klingt es witzig, aber damals war es verdammt ernst. Nun habe ich mich fast totgelacht, als ich das wieder gelesen habe.

FERIDUN ZAIMOGLU 1995! Das war also dein erstes Machwerk, der erste Versuch, das im Fieberwahn gewissermaßen rauszuhauen?

NECO ÇELIK Genau.

FERIDUN ZAIMOGLU Damals hattest du aber noch keinen Film gemacht. Wie kam das mit dem Film? Es gibt Legenden, es gibt Gerüchte. Die möchte ich jetzt nicht verbreiten. Wie ist Neco Çelik zum Film gekommen?

NECO ÇELIK Ausschlaggebend war eine Freundin, die eine Casting-Agentur aufgemacht hatte. Sie habe ich immer am meisten zugetextet: »Hör zu, Cornelia, die meisten Filme sind nicht gut, wir müssen neue Filme machen.« Ich erzählte ihr Geschichten, bis sie es war, die sagte: »Schreib's doch auf!« Und als ich das dann aufgeschrieben hatte, fanden das alle nicht gut. *(Publikum lacht, Çelik ebenfalls.)* Sie fanden es zu weit entfernt von mir. Sie kannten mich aber nicht so gut. Ich erzähle ja nicht jedem, woher ich komme und was ich getan habe. Deswegen sagte ich: »Okay, dann eben was Ernsthaftes.« Es war natürlich absurd, dass ich gleich mit einem langen Film anfangen wollte, mit einem umfangreichen Drehbuch. Völlig schwachsinnig. Erstmal sollte man einen Kurzfilm machen.

FERIDUN ZAIMOGLU Daraus sollte ein längerer Film werden, ein richtiger Abendfilm?

NECO ÇELIK Aber zuerst musste ich einen kleinen Film machen. Deswegen hat man mir gesagt: ›So, Neco, hör auf, große Projekte vorzubereiten. Schreib erstmal zehn Seiten und realisiere das.‹ Ich fing also an, kleine Texte zu schreiben, und machte meine ersten Kurzfilme. Das waren die entscheidenden Erfahrungen, durch die ich gelernt habe: Filmemachen ist doch nicht so einfach!

FERIDUN ZAIMOGLU Und der erste Kurzfilm? Wie kam das? War das ein Dokumentarfilm?

NECO ÇELIK Nein, es war ein Spielfilm. Ich hatte vorher einen Dokumentarfilm gemacht, *36 qm Stoff*, aber für den musste man nichts schreiben. Ich habe einfach gefilmt und dann zusammenmontiert. »Da habt ihr euren Dokumentarfilm!« Wobei ich ihn durchaus inszeniert hatte. Das habe ich den Leuten aber nicht gesagt. *(Publikum lacht, Çelik auch)* Ich merkte, dass Dokumentarfilme nicht mein Ding sind. *(Gelächter)* Man muss ständig darauf warten, dass etwas passiert. Ich habe dann zusammen mit einem Freund eine kurze Geschichte geschrieben, die sich in der Graffiti-Szene abspielt. Ich kam damit wieder zu jener Freundin: »Cornelia, ich habe hier was. Willst du das nicht produzieren?« Sie sagte: »Was? Produzieren? Ich habe noch nie was produziert.« – »Na ja, ich habe auch noch nie einen Film gemacht. Dann lass uns das zusammen machen!« Sie hat sich darauf eingelassen und wir haben losgelegt.

FERIDUN ZAIMOGLU Und es entstand …?

NECO ÇELIK Es entstand ein Kurzfilm, *Hall of Blame*

Es ging darum, dass man eine Visitenkarte bekam. Das Material habe ich nicht auf Film fertig gestellt. Man konnte es nur auf Video sehen. Er war nur für die Leute, von denen ich für einen großen Film Geld haben wollte. Der Kurzfilm kursierte im Internet. Es gibt ein paar Fans, die ihn gut finden.

FERIDUN ZAIMOGLU Ich gehöre auch zu denen. Ich habe den Film gesehen!

NECO ÇELIK Ach so?

FERIDUN ZAIMOGLU Aber jetzt wieder zurück! Hier sitzt ja auch kriminelle Vergangenheit. *(Publikum lacht)*

NECO ÇELIK Nur nichts verniedlichen!

FERIDUN ZAIMOGLU Gib's mir, mach's spannend!

NECO ÇELIK *(lacht verlegen)* Wir waren wilde Jungs, die Langeweile hatten.

FERIDUN ZAIMOGLU Wer, »wir«?

NECO ÇELIK Na ja, ein Haufen Jungs, die mit sich nichts anfangen konnten, jede Menge Energie hatten und an den Ecken rumlungerten, die der Meinung waren, dass sie besser sind als die anderen, die ebenfalls an den Ecken rumlungerten. Wir haben uns als intellektuelle Kriminelle gesehen. *(Gelächter)* Es gab unter uns Gedichteschreiber. *(Gelächter)*

FERIDUN ZAIMOGLU *Du* hast aber keine Gedichte geschrieben?

NECO ÇELIK Nein, ich habe *Graffiti* gemacht. Andere schrieben Gedichte, wieder andere waren der Meinung, dass sie großartige Fußballspieler seien. Aber wir mussten einsehen, dass wir damit nicht auffielen. Also was sollte das? Wir haben von Gangs gehört, die auf dem Ku'damm Action machten, die Kings waren und auf die die Mädels abgefahren sind. Wir dachten also: ›Aha! Das müssen wir nachmachen!‹ Und so gerieten wir in einen Teufelskreis. Dort, wo wir herkamen, gab es eine Vergangenheit. Nicht *meine* Brüder, aber von Freunden die Brüder hatten bereits in den 80er Jahren bekannte Gangs, die sich gegen Rechtsradikale engagierten, die wirklich sinnvolle Sachen unternahmen.

FERIDUN ZAIMOGLU Sinnvolle Sachen, ja.

NECO ÇELIK Alles entstand durch Filme wie *Warriors*, die maßgeblich waren in der Szene. Das ist dann aber wieder verflogen. Viele sind in Drogen abgedriftet. Wir standen in einem Loch. Dann besannen wir uns: »Dein Bruder war doch auch so einer. Lass uns uns einen Namen geben und den Jungs auf dem Ku'damm zeigen, dass wir die Härteren sind!«

FERIDUN ZAIMOGLU Und ihr nanntet euch die »36er«.

NECO ÇELIK Es kam einer und meinte: »Ey, ihr seid die 36er!« — Wir dachten: ›Das ist ein cooler Name!‹ *(Zaimoglu und Çelik lachen.)* Den haben wir beibehalten. Und überall, wo wir auftauchten, gab es Zoff.

FERIDUN ZAIMOGLU War das eine reine Türken-Gang oder eine Multikulti-Truppe?

NECO ÇELIK Der Kern war rein türkisch. In unserer Gegend dachte man nie darüber nach, ob man Türke ist oder nicht, weil man mit anderen sowieso nie in Kontakt kam. Wir, die immer schon da waren, weil wir an der Mauer wohnten, waren eh abgeschottet. Deutsche oder Araber, das hat uns überhaupt nicht interessiert.

FERIDUN ZAIMOGLU Ihr habt aber nicht bloß gesagt: »Wir sind jetzt eine Gang, toll!« Was habt ihr gemacht? Seid ihr losgezogen?

NECO ÇELIK Wir sind nicht einfach losgezogen. Man trat an uns heran: »Die haben mich geschlagen. Das sind schlimme Jungs. Die machen voll den Harten. Könnt ihr mir helfen?« So wurden wir zu Robin Hoods *(Publikum lacht)*, die auszogen um Ruhm und Anerkennung zu bekommen. Wir gerieten in etwas hinein, das wir uns nicht ausrechnen konnten. Wir stellten uns wie tapfere Jungs und stießen auf Gleichaltrige. — Was willst du genau wissen? Wie wir uns geprügelt haben?

FERIDUN ZAIMOGLU Ihr habt euch geprügelt?

NECO ÇELIK Ja, wir haben uns geprügelt. Ganz normal Wie im Film. Das Problem war, dass immer mehr Leute kamen, die sagten: »Ey, da haben welche gesagt, dass ihr Penner dass ihr Loser seid.« Wir mussten also ständig unsere Ehre verteidigen! *(Publikum lacht)* Deswegen sage ich ja, man gerät in einen Teufelskreis. Bald mussten wir permanent irgendwo in Spandau auftauchen, um den Leuten zu zeigen, dass wir doch keine Loser sind. So hat sich die Sache ausgeweitet. Irgendwann hatten wir keine Lust mehr. Zu denen, die dann ankamen, sagten wir: »Verpisst euch, macht es doch selber!« Die haben sich später irgendwie »36 Boys« genannt und so viel Scheiße gebaut, dass das nicht zu vergleichen ist mit dem, was wir getan haben.

FERIDUN ZAIMOGLU Ihr wart die saubere Putztruppe!

NECO ÇELIK So könnte man das sagen.

FERIDUN ZAIMOGLU Das hört sich in meinen Ohren aber ein bisschen zu sauber an. Ich meine, wir in Kiel *(Publikum lacht)*, wir hießen die »Tigers«! *(Gelächter)* Wir waren Kurdischstämmige, Deutsche und Türkischstämmige. Die Bergstraßen-Gang! Was war die Bergstraße? Das Ganze hätte mal zu einem Bordell umgebaut werden sollen. Das klappte aber nicht, weil das mehr oder minder im Zentrum von Kiel lag. Da gab es mehrere Diskotheken. Wir meinten: Das gehört uns! So fing es an. Es ging darum, sich mit den GIs auseinanderzusetzen. Ein GI kommt und beleidigt in der Diskothek eine Frau, die sich auch selbst wehren kann. Aber wir sehen, der hat sie beleidigt. Oder wir verstehen es zumindest so. Dann stürmen 20 Janitscharen los, und es gibt eine Massenschlägerei. Im Grunde genommen – deshalb frage ich so beharrlich nach – stand am Anfang: ›Wir machen die Nazis platt! Auge um Auge, Zahn um Zahn – das ist die einzige Sprache, die sie verstehen!‹ Sehr bald aber gab es clevere Jungs, die überlegten sich: ›Das Personal steht, die Struktur steht. Jetzt könnte man doch damit auch Geld verdienen!‹ Die einen wanderten ab, wurden zu Bodyguards oder Türstehern, andere entdeckten und vertickten Drogen. Aber du hast im Großen und Ganzen recht. Was wir immer hörten, war: »Die 36er machen es doch vor. Die geben zwar ein bisschen an. Aber wir sind viel härter.« Überall wurde so gesprochen. Ihr hattet den Ruf, gut zu sein.

NECO ÇELIK Wir waren zumindest nicht die Bösen.

Wir waren beliebt. *(Gelächter)* Die anderen waren die Bösen, und wir waren die, die als Retter dastanden. Wir waren keine zusammengetrommelten Jungs. Wir waren seit 20 Jahren Freunde, in derselben Straße aufgewachsen. Das hat es ausgemacht gegenüber den anderen, die zusammengetrommelt waren und sich dann als Gang sahen. Der psychologische Effekt war, dass wir nie wegliefen. Von den anderen liefen immer, wenn sie zwanzig waren, zehn davon. Und dann standen die übrigen zehn alleine da. Dass die anderen weggelaufen waren, war psychologisch für sie ein Hemmnis, sich mit uns zu schlagen. Sie standen da wie die Lämmer, und wir brauchten nur noch …

FERIDUN ZAIMOGLU … zu hauen?

NECO ÇELIK … zu trampeln!

FERIDUN ZAIMOGLU Wie ist es heute? Ich habe vor ein paar Wochen im *Tagesspiegel* oder in der *Berliner Zeitung* gelesen, dass eine Gruppe von Türkischstämmigen mit Zuckerstreuern und Tischen auf Arabischstämmige losgegangen war. Das ging mehrere Tage lang so. Ich weiß nicht, ob das in Neukölln war oder im Wedding. Es kam jedenfalls das Thema auf: »Bandenkriminalität«. Es heißt: »Jetzt rotten sie sich wieder zusammen.« Hast du, als ›Pate‹, etwas davon gehört?

NECO ÇELIK Ja.

FERIDUN ZAIMOGLU Ist es heute anders?

NECO ÇELIK Ja, es ist anders. Der Mythos lastet schwer auf den Jugendlichen, die ihn aufrechterhalten wollen. Uns interessiert das nicht mehr, wir sind älter geworden. Aber die Jugendlichen schmücken sich damit und müssen dafür teilweise auch bluten. Sie sind in irgendwelchen Ecken, in Neukölln, in arabischen Vierteln, und sagen: »Was ist los? Ich bin 36er.« Die aber sagen dort: »Was, 36?« Und dann verprügeln sie ihn. Er kommt nach Hause, trommelt seine Jungs zusammen, und dann heißt es: »Wir müssen die Ehre verteidigen von 36!« Das beobachte ich. Es ist traurig, und es ist jämmerlich. Am Ende verlieren sie immer.

FERIDUN ZAIMOGLU Sind das nur Jungs?

NECO ÇELIK Das sind nur Jungs, natürlich.

FERIDUN ZAIMOGLU Gibt es keine jungen Frauen?

NECO ÇELIK Doch es gibt Frauen, die etwas gegen Frauen anstellen. Inzwischen habe ich sogar gesehen, dass Frauen Jungs schlagen. In der Schule formieren sich auch die Mädels als Gang. Es ist wirklich ein krasser Teufelskreis. Es hat sich an den Schulen verbreitet. Es formieren sich alle. Sie sind, wie gesagt, keine Freunde mehr. Sie sind zusammengewürfelte Jungs, die sich einreden: »Wir müssen stark sein!« Aber wogegen eigentlich, das wissen sie nicht. Die, die ihnen gegenüberstehen, denken genauso: »Gegen die müssen wir stark sein!« Dann stehen sie sich gegenüber: »Was has' du gesagt?« — »Was hab isch gesagt?« So läuft das.

FERIDUN ZAIMOGLU Das ist die Realität. Aber du bist dazu gekommen, Drehbücher zu schreiben, Filme zu machen. Du hast mit *Hall of Blame* angefangen. Wie ging es weiter? Wie kamst du zu Kinofilmen?

NECO ÇELIK Nach *Hall of Blame* habe ich *Ghetto Pump* gemacht, ebenfalls ein Kurzfilm. Er spielt in einem Fitnessraum in der Naunynritze. Danach drehte ich noch weitere Kurzfilme, mehr Trailer, um den Leuten zu zeigen: ›Hey, ich hab's drauf! Macht euch keine Sorgen um eure Kohle!‹ Parallel arbeitete ich an einem Spielfilm, in dem ich eine Liebesgeschichte aus dem Viertel erzählen wollte. Dann kam Fatih Akin und machte seine Filme — *Im Juli, Solino, Gegen die Wand.* Und die Leute sagten: »Ja, aber Fatih hat doch schon so einen Film gemacht. Wir wollen keinen weiteren Türkenfilm.« Ich sagte: »Ich mache keinen *Türkenfilm.* Dies ist Kreuzberg, das ist Altona. Was wollt ihr? Ich bin Neco, und das ist Fatih.« Doch sie fanden: »Nein, das ist zu viel.« Dann habe ich eben fünf Jahre lang kämpfen müssen, um Gelder zu bekommen. Das Drehbuch hat sich entwickelt. Es musste reifen. Nach fünf Jahren sah ich ein, dass die Geschichte — die ich nie so wahrgenommen hatte — tatsächlich eine *türkische* Story war. Die habe ich dann zu einer *deutschen* Story umgeschrieben.

FERIDUN ZAIMOGLU Aha.

NECO ÇELIK Es gab ja einen Grund, warum das eine türkische Geschichte war. Wir hatten eben kaum deutsche Freunde, weil es in unserer Straße keine gab. Ich war der Letzte, der noch deutsche Freunde hatte. Die sind Mitte der 80er alle weggezogen aus der Naunynstraße. Und die wenigen deutschen Jungs, die mit uns abhingen, konnten alle Türkisch. Das Problem war, dass meine Freunde wenig Deutsch sprachen und ich es auch nur so einigermaßen konnte.

FERIDUN ZAIMOGLU Du hast also das Drehbuch umgeschrieben von Türkisch auf Deutsch?

NECO ÇELIK Genau. Die Idee war, eine Geschichte über einen Jungen zu schreiben, der bei uns aufgewachsen ist und dieselben Probleme hat. Das hat nichts mit der Nationalität zu tun, das hat mit dem Milieu zu tun. Plötzlich haben die Produzenten gesagt: »Ja, das ist gut. Das gefällt uns.« Aber man muss im Film-Business viele Kompromisse eingehen, bis man an das Geld rankommt. Es ist auch nicht wenig Geld, ehrlich gesagt. Jedenfalls wollten die Produzenten, dass der Film nicht realistisch wird, sondern aufgeblasen, richtig bunt.

Von einer Redakteurin haben wir schließlich das Geld bekommen. Sie bestand darauf, dass man mich in Ruhe lässt, dass ich das machen darf, wie ich wollte. Das war ein Segen! Diese Frau hat mir einfach auf Grund des Buches vertraut. Eine Redakteurin aus Bayern, die in meine Straße kam! Ich erklärte ihr: »Hier an dieser Ecke wird der ganze Film spielen.« Sie hat sich umgesehen: »Okay, dann mach mal!« Und die Produktion — es war eine sehr große Produktion, die das Geld klargemacht hat — sagte ebenfalls: »Okay. Zeig jetzt mal, was du drauf hast!«

FERIDUN ZAIMOGLU Dann hast du es gezeigt.

NECO ÇELIK Ich stand an dieser Kreuzung, die ich drei Wochen lang sperren ließ. Ich stellte meine Jungs dorthin, damit kein Nachbar anfing zu meckern, weil ich in Ruhe arbeiten wollte. Und es hat wirklich geklappt! Alle sahen, dass ich einem Traum hinterhergelaufen war; und ihn realisiert habe.

FERIDUN ZAIMOGLU Der Film heißt *Alltag.*

NECO ÇELIK Der war dann auf ein paar Festivals. Ich hoffte, dass er in die Kinos kommen würde, aber die Produktion hat ihn als Fernsehfilm gesehen. Die haben sich nicht um ihn gekümmert, weil sie der Meinung waren: »Hey, wir haben einen Fernsehfilm gemacht, und das war unser Job.« Ich dachte: ›Verdammt! Der kann ins Kino. Der hätte doch Potenzial.‹ Die Verleiher haben sich aber nicht getraut, weil sie nicht wussten, wie sie den Film einordnen sollten: ob das ein türkischer Film oder ein deutscher Film ist. Bis das ›Eiszeit‹-Kino aus dem Viertel sagte: »Komm, wir zeigen den Film einfach mal und sehen, was passiert.« Wir hatten eine Pressevorführung, wie bei einem normalen Kinofilm, nur ohne Verleih und bloß in einem einzigen Kino. Die Presse hat sehr gut reagiert.

FERIDUN ZAIMOGLU Ohne Folgen?

NECO ÇELIK Folgen?

FERIDUN ZAIMOGLU Dass sie sagten: »Der war zwar als Fernsehfilm konzipiert, aber wir können ihn tatsächlich in den Kinos laufen lassen.« Haben sie das nicht gemacht?

NECO ÇELIK Nein. Der Film hatte bereits einen Sendetermin. Das war natürlich der Nachteil. Der Film kam Ende April ins Kino, und Anfang Juni wurde er im Fernsehen gezeigt. Kein Verleiher lässt sich darauf ein. Aber der Film ging nach New York. Denn durch einen FAZ-Bericht war die *New York Times* auf ihn aufmerksam geworden und hatte über ihn geschrieben. Dann interessierte sich in New York ein Festival für ihn und zeigte ihn. *Variety*, die Filmzeitschrift, berichtete darüber. Und dann hat Miramax angerufen …

FERIDUN ZAIMOGLU Halleluja! Und wie weiter?

NECO ÇELIK Wir haben denen gesagt: »Ey, wir haben noch einen anderen Film!« Denn wir hatten *Urban Guerillas* zwischendurch gedreht und selber produziert. Den haben wir ihnen geschickt. Gemeldet haben sie sich noch nicht …

FERIDUN ZAIMOGLU Ich bin weg vom Film. Drehbuchautoren in Deutschland kannst du vergessen! Kein Ruhm, keine Ehre. Die können das Ding liefern, und dann müssen sie es —

ich weiß nicht, wie oft und wie lange — immer wieder umschreiben. Es ist nicht so wie in Amerika, dass der Drehbuchschreiber in den Genuss kommt, auch richtig angeführt zu werden als einer, der beim Film eine wichtige Rolle gespielt hat. Drei Jahre meines Lebens sind draufgegangen bei der Verfilmung meines zweiten Buches, *Abschaum*. Es kam als *Kanak Attack* in die Kinos und war ein Vollflopp. Nach diesen drei Jahren war ich fertig! Es läuft immer noch ein Gerichtsverfahren gegen die Produzenten. Ich wurde nach Strich und Faden beschissen, mit Verlaub. Geld habe ich dafür nie gesehen. Es wurden große Versprechen gemacht. Ich musste mit ansehen, welch tolles Bildmaterial da war. Es wurde gefilmt, das Drehbuch war okay. Dann wurde das irgendwie zerhackt. Plötzlich war auch die Besetzung komisch. Es liefen viele Dinge am Set falsch. Da habe ich gesagt: ›Nie wieder! Nie wieder will ich mit diesen Typen von der Film-Branche, vor allen nicht mit Produzenten, etwas zu tun haben. Ich möchte mit Regisseuren nichts zu tun haben. Ich möchte brav Theaterstücke schreiben.‹ Und das habe ich gemacht. Du schreibst dein Stück und gibst es ab. Mir ist dermaßen die Lust vergangen — vorher, währenddessen, nachher —, dass ich mich immer noch in Rage reden kann, wenn ich mich daran erinnere, wie das alles den Bach heruntergegangen ist. Du machst aber weiter. Du bist ja nicht nur Drehbuchschreiber, sondern auch Regisseur.

NECO ÇELIK Ich möchte gar nicht unbedingt Drehbuchautor sein. Ich würde mich freuen, wenn du was schreibst, und ich verfilme das. Ich hatte dir damals gesagt, ich würde gerne *Abschaum* machen. Aber da war ich noch grün hinter den Ohren.

FERIDUN ZAIMOGLU Ich möchte aus einer Loyalität, auf die ich gerne pfeifen würde, doch nichts mehr über diesen Film sagen. ... Wir haben uns unterhalten. Gibt es Fragen an Neco Çelik? Gibt es Kritik? Gibt es Verständnisprobleme? *(Çelik lacht.)*

PUBLIKUM Arbeitest du noch in dem Jugendhaus?

NECO ÇELIK Ja.

PUBLIKUM Was tust du da?

NECO ÇELIK Ich lungere mit denen da rum, weil die das auch tun. Ich mache dort Projekte, überwiegend Medienpädagogik. Wenn sie Theater spielen, verfilmen wir die Inszenierungen. Und wir machen auch Dokumentarfilme. Wir haben einen Schneideraum in der Naunynritze. Da können sie die Postproduction machen.

PUBLIKUM Es tauchten Begriffe wie ›Ehre‹ und ›Respekt‹ auf, die damals verteidigt werden mussten, als Sie in der Gang waren. Das sind Begriffe, die in der HipHop-Szene heute eine Rolle spielen. Ich habe einen Sohn in dem Alter. Ist das ein Spezifikum der HipHop-Szene in *türkischen* Kreisen? Unter *deutschen* Jugendlichen kenne ich diese Schwierigkeiten, sich »›Respekt‹ zu verschaffen«, eigentlich nicht. Wie sehen Sie das, da Sie jetzt mit Jugendlichen arbeiten?

NECO ÇELIK Die HipHop-Szene ist — hier in Berlin besonders — von türkischstämmigen Jugendlichen geprägt. Diese ganze ›Ehre‹-Nummer wird ihnen von ihren Eltern eingeimpft, die aus der Türkei kommen und ihre Kinder traditionell erziehen. Die Jugendlichen benutzen diese Wörter, doch sie tun nichts dafür.

PUBLIKUM Geht es um das Gefühl, ein Underdog zu sein? Wie die Schwarzen in den USA, die solche Begriffe stilisieren? Wird das hier übernommen?

NECO ÇELIK Ja, sicherlich spielt MTV eine große Rolle. MTV erzieht unsere Kinder. Die Jugendlichen in der Naunynritze ›haben es nicht so‹ mit Schwarzen. Aber komischerweise rappen sie, sie wollen wie die schwarzen Rapper auf MTV sein. Das ist ein Widerspruch.

PUBLIKUM Wann warst du mit den »36ers« aktiv?

NECO ÇELIK Das war zwischen 1988 und 1993.

PUBLIKUM Ich erinnere mich. Ich komme aus Spandau. *(Gelächter)* Man hatte Angst. Ich war zu klein, aber man hatte schon viel gehört! Auch die netten Seiten …

NECO ÇELIK *(lacht)* Ja, in Spandau waren wir auch!

PUBLIKUM Ich frage mich, was in den zehn Jahren danach auf der Straße passiert ist. Es waren traurige Zeiten. Du hast es geschafft. Als einer von wenigen, die überhaupt etwas gemacht haben. Insgesamt jedoch hat sich nichts verbessert — ausbildungsmäßig, sprachenmäßig. Haben die überhaupt noch eine Chance, da herauszukommen?

NECO ÇELIK Es ist wirklich traurig. In den 80ern dachten wir nicht viel darüber nach, wo wir lebten. Wir lebten in erbärmlichen Situationen — diese kaputten Häuser, die Besetzer-Szene. Wir lebten parallel zu ihnen. Wir wussten nicht, was sie bedeuteten, diese Besetzer. Wir haben das nicht gecheckt. Über die Busse, die durch die Gegend fuhren, und die Touristen, die uns angafften, haben wir uns nie Gedanken gemacht. Die Punks bewarfen die mit irgendwelchen Sachen, aber wir verstanden nie, wieso sie das taten. Dann begriff ich, dass sie uns tatsächlich wie im Zoo betrachteten. Natürlich ist auch heute die Ausgrenzung extrem zu spüren unter den Jugendlichen. Das verbessert sich höchstens minimal. Wir waren auf Schulen, in denen wirklich nur die Lehrerin deutsch war.

PUBLIKUM Liegt es daran? Wird es keine Verbesserung geben? Es ist einfach nur traurig. Und wir lachen darüber, wie du es geschafft hast.

NECO ÇELIK Und ich bin noch nicht raus. Ich bin immer noch da.

PUBLIKUM Ja, es ist gut, dass einer ein Sprachrohr ist. Aber nur wenige kommen heraus. Gründe gibt es tausende: geboren im Viertel, gebrochene Biographie, von vorne herein abgestempelt. Und das wird auf absehbare Zeit so bleiben.

NECO ÇELIK Ja, sicherlich. Aber ich möchte kein ›Sprachrohr‹ sein. Ich nenne es sehr selten so. Ich versuche allerdings, ein Vorbild zu sein, um den Kids eine Alternative zu zeigen. Ihre Vorbilder sind überwiegend Gangster, Mitglieder in Gangs. Ich versuche, Kunst zu machen, um zu zeigen, dass man damit auch Respekt und Anerkennung bekommen kann. Mein Vater versteht das immer noch nicht. Aber … *(Çelik lacht)* ich glaube, es funktioniert — ein bisschen zumindest. Einige versuchen, das zu imitieren, anstatt die Gangster nachzumachen. Es ist ein verdammt harter Weg. Der Weg, den der Gangster geht, ist gar nicht so hart, weil man sehr schnell an Geld herankommt. Man kann sehr schnell ein Auto und teure Sachen kaufen. Das lockt die Jugendlichen eher als harte Arbeit und Ehrgeiz.

PUBLIKUM Wenn man als Autodidakt künstlerisch arbeiten will, wo fängt man an? Wo kommt das erste Material her?

NECO ÇELIK Man fängt ganz unten an. Man quält sich. Man versucht, in die Nähe von Filmemachern zu kommen, um zu sehen, wie sie das machen. Da versuchst du, mit deiner Geschichte die Leute zu überzeugen, damit sie sich einbringen. Man bittet einen Kameramann oder einen Tonmann, beim Projekt mitzumachen. Oder jemand ist in der Szene bekannt und könnte bei Geräteverleihern auf seinen Namen etwas ausleihen. Ich habe keine Produktion, mich kennt niemand. Wenn ich ein 100 000,– Euro teures Gerät ausleihen will, sagt der Verleiher: »Verpiss dich, Alter! Wer bist *du* denn?« Aber wenn ein Kameramann hingeht und sagt: »Ich möchte die Kamera für drei Tage haben«, dann leihen sie ihm die aus. Man muss beim Film so schnell wie möglich begreifen: entweder kann man es, oder man kann es nicht. Man beobachtet die Zuschauer. Sobald ich einen Kurzfilm fertig hatte, habe ich ihn in ein Kino geschleppt und dem Typen gesagt: »Spiel das bitte mal, bevor der andere Film läuft. Ich will sehen, wie die Zuschauer reagieren.« Und die haben zum Glück positiv reagiert. Das hätte aber auch anders ausgehen können.

PUBLIKUM Mich würde interessieren, wie du die Idee zu einem Film bekommst. Ist da gleich von Anfang an in groben Zügen eine Geschichte? Oder fängt das mit Bildern an, die erst nach und nach zu einem Plot werden?

NECO ÇELIK Ich mache das intuitiv. Ich sehe viele Filme. Ich habe schon als kleiner Junge sehr viel ferngesehen, aber nie begriffen, was die da machen. Alles, was man konsumiert, versuche ich für mich zu rekonstruieren. Wenn man die Dramaturgie eines Drehbuchs verstanden hat, versteht man Filme. Dann baut man selbst Stück für Stück Geschichten auf. Jeder macht das anders. Manchmal kommt eine Idee plötzlich. Manchmal braucht man ewig. Manchmal hast du tausende von Ideen, aber die sind alle Scheiße, und keinen interessiert das.

PUBLIKUM Warum machst du Filme und nicht beispielsweise Graffiti? Beim Filmedrehen liegt zwischen der Intuition und dem Ergebnis so viel Zeit, dass ich es mir unheimlich schwer vorstellen kann, diese Empfindung tatsächlich wiederherstellen und sagen zu können: »Ja, das hatte ich damals empfunden, und so muss das jetzt auf die Leinwand.«

NECO ÇELIK Ich liebe Filme einfach. Damals, als ich noch nicht wusste, wie man Filme macht, habe ich sie mir eben angeschaut. Ich bin auch in den Genuss von Filmen gekommen, die man selten sieht. Ich dachte zunächst, Kino gibt es nur auf dem Ku'damm. Aber es gab Kinos bei uns um die Ecke. Vom Babylon, vom Eiszeit-Kino und den kleinen Off-Kinos wusste ich nichts. Man sah die Hollywood-Schinken auf dem Ku'damm, bis mich irgendwann jemand in ein Off-Kino mitnahm. Da habe ich französische Filme gesehen, und das war verzaubernd! Diese Leidenschaft will ich meinem Publikum geben. Und auch ich bekomme sie. Ich kriege also das Doppelte von dem, was der Zuschauer bekommen soll, weil ich den Film gemacht habe und dieses Gefühl dann noch einmal mit dem Zuschauer teile. Es ist die Leidenschaft, die einen antreibt.

FERIDUN ZAIMOGLU Und was treibt dich zum nächsten Film an? Hast du ein Projekt?

NECO ÇELIK Ich schreibe gerade an einem Fußball-Film, *Liga der Verdammten.*

FERIDUN ZAIMOGLU Machst du echt? Was für ein Fußball-Film?

NECO ÇELIK Genauso wie die Basketballer in New York, die auf ihren Plätzen im Viertel spielen und von der NBA entdeckt werden, gibt es hier Fußballspieler, die auf den Bolzplätzen entdeckt werden. So ein Junge ist auf einer Odyssee und sucht nach einem Talentsucher. Es gibt Tausende von Bolzplätzen in Berlin, er trifft dort auf die schrägsten Leute. Am Ende begegnet er einem Talentsucher. Von dem muss er erfahren, dass der ihn, weil er einen türkischen Pass hat, nicht auf dem bürokratischen Weg der Einbürgerung begleiten möchte. Er soll sein Glück weiter alleine versuchen.

FERIDUN ZAIMOGLU *(irritiert)* Echt? *(Publikum lacht)* Ich hatte mir eine schöne, klassische Happy End-Geschichte vorgestellt.

NECO ÇELIK Ich bin Fußball-Fan. Es gibt ein Problem: 50 Prozent der türkischen Nationalmannschaft besteht aus Jugendlichen, die aus Deutschland kommen. Journalisten haben sich inzwischen gefragt: »Warum sind sie dort und nicht hier?« Das liegt an der Arbeit des DFB. Sie kümmern sich nicht genug um diese Jungs. Sie wissen nicht, wie sie an sie herankommen. Wenn sie mit jungen Spielern sprechen, sagen die: »Ich muss erst mit meinem Vater reden.« Und der Vater sagt: »Du spielst für die Türkei!«

FERIDUN ZAIMOGLU Ich saß gestern in der Sports-Bar am Nollendorfplatz: Frankreich gegen England. Ich war für Frankreich. Ich bin immer für Frankreich. *(Publikum lacht)* Die ganze Kneipe war für England.

NECO ÇELIK Warum gehst du auch am Nollendorfplatz in die Kneipe?

FERIDUN ZAIMOGLU Ich kenne mich nicht so aus. Ich saß da mit meinem Co-Autor Günter Senkel, der auch für England war. Und weißt du was? *(begeistert)* Ich habe Zidane gesehen! *(Publikum lacht.)* Das war so wie damals, als ich meine Helden hatte: Muhammad Ali und Pelé! Es waren Menschen aus der Unterschicht, die ihren Weg nach oben gegangen sind. Das mag etwas kitschig klingen. Sie waren verspielt, sie waren wendig. Man hat ihnen keinen Ingrimm, keine Wut angesehen. Eigentlich hätten sie Grund gehabt, wie so viele heutzutage zu rufen: »Ich bin wütend, ich mache alles kaputt!« Aber sie waren so schön mit den Hüften in Bewegung. Sie waren spielerisch, sie waren großartig! Ich habe Zidane gesehen. Und ich habe mich später mit jemandem darüber unterhalten: »Verdammt nochmal, wenn es so einen bei uns gäbe! Ali Zidane in der deutschen Nationalmannschaft! Wenn er auf den Rasen läuft, sieht er gut aus. Er ist stolz. Er hat Eleganz in den Hüften. Und er bolzt den Ball in den Giebel.« Man lebt von Vorbildern, diese Jungs genauso wie ich damals von Muhammad Ali. Als ich erfuhr, dass er den Vietnam-Krieg verweigert hatte, dachte ich: ›Mensch, das ist ein Gott! Ich bete ihn an.‹ Wir reden heute von Vorbildern. Ist es nicht so, dass in den Vierteln sehr viel Tristesse ist und wenig Begeisterung? Wie wäre es, wenn wir einen Ali Zidane in der deutschen Nationalmannschaft hätte? Wäre das nicht geil?

NECO ÇELIK Vielleicht bei der nächsten WM.

FERIDUN ZAIMOGLU Sind welche unterwegs?

NECO ÇELIK Inzwischen sind sie aufgewacht. Die U18 hat jede Menge Türkischstämmige.

FERIDUN ZAIMOGLU Welche denn?

NECO ÇELIK Die Namen weiß ich jetzt nicht.

FERIDUN ZAIMOGLU Es sind aber welche unterwegs. Man kann sich auf sie freuen. Neco, ich danke dir herzlich, ich danke Ihnen, ich danke euch. *(Applaus)*

Benjamin von Stuckrad-Barre

Hingehen, wo es weh tut

FERIDUN ZAIMOGLU Wir wollen pünktlich anfangen. Zu Besuch ist Benjamin von Stuckrad-Barre. Ich muss ihn nicht vorstellen, er ist uns allen ein Begriff. Sei uns herzlich willkommen!

BENJAMIN VON STUCKRAD-BARRE Danke!

FERIDUN ZAIMOGLU Du hast dich bereit erklärt, hier teilzunehmen, obwohl du anschließend im ›Columbia Fritz‹ eine Lesung hast, und es freut mich wirklich sehr. Zu den anderthalb Stunden, die auf uns zukommen: Benjamin wird knapp eine Stunde lesen, anschließend werde ich ein, zwei Fragen stellen, und dann ist der Reigen eröffnet. Sie können sich in der Zwischenzeit, sofern es Fragen gibt — weil wir auch pünktlich aufhören müssen, er muss dann ja weiter —, Ihre Fragen schon im Geiste vorformulieren. Benjamin!

BENJAMIN VON STUCKRAD-BARRE Ja, ich lese ein paar Texte vor. Mit einer Stunde hauszuhalten, ist schwierig, aber ich kann auch zwischendurch abbrechen und umblättern. Und wenn es Fragen gibt, schön in die Hand schreiben, später melden oder auch zwischenrufen — ist egal. Der erste Text handelt von einem Besuch, den ich in einem Chemielabor in der Schweiz gemacht habe. Als eine Zeit lang immer die Rede von »Waffeninspektionen« war, hat es mich interessiert, was das eigentlich ist, eine Waffeninspektion. Wie geht das? Was machen die? Die suchen die Bomben! Ich habe versucht, dem auf die Spur zu kommen. Davon handelt dieser Text. *(von Stuckrad-Barre liest »Waffeninspektion« aus* Festwertspeicher der Kontrollgesellschaft: Remix 2 *von 2004 vor).* Wie ist denn eure Interessenlage? Wer seid ihr? Womit kann man hier punkten? *(Publikum lacht)* Und womit anecken?

FERIDUN ZAIMOGLU Mit Einsatz, Glaube, Enthusiasmus.

BENJAMIN VON STUCKRAD-BARRE Habe ich alles im Auto liegengelassen. *(Zaimoglu lacht, ebenso das Publikum).*

Ich habe einen Dokumentarfilm gemacht im letzten Jahr, über Gästebücher, weil mich das sehr interessiert hat. Du wirst *(zu Zaimoglu)* das auch kennen ... *(Eine Studentin verlässt den Raum.)* Anschlusstermin? Ist das bitter. *(Gelächter)* Einer pro Minute, dann sind zur Diskussion noch zehn da. Also, ich habe mich im Rahmen meiner Lesungsreisetätigkeit oft in Gästebücher eintragen dürfen — oder müssen —, in Buchhandlungen, während hinter einem eine Frau steht und sagt: »Bitte, schreiben sie doch was rein«, und dann blickt sie einem die ganze Zeit über die Schulter. ›Vielen Dank für das Neonlicht und das kaputte Mikrophon, ich komme gerne wieder.‹

Wie erlernt man etwas? Wie Tiere oder Kinder — man schaut: Wie machen es die anderen? Also habe ich zurückgeblättert und in den Gästebüchern gelesen: Was schreibt denn Zaimoglu? *(Gelächter)* Wie macht es Iris Radisch? Ich habe diese Funde gesammelt und abends vorgelesen — anstelle meiner eigenen Bücher, und habe damit große Erfolge erzielt. *(Zaimoglu und Publikum lachen.)* Ich fand das interessant. In Berlin gab es damals einen Cord Riechelmann, eine Art Zoologen, der aus dem Zoo berichtete. Er erzählte mir, ein Gästebuch sei ungefähr dasselbe, wie wenn Hunde ihr Revier markieren, ihr Beinchen heben, so schreibt der Mensch überall hin: ›Ich war hier!‹ — in verschiedensten Ausformungen. Und aus dieser Recherche lese ich zunächst einmal die Einleitung vor und dann einige Abschriften. *(von Stuckrad-Barre liest »Ich war hier. Eine Spurensicherung« und anschließend weitere Passagen, alle ebenfalls aus* Festwertspeicher). Und jetzt einige Beispiele. Zunächst das »Turmtreppenhaus im Kölner Dom«. *(liest die gleichnamige Passage vor)* Als nächstes fuhr ich, weil es gerade auf dem Weg lag, in die Tiefgarage des Musikkanals VIVA. Da findet auch so eine Art Debattenfeuilleton statt. *(liest »Tiefgarage des TV-Senders Viva« vor.)*

Dann ging es in das Institut für Sozialforschung, wo Jan Philipp Reemtsma die Gästebücher der Wehrmachtsausstellung aufbewahrt. Daraus habe ich folgende Notizen gemacht. *(Er liest »Gästebuch Wehrmachtsausstellung (Institut für So-*

zialforschung)« vor.) Dann ein Universitätskabinentürchen eines WC — ihr könnt mal raten, ob Herren oder Damen *(liest »Universität-WC-Kabinentüren (Herren)« vor.)* Dann fuhr ich in ein Traktorenmuseum bei Paderborn, das ich sehr empfehlen kann. *(liest »Gästebuch Traktorenmuseum« vor.)* Des weiteren gibt es eine Internetsuchmaschine durch Tageszeitungen, die heißt *Paperball*, da kann man sehen, was in den letzten zwei Minuten so die Suchbegriffe waren. Es war also jemand da und hinterließ sich in der Form seines Suchbegriffs. Daraus entsteht eine Art Gedicht. *(Er liest »www.paperball.de« vor.)* Dann ging es zur Steinwache, das ist ein ehemaliges NS-Gefängnis. Dort befinden sich auf den Wänden der Zellen noch die Eintragungen aus der Zeit des Zweiten Weltkriegs von Inhaftierten. *(Er liest »Zellenwände Steinwache Dortmund«.)* Und am Ende noch ein klassischer Ort, eine Bushaltestelle. *(Er liest »Schulbushaltestelle« vor.)* Es gibt bei der Deutschen Grammophon eine Serie, in der Menschen, die für irgendetwas bekannt sind, gebeten werden, sich ihren Lieblingskomponisten auszusuchen, um dann eine Doppel-CD zusammenzustellen und einen Text dazu zu schreiben, wie sie an Klassik geraten sind, und so weiter. Bei mir ist es Johannes Brahms, und den Text dazu, zur Genesung an klassischer Musik, zum Aufwachsen damit, den lese ich auch noch vor. *(Er liest die Liner Notes zur CD* Benjamin v. Stuckrad-Barre trifft: Johannes Brahms *von 2002 vor.)* Und ganz zum Schluss *(er sieht auf die Uhr von Zaimoglu)* … zehn Minuten noch, sagt die teure Uhr des Türken … *(Alle lachen.)*

FERIDUN ZAIMOGLU Die ist nicht so teuer.

BENJAMIN VON STUCKRAD-BARRE Sieht teuer aus … Ich habe gar keine.

FERIDUN ZAIMOGLU Okay, nicht ganz billig …

BENJAMIN VON STUCKRAD-BARRE Ihr habt hier natürlich zwei extreme Stümper vor euch sitzen, die beide ihr Studium abgebrochen haben. Du *(zu Zaimoglu)* sogar mehrfach, oder?

FERIDUN ZAIMOGLU Zweimal.

BENJAMIN VON STUCKRAD-BARRE Ich nur einmal und nach einer Woche schon. Deshalb: Zum Schluss noch einen kleinen Mutmacher, der heißt »Studienabbrecher«. — Toll, dass ihr es durchzieht! *(Alle lachen. Von Stuckrad-Barre liest »Studienabbrecher« vor.)* Danke schön. Das war's. *(Lang anhaltender Beifall. Von Stuckrad-Barre und Zaimoglu entzünden Zigaretten.)*

FERIDUN ZAIMOGLU Großartig! Man kann am Ende alles überleben! Zum Hergang der Ereignisse: Vor ein paar Wochen sagte man mir: »Mein Gott, du lädst ihn ein, er muss dich hassen!« Ich habe, wie du weißt, vor ein paar Jahren in der *Zeit* eine harte Attacke gegen dich geritten *(»Knabenwindelprosa« in* Die Zeit *vom 18. November 1999).* Viele Leute haben mir auf die Schulter geklopft, aber ich habe die Hände auf der Schulter gesehen und festgestellt, dass die meisten falsche Freunde waren. Dann schlug ich die Kulturseiten auf und sah im Feuilleton, dass die Kulturbürokraten und Feuilletonisten dir Extremismus vorwarfen. Ja, so ist es. Aber es ist doch geil! Der Mann ist ein idealer Entertainer. Er füllt die Säle, er lässt die Puppen tanzen. Schnitt. 11. September. Danach hat *Der Spiegel,* der in meinen Augen nicht unbedingt durch Treffsicherheit in Sachen Kultur auffällt, das »Ende der Spaßgesellschaft« ausgerufen.

BENJAMIN VON STUCKRAD-BARRE Schon wieder?

FERIDUN ZAIMOGLU Ja, aber damals …

BENJAMIN VON STUCKRAD-BARRE Jede Woche nahezu.

FERIDUN ZAIMOGLU Ja, genau, immer wieder. Und dann traten die Langeweiler auf. Es traten die »innerlichsten Prosaisten« auf. Und es sollte die große Ernsthaftigkeit ausbrechen. Daraufhin habe ich folgendes gemacht. Ich schrieb für die *Max* eine Laudatio, in einer Kolumne mit der Überschrift: »Ich will Benjamin von Stuckrad-Barre wiederhaben«. Denn ich langweilte mich zu Tode. Jetzt bist du da. Wie geht's jetzt weiter?

BENJAMIN VON STUCKRAD-BARRE Das weiß man nie. Aber vom »Ende der Spaßgesellschaft« habe ich mich nicht betroffen gefühlt. Es waren Mechanismen, die da abliefen.

Es war sehr schwierig, sich davon zu verabschieden, dass man immer reagiert, auf die Reaktionen! Dadurch baut man Feindschaften auf, und darauf baut dann das Feuilleton auf. Davon habe ich mich verabschiedet, weil ich das irre langweilig finde.

FERIDUN ZAIMOGLU Ganz genau!

BENJAMIN VON STUCKRAD-BARRE Aber ich denke auch nicht: ›Toll! Da habe ich wohl alles richtig gemacht!‹, wenn Iris Radisch auf mich eindrischt. Diese Eitelkeit habe ich nicht. Ich finde diese Art von Kulturverwaltung falsch. Ich müsste dich danach gehend doof finden — dazu wird man instrumentarisiert. Das ist Unsinn! Damals hatten wir das Buch *Tristesse Royale* gemacht *(Es erschien als Gemeinschaftswerk von Benjamin von Stuckrad-Barre, Joachim Bessing, Christian Kracht, Eckhart Nickel, Alexander von Schönburg 1998).* Da bist du eingestiegen — mit der Kritik in der *Zeit*. Ich kann diese Reaktionen durchaus verstehen, denn sie waren ja gemeint. Dass wir gleichgesetzt wurden mit einem »Neojunkertum«, lag an den Rollen, die eingenommen worden waren. Vor allem aber ist es doch Literatur, um die es geht! Und ich finde es zum Teil sehr naiv, wie rezipiert worden ist. Das ergibt einen brutal langweiligen Begriff von Literatur.

FERIDUN ZAIMOGLU Weißt du, wo es spannend wurde? Tutzing! Du erinnerst dich: Maxim Biller lud die Leute ein, und alle waren da.

BENJAMIN VON STUCKRAD-BARRE Um sie fertig zu machen!

FERIDUN ZAIMOGLU Ganz genau.

BENJAMIN VON STUCKRAD-BARRE Bin ich nicht hingegangen.

FERIDUN ZAIMOGLU Moritz von Uslar, Christian Kracht, Ingo Niermann und ich haben uns köstlich unterhalten. Und ich weiß es nicht, aber ich glaube, Christian hat mich verarscht, und ich hab's nicht gemerkt. Er kam zu mir und sagte, ihr hättet euch so einen bulligen Türkenvorsteher vorgestellt, der euch aufs Maul hauen will. Und dann sagte er, dass du deswegen nicht gekommen seist.

BENJAMIN VON STUCKRAD-BARRE Allerdings.

FERIDUN ZAIMOGLU Hör doch auf, das stimmt doch nicht!

BENJAMIN VON STUCKRAD-BARRE Nein, das stimmt auch nicht. *(Sie lachen.)* Ich war zu der Zeit in Thailand. Ich schrieb an einem Buch. Und ich fand es im Nachhinein auch richtig, nicht gekommen zu sein, als ich hörte, dass Maxim Biller Rainald Goetz öffentlich hingerichtet hat.

FERIDUN ZAIMOGLU Hat er.

BENJAMIN VON STUCKRAD-BARRE Goetz, der sich vor Leuten nicht wehren kann. Das war alles nicht okay, zumal die beiden befreundet sind und Biller sich daraus einen Spaß gemacht hat, was ich nur in Maßen lustig finden kann. Ich meine, da muss man nicht auch noch dabei sein. Kracht hat eine andere Herangehensweise, die ich dann auch in Ordnung und toll finde. Der macht das alles spielerisch. Dafür ist mir das aber zu ernst. Er kann besser trennen. Ihm ist seine Kunst trotzdem ernst. Er kann diese Kommunikation völlig auslagern. Er nutzt eine Vorwärtsverteidigung, wenn er ausruft: »Toll! Ich bin vor Feridun Zaimoglu auf die Knie gegangen, er ist der Größte!«

FERIDUN ZAIMOGLU Das hat er genau *nicht* gemacht.

BENJAMIN VON STUCKRAD-BARRE Natürlich nicht. *(Sie lachen.)* Das ist ja auch wurscht. Es geht um Welten und um Texte. Diejenigen, die sich so medienkritisch aufführen, gehen den Medien vollkommen auf den Leim. Als ganz normaler Zeitungsleser hätte ich es lieber, dass ich auch einmal erfahre: Wie schreibt der jetzt nochmal? Wovon handelt das Buch? Aber immer gleich dieser Riesen-Überbau! »Welche Zeitung ist zuerst da?« — »Was schreibt die SZ?« — »Gegen wen müssen wir böse schreiben?« — »Der ist ja bei uns, der war mal bei uns ...« Diese ganze Berliner-Sippenhaft-Scheiße, darauf hatte ich keinen Bock mehr.

FERIDUN ZAIMOGLU Es waren alles in allem nur drei Tage. Es waren erhitzte Gespräche. Das mit Christian Kracht ist mir vor allem in Erinnerung geblieben. Es ging wirklich hin und her. Ich war ein bisschen einfältig, ich dachte nämlich: Oh Gott, jetzt bauen sie sich zu fünft auf, die wollen *dir* aufs Maul hauen!

BENJAMIN VON STUCKRAD-BARRE *(prustet los)* Der Witz ist ja, dass diese Gruppe, das »Popkulturelle Quintett«, als solche gar nicht existiert hat. Ich habe drei von denen bei diesem *Tristesse Royale*-Treffen zum ersten Mal gesehen — und auch zum letzten Mal. Wir haben dafür nur 1000,– DM bekommen, was für ein Buch wirklich nicht viel ist.

FERIDUN ZAIMOGLU Oh!

BENJAMIN VON STUCKRAD-BARRE Dass man nebenbei ein Wochenende verbringt, als Session; dass das hinterher als Kernwerk gesehen wird; dass man darauf zurechtgestutzt wird — das ist natürlich albern. Aber ich verstehe, warum das so funktioniert.

FERIDUN ZAIMOGLU ›Joachim Bessing trug einen rosa Pullover, der ihm gut stand.‹ Bald ging es nur noch darum, dass dieser rosa Pullover so typisch sei, wofür er stehe. Maxim Biller hat vorher Hausaufgaben und Referate aufgegeben. Er hat aber keine Zeile geschrieben. Und dann ging es durcheinander … Ist egal. Schluss mit Tutzing! Dein Film beziehungsweise der Film, der über dich vom WDR gemacht wurde …

BENJAMIN VON STUCKRAD-BARRE Darf ich noch kurz etwas dazu sagen?

FERIDUN ZAIMOGLU Klar.

BENJAMIN VON STUCKRAD-BARRE Ich finde, dass das Ganze mit diesem sogenannten »rosa Pullover« eine Schleife ist, in die man hineingeraten ist, aus der es aber schwer ist wieder auszubrechen. Ich erinnere mich, als wir Lesungen machten, hat mir das nicht gefallen, ich merkte, dass ich da wieder raus wollte. Denn die können alle nicht besonders gut vorlesen, und wollten auch extra keine lustigen Stellen aussuchen, damit es schön langweilig wurde. Und als wir in Berlin vor der ersten Lesung aus *Tristesse Royale* zusammensaßen und uns den ganzen Nachmittag überlegten, ob es ironisch sei oder uns gut tun würde, wenn wir bei der Lesung Anzüge trügen, *nachdem* wir als »Anzugträger« bezeichnet worden waren ... das war mir eindeutig zu doof. Ich habe dann ab der zweiten Lesung nicht mehr mitgemacht, und ich glaube, Ingo Niermann ist dann als ›ich‹ aufgetreten.

FERIDUN ZAIMOGLU Ich habe hier einen rosa Pullover getragen, bei einer Veranstaltung. Ich habe mir einen rosa Pullover gekauft.

BENJAMIN VON STUCKRAD-BARRE Der wird jetzt so etwas wie die Kohl-Strickjacke im Haus der Geschichte.

FERIDUN ZAIMOGLU Genau. Dann heißt es: Feridun Zaimoglu ist ...

BENJAMIN VON STUCKRAD-BARRE ... umgekippt.

FERIDUN ZAIMOGLU Wegen eines rosa Pullovers!

BENJAMIN VON STUCKRAD-BARRE Es gibt von Udo Lattek diesen legendären blauen Pullover, mit dem er früher immer gewonnen hat. Den durfte er nie waschen.

FERIDUN ZAIMOGLU Das stimmt. Nur noch eine Frage, dann gebe ich weiter ...

BENJAMIN VON STUCKRAD-BARRE Ja.

FERIDUN ZAIMOGLU Der Film. Der WDR-Film.

BENJAMIN VON STUCKRAD-BARRE Von Herlinde Koelbl (Menschen hautnah: Rausch und Ruhm — Popliterat Benjamin von Stuckrad-Barre *von 2004).*

FERIDUN ZAIMOGLU Ich saß da, habe mir den Film angeschaut. Ich war natürlich wieder genervt, weil ich die Zeitung aufgeschlagen hatte, und da las ich Vorwürfe. Die Falschen reden oder schreiben darüber, wie du jetzt als Medienfigur ankommst. Das fand ich — es gibt nur ein Wort dafür: dreckig. Sie haben dir zum Vorwurf gemacht, diese schlimme Zeit, in der du stecktest, in der Herlinde Koelbl dich beobachtete, in der du mit ihr sprachst, ihr Räume aufmachtest und verschlossen hieltest, genutzt zu haben. Aber dazu gehört Mumm! Von wegen »Stuckrad-Barre, ist ja typisch!« Das fand ich dreckig. Fandest du das auch? *(beide lachen)* Ich will mir nur Bestätigung holen.

BENJAMIN VON STUCKRAD-BARRE Es war mir vollkommen klar, dass das kommen würde. Ich empfinde es nach diesen Jahren der Gewöhnung dann aber auch als eine Freiheit, es trotzdem zu machen. Nicht mehr vorher zu überlegen: Wie wird es ankommen? Was mache ich besser nicht? Mich hat das interessiert. Herlinde Koelbl hat einen Dokumentarfilm über einen Drogenentzug, den ich gemacht habe, gedreht. Und da ich in dieser Zeit das selber nicht mehr aufschreiben konnte und nicht mehr erkennen konnte, habe ich mich lange mit ihr unterhalten und gemerkt, dass ich ihr Dinge erzähle, die ich mir selbst nicht erzähle; und das fand ich spannend. Ich empfinde es auch als Aufgabe und als Lebenshilfe, Dinge zu einer Art von Kunst werden zu lassen, sie zu verarbeiten und auch für andere verfügbar zu machen. Das jemandem vorzuwerfen, finde ich arm. Denn daraus besteht Kunst eigentlich immer.

Wenn jemand schreibt, wie lustig alles ist in seinem erfolgreichen Leben, das möchte ich nicht lesen. Jörg Fauser oder Rolf Dieter Brinkmann, ohne mich da einreihen zu wollen, sind mit anderen Mitteln vorgegangen. Der Motor und die Grundüberlegung müssen sein: Wie kann ich daraus Text werden lassen? Wie kann ich es hinstellen und abschließen und somit auch für mich erklärbar machen und eine Distanz dazu schaffen? Die Reaktionen sind nicht sehr nahe an mich herangekommen, weil ich sie berechenbar fand und mich immer fragte: Finden diese Leute es wirklich spannend, das zum hundertsten Mal aufzuschreiben? — Offenbar.

FERIDUN ZAIMOGLU Ich hatte den Eindruck, die Spießigkeit sei angebrochen. Für mich aber war das großartig. Wenn ich von einer Linie in meinem Leben sprechen kann — wenn überhaupt eine Linie in meinem Leben ist —, dann ist es die Technik des Selbstverbrauchs. Wie schön ist es, dass man sich verbraucht, wie schön ist es, dass man in Rollen hineinschlüpft und wieder heraus. — Gibt es Fragen? Da steht er, da sitzt er, er sitzt genau *(deutet auf von Stuckard-Barre)* da.

BENJAMIN VON STUCKRAD-BARRE Noch stehe ich.

PUBLIKUM Ich habe den Film gesehen und war gespannt darauf, was du so erzählst und schreibst. Aber drei Tage später habe ich MTV eingeschaltet, da kam eine Werbung: »MTV präsentiert Benjamin von Stuckrad-Barre, sein Schreiben soll von der Hölle handeln.« Von der Hölle, von der das Schreiben handeln soll, habe ich in den gelesenen Texten nichts gehört.

BENJAMIN VON STUCKRAD-BARRE Das ist nicht mein Text, sondern der von MTV. Ich hatte für die früher einmal gearbeitet. Leser gucken das und kommen dann zu einer Lesung. Das halte ich für einen normalen Vorgang, nicht weiter schlimm. Kann man anfechten, natürlich, aber man kann auch in Literaturhäusern lesen. *(Zaimoglu lacht)* Und dagegen hatte ich mich von Anfang an entschieden. Ich lese eher in Konzerträumen, weil ich dort lieber bin, ganz einfach. Weil mich diese ganz normalen Lesungen, bei denen jemand vorne sitzt und Beklemmungen hat mit sich selbst, vom Buch entfernen. In der Tat finde ich, dass man — im Fußball heißt es: ›hingehen muss, wo es weh tut‹ — mit sich selbst, mit den eigenen Erfahrungen ins Gericht gehen muss. Das ist der Grund dafür, dass ich schreibe. Ich muss jetzt aber keine Höllenberichterstattung abliefern, für dich. Wenn du deine eigenen Dämonen nicht hast, Glückwunsch! Was soll überhaupt eine ›Hölle‹ sein?

PUBLIKUM Ich weiß es nicht.

BENJAMIN VON STUCKRAD-BARRE Na siehst du!

PUBLIKUM Von mir kommt der Satz ja nicht.

BENJAMIN VON STUCKRAD-BARRE Von mir auch nicht. *(Sie lachen.)*

PUBLIKUM Aber sie haben ihn bei MTV verwendet.

BENJAMIN VON STUCKRAD-BARRE Ja, und?

PUBLIKUM Mich hat die Aufmachung gestört.

BENJAMIN VON STUCKRAD-BARRE Ja, aber eben nur die Aufmachung. Das ist wirklich etwas anderes. Ich sitze da nicht und bespreche mich in einem Konfi mit MTV bei Milchkaffee: »Wie fahren wir das jetzt?« Das geht mir echt am Arsch vorbei. Die sagen, wir machen Spots, die kommen dann aufs Plakat, und fertig. Das ist ein Prozent meines Tages, zu mehr bin ich auch nicht bereit. Präsentieren — das ist mir scheißegal. Ich mache meine Lesungen und hoffe, dass viele Menschen kommen.

FERIDUN ZAIMOGLU In diesem Film war davon die Rede, dass du, dass Benjamin, das, was er erlebt hat, das, was er durchlebt hat, das, was er überstanden hat — dass er es schade finden würde, das nicht aufzuschreiben, um es einmal vornehm auszudrücken. Was nützt das Leben? Wenn man es überstanden hat. Ich fand das sehr gut. Jeder hat seine Hölle, und jeder durchlebt diese Hölle. Und ich glaube, ein Entzug, ein doppelter Entzug — das muss man erst einmal überleben. Das ist ein Material. Und ich habe das so verstanden, berichtige mich: ›Mein Job ist Schreiber. Ich schreibe das auf. Ich habe das erlebt. Und ich bin auch stolz darauf, im guten Sinne des Wortes. Ich bin fast dabei draufgegangen. Ich habe gefühlt, dass es mir an die Nieren geht. Ist es nicht gut, dass daraus ein Buch wird? Ich habe große Lust darauf.‹

BENJAMIN VON STUCKRAD-BARRE Ich finde es wichtig, wirkliche Erfahrungen zu machen, statt abgeklärt irgendwo zu sitzen und Feuilletonmist zu schreiben und abgehangen irgendwelche Trends auszuloten. Ich finde es auch gut, sich selber zu überfordern. Dieser Film war für mich in der Tat eine Überforderung. Von da an kann es dann interessant werden, und es kann auch schief gehen. Das habe ich für mich als Prinzip meiner Arbeit inzwischen herausgebildet. Zum Beispiel in diese Waffenfabrik zu gehen, und auch noch eine Meinung zu haben. Sich einfach nur auf eine Anti-Bush-Demonstration zu stellen, das ist mir zu wenig. Das ist ein Grundmotto beim Finden von Worten: ausprobieren, hingehen, beobachten und etwas mitbringen.

FERIDUN ZAIMOGLU Ja.

PUBLIKUM Wen liest du selbst zur Zeit gerne? Welche Bücher sind dir wichtig?

BENJAMIN VON STUCKRAD-BARRE Jetzt lese ich gerade ein Buch von Irmgard Keun, *Gilgi*, das ist sehr, sehr lustig.

FERIDUN ZAIMOGLU Was ist das?

BENJAMIN VON STUCKRAD-BARRE Du kennst Irmgard Keun nicht? *Das kunstseidene Mädchen!*

FERIDUN ZAIMOGLU Scheiße, nein.

BENJAMIN VON STUCKRAD-BARRE Pflichtlektüre. Alle bitte lesen! Dann habe ich mich wieder sehr viel mit Jörg Fauser beschäftigt, der seit Jahren mein Lieblingsschriftsteller ist. Der Alexander-Verlag hier in Berlin bringt das gesamte Werk noch einmal heraus. Ich habe nochmal den *Rohstoff* gelesen, um dafür ein Nachwort zu schreiben. Ich werde mit Wiglaf Droste und Franz Dobler zusammen auf Tournee gehen und daraus vorlesen. Walter Kempowski ist ein großer Held von mir, den neuen Roman fand ich umwerfend. Und Fritz J. Raddatz' *Erinnerungen, Unruhestifter,* Riesen-Ding, davon bin ich ebenfalls begeistert.

FERIDUN ZAIMOGLU Geiles Stück.

BENJAMIN VON STUCKRAD-BARRE Das ist *arsch*geil.

PUBLIKUM Ich steige kurz bei Fauser ein. Im *Spiegel* — hast du das gelesen? *(von Stuckrad-Barre murmelt bejahend. Es wird aus der Rezension »Cooler Rebell« zu Matthias Penzels und Ambros Waibels Fauser-Biographie* Rebell im Cola-Hinterland *aus* Der Spiegel *vom 21. Juni 2004 vorgelesen.)* »Er war ein merkwürdiger Typ, als er in den frühen achtziger Jahren im Berliner ›Tip‹ auftauchte. Er griff tief in die Orgel, und das konnte er wie kein Zweiter. Was er wohl zu den jungen Popliteraten von heute sagen würde, die ihre Drogenentzüge als Kriegserfahrung zu versilbern verstehen und die Medien und Hitparaden so ungleich geschmeidiger nutzen, als er selbst es je konnte?«

BENJAMIN VON STUCKRAD-BARRE Liest du noch weiter?

PUBLIKUM »Er würde, nicht ohne Respekt, wohl nur stumm den Kopf schütteln.«

BENJAMIN VON STUCKRAD-BARRE Alles klar.

PUBLIKUM Ich habe diesen Film nicht gesehen.

BENJAMIN VON STUCKRAD-BARRE Als »Kriegserfahrung«? Ich sehe mich auch nicht als »Popliteraten«. Das ist alles Außenbeschreibung. Ich mag das nicht kommentieren.

PUBLIKUM Nein, das wollte ich auch nicht. Das war nur mein Einstieg. Mit dem Begriff ›Popliteratur‹ kann ich sowieso nichts anfangen …

BENJAMIN VON STUCKRAD-BARRE *Ich* eben auch nicht.

PUBLIKUM Wer hier gemeint ist, ist klar. *(Publikum lacht.)* Meine Frage ist: Du hast erklärt, warum du diesen Film gemacht hast, was du damit wolltest, du siehst es als Kunst. In den letzten Wochen konnte man keine Zeitung aufschlagen, keine Zeitschrift, ohne irgend etwas über diesen Film zu lesen oder über ein neues Buch von dir. Auch Interviews gab es in mehreren Zeitschriften. Wo liegt für dich die Grenze? Du gibst in alle Richtungen Interviews, in denen du sagst, wie sehr du es zum Beispiel magst, zu putzen oder Putzmittel einzukaufen. *(Gelächter)* Natürlich ist das hilfreich, um dein Buch zu verkaufen. Doch wo liegt die Grenze? Oder ist das auch eine Form von Kunst?

BENJAMIN VON STUCKRAD-BARRE Das war jemand, der ein Interview für die Berliner Zeitschrift *IQstyle* machte, die ich ganz okay finde, zweitausgewertet für die Zeitschrift *Home*, die ich bis dato noch nicht gelesen hatte.

PUBLIKUM Du hast dieses Interview nicht bewusst gegeben?

BENJAMIN VON STUCKRAD-BARRE Nö. Hätte ich aber auch nicht abgelehnt, finde ich kein kriminelles Medium.

PUBLIKUM Nein, ist harmlos.

BENJAMIN VON STUCKRAD-BARRE Aber wenn man — Feridun wird das bestätigen — sein Buch veröffentlicht, tut man das eine oder andere, damit es sich verkauft. Davon leben wir. Ich mache das aber auch, weil ich merke, dass, je öfter man über dieses sehr persönliche Thema spricht, desto scheinbar klarer die eigene Meinung dazu wird. Bis man die Sätze ausgetestet hat. Jetzt gebe ich keine Interviews mehr, gar keine mehr, gerade weil ich drei oder vier gegeben habe, was ich nicht übertrieben finde. Denn das hatte ich auch schon, diese Übertreibung, das hat mich eine Weile interessiert, mit jeder Schülerzeitschrift zu sprechen, um zu sehen: Wie funktionieren die? Immer aus diesem Doppelansatz, einerseits Gegenstand zu sein; und andererseits journalistisch zu erfahren: Wie sind die Menschen, wie funktioniert das? Ich habe aber auch schon erlebt, dass das ein Trugschluss werden kann. So wollte ich irgendwann einmal für die *FAZ* über irgendeinen Filmpreis in Berlin etwas schreiben, habe, am roten Teppich stehend, Götz Alsmann und andere verfolgt, denn ich wollte einen Text darüber schreiben, wie er den Tag erlebt, »Being Götz Alsmann«. Hinter ihm herlaufen, den ganzen Tag! Da fragt mich so eine Arschgeige: »Was haben Sie denn da für einen Anzug an?« Und ich merkte, dass ich diese Unsichtbarkeit, die ein Reporter haben muss, im Moment nicht mehr besitze. Und dann gehe ich lieber auf Distanz, in bestimmten Phasen. In einer Veröffentlichungsphase mache ich bestimmte Sachen, aber dann ist auch wieder Schicht.

PUBLIKUM Feridun sprach vorhin von den vielen Rollen, die ein Schriftsteller annimmt. Du hast das ja sicherlich auch erlebt. Hast du denn irgendwann gemerkt: ›Das bin ich!‹ Gibt es ein Schlüsselerlebnis?

BENJAMIN VON STUCKRAD-BARRE Ich habe gemerkt, dass ich keine Lust habe, mir etwas auszudenken und eine Kurzgeschichte zu schreiben über ein Ehepaar in Kiel oder so. *(Zaimoglu lacht, alle lachen.)* Es muss eine eigene Erfahrung sein oder etwas, das man beobachtet hat. Selbst recherchiert, miterlebt, erfahren, das finde ich wichtig. Andere können sich toll etwas ausdenken, ich lese das auch gerne, aber ich selbst habe das für mich als Prinzip verworfen, vorerst, keine Ahnung, wie es in einem Jahr ist. Ich habe viel mit Walter Kempowski zu tun gehabt in den letzten Jahren, und ich habe es von ihm als äußerst lehrreich erfahren, Archive anzulegen und zu belauschen, abzuschreiben und zu sammeln — das empfinde ich als höchst spannend.

PUBLIKUM Archive anzulegen und manisch abzuschreiben, damit verbindet man auch Fauser. Aber der andere Name, Brinkmann, den verbindet man mit Wut auf die Welt. Willst du deinem Leser etwas Ähnliches mitteilen?

BENJAMIN VON STUCKRAD-BARRE Nein, das, glaube ich, hätte auch Brinkmann von sich gewiesen. Man will sich selbst helfen, das ist das Allererste. Das andere ist evangelischer Kirchenfunk. Sobald es Appell wird, ist es Heinrich Böll. Macht man es für sich und aus der eigenen Wahrheit heraus, kann es eine allgemeingültige Wahrheit werden und für andere lesbar, auch als Teil der eigene Geschichte. Ich empfinde Wut, Trauer und Protest als einen Urmotor zum Schreiben. Absolut. Aber die bewusste Intention finde ich verblasen.

PUBLIKUM Du giltst als jemand, der Außerwahrnehmung braucht, auch Kritik von außen. Jetzt hast du in Interviews gesagt, dass dir diese Außenwahrnehmung zu viel wurde, dass sie dich innerlich fertig gemacht hat. Gehst du inzwischen nicht wieder den gleichen Weg? Oder inwiefern ist dein Weg jetzt ein anderer? Du hast ja erneut reichlich Außenwahrnehmung. Gibt es kleine Alarmlämpchen, die dir anzeigen, dass es wieder zu viel werden könnte?

BENJAMIN VON STUCKRAD-BARRE In der Tat ist das schwierig, weil ich das Prinzip nicht aufgeben möchte, mich zu überfordern. Wenn jemand diesen »Ich war hier«-Dokumentarfilm, aus dessen Recherchen ich euch etwas vorgelesen habe, noch »Popliteratur« findet, dem kann ich auch nicht weiterhelfen. Wegen des Mediums Fernsehen haben schon viel zu viele ihre Bescheidwisser-Klappe auf- und die Ohren zugemacht und glauben, ganz genau zu wissen, wie es läuft. Ich finde es für mich wichtig, in verschiedenen Medien, in verschiedenen Formen, in verschiedenen Textformen auszuprobieren und Ergebnisse zu produzieren. Das kann immer auch schief gehen. Ich habe sehr schmerzlich lernen müssen, Grenzen zu ziehen, auch um mich vor mir selbst zu bewahren. Dieses Gleichgewicht gilt es tatsächlich immer wieder neu auszutarieren. Ich habe ein paar äußere Maßnahmen getroffen, zum Beispiel dass ich in die Schweiz gezogen bin, weshalb für mich jetzt alles, wohinein ich mich begebe, räumlich und zeitlich sehr klar abgegrenzt ist. Dadurch mache ich es auch wieder gerne und mit Spaß. Man geht zu Beckmann, was als ›Verrat‹ gilt.

Ich finde es auch oft unerträglich, was da läuft. Ich kenne diesen Reflex genau, wenn ich da jemanden sehe. Gerade bei Leuten, die irgendwas auch mit Schreiben zu tun haben. Wenn sie halbwegs ehrlich sind, geben sie zu, dass es eine Mischung ist aus Neid und Umverteilungsängsten — und auch gerechtfertigtem Hass. Aber ich schalte mich aus der Diskussion darüber aus, wenn das als ausschließliches Kriterium angelegt wird — und es überhaupt nicht mehr um die Texte geht, die man schreibt. Denn darum geht es ursprünglich! Wenn man sich anschaut, welchen Raum über die Jahre ein Interview mit einer Zeitschrift einnimmt und dagegen das Schreiben, dann ist das ein Missverhältnis, das in der Meinung anderer entsteht, aber darum kann ich mich nicht kümmern. Ich bin durch die Erziehung in der Schule, durch den Deutschunterricht, überhaupt nicht zum Lesen gebracht worden. Eigentlich bin ich durch Lesungen von Wiglaf Droste oder Max Goldt oder Franz Dobler, die in irgendwelchen Kaschemmen stattfanden und lustig waren, zum Buch gekommen. Ich finde diese reinen Machtfrauen vom Feuilleton, die sagen, man darf nicht beim Grand Prix etwas über WestBam sagen oder sich als Schriftsteller nicht da und dort aufhalten, unerträglich. Ich möchte in eurer Welt nicht leben, kann ich dann nur sagen. Wo hat sich denn ein Schriftsteller aufzuhalten? Hat er 24 Stunden Gewehr bei Fuß zu warten, dass ihr ihn nach irgendetwas fragt? Darf er nicht machen, was er will? Sich umsehen? Erfahrungen und Wörter sammeln, wo er gerne möchte? Ich glaube, schon.

FERIDUN ZAIMOGLU Benjamin, sieh auf die Uhr …

BENJAMIN VON STUCKRAD-BARRE Ja?

FERIDUN ZAIMOGLU Herzlichen Dank, dass du da warst.

BENJAMIN VON STUCKRAD-BARRE Vielen Dank.

FERIDUN ZAIMOGLU Es war großartig. Vielen Dank! *(Applaus)*

Moritz von Uslar

Ich würde gerne oberflächlich sein können …

FERIDUN ZAIMOGLU Ich grüße euch. Ich grüße vor allem den Helden des Tages, Moritz von Uslar. Etwas Unfassbares ist ihm passiert, und dass er hier sitzt, grenzt an ein Wunder — beziehungsweise ist Körperbeherrschung. Wenn ich das referieren darf …? *(von Uslar nickt und hält einen großen braunen Umschlag mit der Aufschrift »Filmkopien« hoch, Zaimoglu deutet darauf.)* Das sind die Röntgenbilder! Gegen 17 Uhr ist er in der Friedrichstraße, guckt in ein Notizheft *(von Uslar hält ein Moleskine-Notizbuch hoch),* und es passiert Folgendes: Er wird von einer Radfahrerin samt Fahrrad gerammt! *(Gelächter, Zaimoglu grinst)*

MORITZ VON USLAR *(gespielt empört)* Er findet das lustig. Ich find's nicht lustig.

FERIDUN ZAIMOGLU Zwei Meter bist du geflogen!

MORITZ VON USLAR Wir müssen das jetzt nicht so ausbreiten. Es tut mir leid, dass ich zu spät bin. Ich hatte von Feridun gehört, dass es um Viertel nach sechs los geht, war, glaube ich, immerhin um fünf vor Halb da, oder zwanzig nach. *(Er blickt sich suchend im Raum um.)* Wieviel Uhr ist es jetzt?

FERIDUN ZAIMOGLU Es ist halb sieben, also warst du …

MORITZ VON USLAR Ich bitte um Entschuldigung für die Verspätung. Der Grund ist, dass ich auf der Friedrichstraße in dieses Buch hier *(hält noch einmal das Notizbuch in die Höhe)* reingeguckt habe. Dieses Buch hier haben alle, jeder Depp hat dieses Buch.

FERIDUN ZAIMOGLU Was soll denn das heißen?

MORITZ VON USLAR *(beschwichtigend) Wir* haben es …, das sind diese besonderen Notizbücher. Na ja, und dann habe ich einen Ruf gehört, ein Frauenschreien, und schon hatte ich das Fahrrad am Knie hängen. Die war ganz schön schnell, also hat's mich hingeworfen. Die Frau mit dem Fahrrad sah aber auch so ... *(sucht nach einem passenden Wort)* arm aus, wie sie da am Boden saß, geheult hat und Nasenbluten hatte, dass sich alle sofort um sie gekümmert haben. Ich bin weggehumpelt *(Gelächter)*, dann noch kurz in die Charité gegangen und habe das untersuchen lassen, weil es mir weh tat. Jetzt habe ich Schmerzmittel drin. Wenn ich mich irgendwie komisch benehme, wisst ihr warum ...

FERIDUN ZAIMOGLU Dann hast du mich angerufen ...

MORITZ VON USLAR ... und ich habe gesagt: Ich komme nicht. Ganz normal.

FERIDUN ZAIMOGLU Dann hast du mir aber erzählt, wieso nicht, deswegen habe ich nicht »Scheiße!« gebrüllt. Ich malte mir schon ein Alternativprogramm aus, das bestimmt nicht so spannend gewesen wäre, wie das, was wir jetzt machen. Ich wollte eine Geschichte lesen.

MORITZ VON USLAR Von dir eine?

FERIDUN ZAIMOGLU Ja.

MORITZ VON USLAR Hast du die da liegen?

FERIDUN ZAIMOGLU Ja, aber die vergessen wir, die ist in der Tasche. Dann hast du nochmal angerufen und gesagt: »Gut, wir machen Folgendes: ich rufe dich an, ich gehe oder humple erstmal zur Charité und lasse mir das Knie angucken.« — Auf gut Deutsch: Ich finde es großartig! Ich danke dir, dass du da bist. *(Applaus)*

MORITZ VON USLAR Vielen Dank für die Einladung. Aber die Geschichte hättest du mir nicht geglaubt, wenn ich nicht damit *(deutet auf den Umschlag)* gekommen wäre. Mal ehrlich, jetzt kannst du's sagen: Hast du's geglaubt?

FERIDUN ZAIMOGLU Ich schwöre es dir, ich schwör es dir! Ich bin auf den Balkon gegangen, habe mir eine Zigarette angezündet und habe es dir geglaubt. In dem nämlichen Moment. Wirklich, wirklich, wirklich! Ich habe sogar gesagt: ›Gott schütze dich und dein Knie.‹ Das habe ich gedacht. Mit Schmerzen zu leben, ist wirklich das Allerschlimmste! Und dann kommst du hierher, musst anderthalb Stunden bestreiten.

MORITZ VON USLAR Ich bin ja ein großer Schmerzmittelfan. Wie heißt der Kurs hier?

FERIDUN ZAIMOGLU Der Kurs heißt … *(Zaimoglu überlegt kurz, das Publikum lacht.)*

MORITZ VON USLAR Also, wie ist die Kurzform?

FERIDUN ZAIMOGLU »Literature to go«. Das Konzept: Ich lade einen Gast ein, einen Mann oder eine Frau, eine halbe Stunde, zwanzig, fünfundzwanzig Minuten wird gelesen.

MORITZ VON USLAR *(sehr interessiert)* Ja?

FERIDUN ZAIMOGLU Dann stelle ich als Aufwärmtraining ein paar Fragen …

MORITZ VON USLAR … und der Rest findet sich?

FERIDUN ZAIMOGLU Ja! — So, das Wort hat Moritz von Uslar. *(Von Uslar nimmt einen langen Schluck aus der vor ihm stehenden Wasserflasche.)*

MORITZ VON USLAR Das Buch, dessentwegen mich Feridun vielleicht eingeladen hat, heißt *100 Fragen an* und ist erschienen im Verlag Kiepenheuer & Witsch. Es versammelt Interviews. Interviews haben den Vorteil, dass sie in Zeitungen gern gelesen werden, und den Nachteil, dass sie in Seminaren wie hier vielleicht nicht funktionieren. Weil sie sich nicht gut vorlesen lassen — weil dabei Mehrstimmigkeit gefordert ist. Deswegen habe ich das nicht mitgebracht, sondern einen anderen Text. Der könnte an eine Viertelstunde heranreichen. Ich habe ihn noch nie öffentlich gelesen. Er ist in einem Kunstkatalog erschienen, vom Künstler Marc Brandenburg. Auf geht's! Der Text heißt »2H, HB, 5B«. *(Er nimmt noch einen Schluck aus der Flasche und beginnt, den 2003 im Ausstellungskatalog* Hirnsturm *der Galerie Crone veröffentlichten Text vorzulesen.)*

»Ophelia: Ihr Mund war noch mal anders als die anderen, nasser, glatter, irre geil glitschig insgesamt, und es wurden beim Knutschen die Hände hinter dem Rücken gefaltet und die Oberarme angespannt. JA! So stemmte man sich ineinander. Mund-zu-Mund-Knutschen sozusagen. Das volle Programm.« *(Er unterbricht)* Jetzt führe ich das kurz mal ein, weil ich gerade selber erschrecke über den ersten Absatz. Ich wurde vom *SZ-Magazin* aufgefordert, eine erotische Geschichte zu schreiben. Ich dachte: Erotik, das klingt gleich so widerlich, da muss ich also eine Sex-Geschichte schreiben. Ich habe die dann ein bisschen ... verändert, für diesen Prospekt, aber das ist *eigentlich* eine erotische Geschichte.

FERIDUN ZAIMOGLU *Darüber* reden wir später ...

MORITZ VON USLAR Ja. *(Von Uslar liest die Kurzgeschichte vor.)* Kleine Geschichte.

FERIDUN ZAIMOGLU *(räuspert sich)* Weißt du, das ist ein bisschen schade jetzt.

MORITZ VON USLAR Ach, du hattest was ganz anderes vorbereitet, wolltest was anderes hören?

FERIDUN ZAIMOGLU Nein. Überhaupt nicht. Großartig! Aber hast du auch diese Geschichte dabei — die habe ich zufällig in der *Frankfurter Allgemeinen Sonntagszeitung* ...

MORITZ VON USLAR *(zieht eine gefaltete Zeitungsseite aus der vor ihm liegenden Klarsichtfolie)* Ja!

FERIDUN ZAIMOGLU Magst du — das war so kurz — die auch vorlesen?

MORITZ VON USLAR Ja, kann ich machen.

FERIDUN ZAIMOGLU Dann haben wir sozusagen die volle Dröhnung.

MORITZ VON USLAR *(zum Publikum)* Könnt ihr noch zuhören, ja? Ich kann das immer so schwer einschätzen.

FERIDUN ZAIMOGLU Ja, das können sie.

MORITZ VON USLAR Au weia! Wieviel Uhr ist es?

FERIDUN ZAIMOGLU Wir haben eine Viertelstunde.

MORITZ VON USLAR Ich möchte wissen, wie lange die Geschichte dauert. Eine Viertel... *(Eine Studentin verlässt den Raum, von Uslar dreht sich zu ihr um.)* Tschüss!

FERIDUN ZAIMOGLU Du kannst die ganze Geschichte lesen.

MORITZ VON USLAR Sie heißt: »Ein freier Abend«, und ich habe sie an einem Tag in einem Hotel in Hamburg geschrieben. Das Thema war ein Nicht-Thema: »So viel Zeit muss sein«. Da geht natürlich alles, und mir ist nur diese Geschichte eingefallen.

FERIDUN ZAIMOGLU Und wurdest Sieger! Mit dieser Geschichte hast du einen Preis gekriegt!

MORITZ VON USLAR Ja, ich habe mit der Geschichte diesen Preis gekriegt, diesen lustigen. — Wie hält man *(er hält sie ausgebreitet vor sich)* so eine Zeitungsseite?

FERIDUN ZAIMOGLU Nach Spalten!

MORITZ VON USLAR Eine lächerliche Größe. *(Zaimoglu faltet für ihn die Zeitungsseite längs und glättet sie.)* Genau! *(Von Uslar liest »Ein freier Abend« aus der* Frankfurter Allgemeinen Sonntagszeitung *vom 6. Juni 2004, für die ihm der nach 1995 einmalig 2004 wieder vergebene Montblanc-Literaturpreis zuerkannt wurde.)* Over. *(Applaus)*

FERIDUN ZAIMOGLU Moritz, ich bin jetzt in einer unglücklichen Situation: Du bist der Profi, der Fragensteller. »100 Zeilen« ...

MORITZ VON USLAR »100 Fragen«!

FERIDUN ZAIMOGLU »100 Fragen«. Ja! Ich habe mich nach Lesungen immer darüber aufgeregt, und ich habe mich daran gewöhnt: Jede Frage, die im Anschluss an eine Lesung, an einen mit einiger Leidenschaft vorgetragenen Text gestellt wird, zerfrisst diesen. Aber ich stelle dir, damit das kompensiert wird, auch die dümmste Frage, die man stellen kann: Wieviel Anteil von dir ist in diesen Texten?

MORITZ VON USLAR *(blickt auf den Tisch vor sich und überlegt lange)* In beiden ganz viel, und doch reicht natürlich ein Abend in Wirklichkeit nicht für einen Abend im Text. Anders gesagt: Text ist immer dramatisierte Wirklichkeit, komprimierte Wirklichkeit.

FERIDUN ZAIMOGLU Hm. *(Er notiert sich etwas auf einem vor ihm liegenden Blatt Papier.)*

MORITZ VON USLAR Wirklichkeit reicht nicht. Ich bin in den dummen Details, was Namen und Orte angeht, immer genau und stupide eins zu eins, und in dem, was wirklich an die Substanz geht — oder an das, was die Betreffenden packt, greift, was ins Herz geht —, freier. Ich vermische und versuche, die Betreffenden — in diesem Fall meine Freundin — durch aktive Fehlleitungen zu entlasten. Sie kann das lesen und sagen: ›Ah, das ist wunderbar, das bin ich ja nicht mehr!‹

FERIDUN ZAIMOGLU Ich hatte immer Probleme mit meinen Freundinnen. Denn ich schrieb immer wieder für Frauenzeitschriften. Da kam die Frage: Liebesgeschichten? Dramatisierte Wirklichkeit? Ich habe da natürlich leidenschaftliche Liebesgeschichten hingedonnert. Und musste mich — das ist schon ein bisschen länger her — immer dafür rechtfertigen, dass das Ganze *erfunden* ist.

MORITZ VON USLAR Das ist aber Quatsch, Feridun!

FERIDUN ZAIMOGLU Ganz genau!

MORITZ VON USLAR Ich glaube, das ist Schwerstarbeit, die man zu leisten hat. Das klingt streberhaft. Letztlich kannst du dich nicht damit auseinandersetzen — ich verweigere es! Wenn jemand kommt und sagt: ›Das bin doch ich‹, sage ich immer: »Kein Kommentar!«

FERIDUN ZAIMOGLU Meine Eltern haben, als ich — weg von der Liebe! — das zweite Buch geschrieben hatte, ein Sudelbuch, Probleme gehabt, mit mir wieder Telefongespräche zu führen.

MORITZ VON USLAR *(zuckt mit den Achseln)* Normal.

FERIDUN ZAIMOGLU Weil sie gesagt haben: Das bist du!

MORITZ VON USLAR Man muss ja auch sagen, das ist eines der ekligsten und asozialsten Gefühle, die es gibt, plötzlich in einem Text vorzukommen. Ich hasse das wie die Pest. Und habe das auch erlebt, immer wieder. In einem Buch von Elke Naters zum Beispiel bin ich mir aufs Härteste ausgebeutet vorgekommen. Ich habe aber sofort gewusst, das ist anscheinend ihr Job, mich da ranzunehmen, am Hemd zu packen und durch ihre Geschichte hindurchzutreten. Man fühlt sich wie Dreck, aber gleichzeitig muss man sich verbeugen. Ich finde — jetzt unterbreche ich mich selber —, der direkt Betroffene hat alles Recht der Welt, die härtesten .. Ich rede jetzt einmal von der anderen Seite, nicht von der

Schreiberseite. Wenn mich jemand in die Geschichte reinpackt und sogar eine Vertrauensebene, eine Beziehung, die wir haben, verkauft, dann kann ich dem Typen eine ins Gesicht dreschen und die Beziehung beenden. Ich finde, ich bin als Betroffener im Recht. Ich finde, andersherum betrachtet, aber auch wieder, weil die Rechtsposition mich überhaupt nicht interessiert: der Schriftsteller muss das aushalten und aufstehen und weglatschen und die nächste Geschichte schreiben. Und zwar genau so nochmal. Weil ich nicht glaube, dass es anders geht.

FERIDUN ZAIMOGLU Genau *das* hat er gesagt.

MORITZ VON USLAR Wer?

FERIDUN ZAIMOGLU Mein erster Gast, Maxim Biller.

MORITZ VON USLAR Ach so. Jajaja. Super. (*Gelächter im Publikum.*) Der ist da natürlich Vollprofi.

FERIDUN ZAIMOGLU Ja und nein.

MORITZ VON USLAR Für dieses Gebiet.

FERIDUN ZAIMOGLU Er hat ein paar Erfahrungen. Und wir haben uns darüber unterhalten im ›103‹, er lädt mich entweder ins ›103‹ ein oder ins *(schnippst suchend mit den Fingern)* …

MORITZ VON USLAR Der hält das ›103‹ fürs ›Schumann's‹.

FERIDUN ZAIMOGLU … das ›Schumann's‹, das meine ich. Wenn ich in München war. Er sagte: »Das hat mich fertig gemacht, es ist furchtbar.« Die Frau und die Mutter, die sich entdeckt fühlten, im wahrsten Sinne des Wortes sich beschrieben fühlten, sich hundertprozentig wiedererkannt fühlten, haben einen Prozess angestrengt gegen *Esra* und …

MORITZ VON USLAR … und Recht bekommen bis in die letzte Instanz.

FERIDUN ZAIMOGLU Ganz genau. Das Buch ist, kann man sagen, verboten worden. Maxim hat gesagt: »Ich kann nicht schreiben, was ich nicht erlebt habe.« Und ein paar Monate später: »Ich werde genau so weitermachen.«

MORITZ VON USLAR Natürlich.

FERIDUN ZAIMOGLU Genau so!

MORITZ VON USLAR Mir schoss gerade durch den Kopf: ›Menschen sterben, Bücher vielleicht nicht.‹ Das klingt asozial, aber das schoss mir gerade durch den Kopf. Man muss eine gewisse Art von Brutalität aufbringen. Mir fällt das leicht, ich bin völlig gewissenlos. Ich würde alles sofort benutzen. Wenn ich das Gefühl habe, das funktioniert, das treibt etwas auf die Spitze, kenne ich niemanden. Ich bin allerdings auch bereit, weil ich da selber auch schon durchgegangen bin, mich darüber auseinander zu setzen. Das kann bedeuten, dass die Auseinandersetzung für mich dumm läuft, so wie ich es mir nicht wünsche. Ich muss vielleicht akzeptieren, dass ich Menschen, die mir sehr wichtig sind — Du musst gleich *(zu Zaimoglu)* auch mal erzählen, von Familie und so —, verletze. Sie kämen gar nicht vor, wenn sie mir nicht wichtig wären. Also bin ich bereit, sie zu verletzen. Als Täter muss ich mir vorher überlegen, ob ich auf ihre Gesellschaft verzichten kann. In letzter Konsequenz. Das ist eigentlich sehr traurig.

Ich bin kein Superprofischriftsteller. Sondern ich habe bloß ein paar Texte geschrieben. Unter anderem drei Theaterstücke. Da habe ich gedacht, wenn mein Vater in der Aufführung saß: ›Hoppla, das wird hart für ihn.‹ Dann saß er da und hat sich das angeschaut und hat danach die Art gewählt, die ich ihm hoch anrechne. Unser Verhältnis ist gar nicht immer gut, aber nach den Aufführungen ist er durch die Gegend gelaufen, hat sich umgesehen, hat irgendwas zum Stück gesagt. Das fand ich toll. Denn ich muss davon ausgehen, dass ich ihn verletzt habe. Irre spannender Punkt. Ich würde das gerne noch mal von dir *(zu Zaimoglu)* vertieft bekommen.

Ich bin jetzt soweit, dass ich was Längeres schreibe. Vielleicht ist das ein bisschen naiv oder zu romantisch gedacht, aber ich muss mich in dem Moment, in dem ich mich hinsetze, um mir zu überlegen, wo kommt der Stoff her, wer ist der Nächste, fragen, was überhaupt das Recht hat, aufgeschrieben zu werden, was so zugespitzt ist und dermaßen drängt, dass ich es hinschreiben muss. Das sind nun einmal oft die

Dinge, die man erlebt hat. Das sind eigene Schlüsselmomente und dramatische Augenblicke zwischen Menschen, die einem nahe stehen. Wenn ich da sitze und schreibe, wird mir schon bei Namen schlecht. Wenn ich nur einen Namen austausche, fängt die Geschichte an zu wackeln, da wird sie plötzlich falsch. Lächerlich!

FERIDUN ZAIMOGLU Weißt du, ich habe den bösen Verdacht, sehr viele in der neuen deutschen Literatur, sehr viele *Kollegas,* schreiben Kindheitserinnerungen, Vergangenheitsgeschichten, Kindheitsbücher, Vergangenheitsbücher, weil sie — ganz böse jetzt — moralische Schweine sind. Sie haben eine fragwürdige Vorstellung von Diskretion ich habe mit einigen gesprochen, die mir sagten: »Du bist genau so ein moralisches Schwein.« Stimmt, ich nehme mich da nicht aus. »Du mit deiner biederen Diskretionsvorstellung.« Was darf ich verwerten, was darf ich nicht verwerten? Nun stelle ich fest, wenn ich durch die Gegend gehe, zum Beispiel in einem Café sitze und etwas mitbekomme, ob ich es will oder nicht: Es ist geil! Manchmal freue ich mich über eine Szene, zum Beispiel in Dahlem beim Franzosen morgens zum Frühstück, wenn am Nebentisch eine Frau einen Mann, wahrscheinlich ihren Freund, auf eine abscheuliche Art und Weise schächtet …

MORITZ VON USLAR Was heißt das, »schächtet«?

FERIDUN ZAIMOGLU Fertig macht! Einfach so, aus einer Fliege einen Elefanten. Und ich grinste schadenfroh. Es kommt oft vor, dass man so reagiert, wenn es einen anderen trifft. Ich habe mich wirklich sehr darüber gefreut und habe es verwertet!

MORITZ VON USLAR Aber Feridun, das glaube ich dir kaum. Ich traue dir zu, dass du jetzt darüber theoretisieren kannst und das als Fallbeispiel erzählst, aber das ist doch lächerlich, ich kann mir das überhaupt nicht vorstellen! Ich glaube dir nicht, dass du dir darüber wirklich Gedanken machst, ob du das benutzen darfst oder nicht. Du bist da …

FERIDUN ZAIMOGLU Das stimmt.

MORITZ VON USLAR … wie ein Wolf! Du stürzt dich auf alles, was gut aussieht …

FERIDUN ZAIMOGLU Ja.

MORITZ VON USLAR Du *musst* das benutzen. Meine Geschichte, die eben gelesene, die erste der beiden, hat *so* stattgefunden. Ich habe versucht, hin und her zu schieben, zu verschieben und zu verschleiern. Das ist das Armseligste! Das ist verboten!

FERIDUN ZAIMOGLU Aber was willst du machen, wenn du dann …

MORITZ VON USLAR Aushalten.

FERIDUN ZAIMOGLU Aushalten?

MORITZ VON USLAR Aushalten!

FERIDUN ZAIMOGLU Aushalten.

MORITZ VON USLAR Aushalten. Furchtbar ist das. Riesen Aua. Es ist wirklich bitter. Als normaler Mensch führt man eine Beziehung, dann kommt vielleicht noch ein Kind dazu, man streitet sich, man muss kochen lernen und hat dazu keine Lust, und dann kommt der nächste Streit. Das ist doch lächerlich. *Das* ist doch nicht wichtiger!

FERIDUN ZAIMOGLU Möglicherweise bin ich biederer als du. Ich oute mich vielleicht in deinen Augen als Spießer.

MORITZ VON USLAR Oh, ja.

FERIDUN ZAIMOGLU Mann–Frau-Verhältnis …

MORITZ VON USLAR *(nickt)* Ja.

FERIDUN ZAIMOGLU … Beziehung …

MORITZ VON USLAR *(nickt wieder)* Ja.

FERIDUN ZAIMOGLU *(gestikuliert heftig)* … und dann haue ich da rein! Am liebsten würde ich *alles* mitnehmen …

MORITZ VON USLAR Ja.

FERIDUN ZAIMOGLU Aber — Aua! *(verzieht das Gesicht in gespieltem Schmerz.)*

MORITZ VON USLAR *(lächelnd)* Was stimmt denn jetzt nicht? Ich überlege gerade, warum das nicht stimmt. Man hat eine wahnsinnige Scham. Man hat zwischenmenschlich eine irrsinnige Scham. Wenn wir uns jetzt entscheiden, ich jedenfalls für mich, amoralisch zu sein, keine Moral zu haben in unseren Entscheidungen, hast du trotzdem das Riesenbedürfnis, etwas für dich zu behalten. In dem Moment, in dem du das aufschreibst, streichst du es wieder durch. Verstehst du? Man muss auch gegen sich selbst, jetzt fasele ich, vorgehen.

FERIDUN ZAIMOGLU Wir sind beide Kerle, Männer. Sag mir, dass es nicht stimmt, dass Frauen skrupelvoller sind!

MORITZ VON USLAR Dass Frauen mehr Skrupel haben?

FERIDUN ZAIMOGLU Haben sie? Ich meine, haben sie Hemmungen? Wurden sie, so wie wir, beziehungsweise du mehr als ich …

MORITZ VON USLAR Ich überlege gerade hin und her … *(schweigt kurz)* Ich glaube das kein bisschen, nein. Ich glaube, dass die genau so eisenhart …

FERIDUN ZAIMOGLU Ich glaub's auch nicht!

MORITZ VON USLAR … reingehen und mit dem Drahtbesen durchs Leben fahren und durchkehren und benutzen!

FERIDUN ZAIMOGLU *(sehr erleichtert)* Okay! Es waren zwei Frauen, die sich wiedererkannten und sagten: »Das geht nicht, weil wir da fertig gemacht werden.«

MORITZ VON USLAR Bei Maxim Biller.

FERIDUN ZAIMOGLU Genau. Sex …

MORITZ VON USLAR *(abwartend)* Ja?

FERIDUN ZAIMOGLU Die Frauen haben sich das angeguckt und gesagt, jetzt ganz *platt:* Ich möchte in diesem Buch nicht geschildert sehen, dass eine Frau, also, dass sie … *(überlegt kurz)* den Penis des Ich-Erzählers in der Hand hält und ihm einen schrubbt.

MORITZ VON USLAR Ist das nicht das Normalste der Welt?

FERIDUN ZAIMOGLU *(runzelt die Stirn)* Was?

MORITZ VON USLAR Ist es nicht das Normalste der Welt?

FERIDUN ZAIMOGLU *(ratlos)* Das Schrubben?

MORITZ VON USLAR Nein! Es ist das Normalste der Welt, dass eine Frau dazu sagt: »So, mein Lieber!«

FERIDUN ZAIMOGLU »*So* nicht!«

MORITZ VON USLAR Es ist das Normalste der Welt. Der arme Maxim hat anscheinend so eine Art, seine Beziehungen zu führen. Da berühren wir etwas, das mit Literatur gar nichts zu tun hat. Wie führe ich meine Beziehungen? Man könnte jetzt moralisch werden und sagen: ›Da zeigt sich alles. Wie bist du eigentlich drauf, auch als Schriftsteller?‹ Maxim halte ich, mit Verlaub, für einen irrsinnig Asozialen, in jeder Richtung! Das ist toll, weil er dadurch frei ist und es ja auch wirklich nicht versteht. Ich habe mit ihm ein paar Mal darüber geredet. Er sagt nicht: ›Schade, Pech gehabt‹ oder so. Vielleicht habt ihr's ja anders gehört, aber ich habe von ihm noch nie gehört: ›Dumm gelaufen, aber ich wollte es trotzdem so.‹

FERIDUN ZAIMOGLU Nein, das sagt er nicht.

MORITZ VON USLAR Sondern er sagt: »Wie kann man nur!« und »Asozial!« und »Die wusste das doch!« Ich verstehe beide Seiten gut und finde trotzdem, dass Maxim recht hat. Ich finde auch, er muss da durch. Merkwürdig ist nur, dass er sich so irre dabei gefällt, natürlich wieder einmal als Opfer! Anstatt bescheidener zu sein und zu sagen: ›Ich bin halt ein Asozialer, and I love it, den Problemen stelle ich mich jetzt.‹ Das muss er noch hinkriegen …

FERIDUN ZAIMOGLU Wir könnten noch ewig hier weitermachen. Andere Meinungen dazu?

PUBLIKUM Maxim Biller liebt seine Figuren nicht. Hass ist auch eine Form von Liebe — aber so nah sind sie ihm nicht. Wenn einem Figuren nah sind, egal ob positiv oder negativ, dann kann die Reaktion, die sie hervorrufen, keine vollkommen gewaltsame sein.

MORITZ VON USLAR *(triumphierend)* Schöne These, stimmt aber nicht! Weil Maxim eine Grausamkeit und Klarheit *in der Sprache* und etwas Unemotionales *im Beschreiben* hat. Das ist eine Stilfrage. Das einzige, was die Opfer beeindruckt, ist, wenn man eingesteht: Recht so! Man muss die Fragen von Schuld und Moral von den Opfern aus diskutieren. Gerade als Täter. Das klingt bescheuert, aber man muss es sich von der Seite der Betroffenen anschauen, gerade als Schreiber. Und echt mal kapieren, was man macht. Wie ernst ist einem das? Wie gut ist man zu den Menschen? *Da* stellt sich für einen Schriftsteller die Frage: Was bist du für ein Mensch?

FERIDUN ZAIMOGLU *(empört)* Aber du setzt dich doch darüber hinweg!

MORITZ VON USLAR Ja!

FERIDUN ZAIMOGLU *(kopfschüttelnd)* Was nützt es …?

MORITZ VON USLAR *(grinst)* Das muss sein!

FERIDUN ZAIMOGLU *(verzweifelt)* Was nützt es denn …? Das ist doch hippiesk! Das ist doch, das ist doch …

MORITZ VON USLAR Nee, finde ich nicht!

FERIDUN ZAIMOGLU *(entrüstet)* Das ist doch … Moritz! ›Ich kann die Opfer sehr gut verstehen, aber ich scheiß drauf!‹

MORITZ VON USLAR Ja, so würde ich's machen, so würde ich's vorschlagen. Ich sag's brutaler, ich überspitze es. Ich scheiße natürlich *nicht* darauf! Ich quäle mich seit zwei Jahren mit der Frage, ob ich bestimmte Dinge in einem längeren Text auf die Schaufel legen kann oder ob ich sie einfach in die Luft werfe und mich wieder daran mache, weiter zu buddeln. Ob ich sagen soll: ›Verlassen der Baustelle! Das ist privat! Das ist zu hart! Man muss das übergehen!‹ Während man darüber nachdenkt, merkt man, das sind Luxusfragen, die kann sich keiner erlauben, das ist Quatsch. *(Zaimoglu schiebt ihm eine neue Wasserflasche hin.)* Du bist ja nett! *(Zaimoglu nickt.)* Und »hippiesk«, das wäre schön, wenn ich endlich mal etwas Hippieskes gesagt hätte. Da wäre ich froh. Das ist vielleicht romantisch. Ich gebe dir *(ins Publikum)* insofern recht: Es stellt sich durchaus die Frage, wie man mit den Figuren umgeht. Und du könntest sagen, sie sind nicht darüber sauer, *dass* sie vorkommen, sondern darüber, *wie* sie vorkommen.

PUBLIKUM Gut, und das muss nicht heißen, dass sie schlecht, sondern nur, dass sie nicht gut präsentiert werden, dass sie ohne Liebe präsentiert werden.

MORITZ VON USLAR Es ist möglich, dass man eine Person ohne Liebe präsentiert. Aber weil ich heute Hippie bin *(deutet auf Zaimoglu)* ...

FERIDUN ZAIMOGLU *(protestierend)* Nein, ich habe gesagt: »hippiesk«.

MORITZ VON USLAR ... sage ich, es wird dann kein guter Text. Ich kenne Beispiele von Romanen, in denen Figuren ohne Liebe präsentiert werden, ohne Zuneigung, ohne wirklich berechnendes Interesse. Dann wird's oft ganz grausam und kalt.

FERIDUN ZAIMOGLU Das halte ich nun doch nicht für »hippiesk«: Man muss sich einfach die Geschichten ansehen. Und ich liebe es. Das ist mein persönlicher Geschmack vielleicht, aber ich glaube nicht, dass sich das in Geschmacksfragen erschöpft. Ich liebe die Details, weißt du, Detailaufnahmen. Du hast so herrlich kalt-groteske Behauptungssätze ... *(macht eine Handbewegung)* Bamm! Das haut in den Verlauf der Geschichte! Nein, ich höre mich schon wieder ...

MORITZ VON USLAR ... quer schießen.

FERIDUN ZAIMOGLU Die Details. Das ist mir ein, zwei Mal bei meinen Gästen vorgekommen, dass ich mir bestimmte Formulierungen aufschreibe.

MORITZ VON USLAR *(gerührt)* Ach, ist das nett.

FERIDUN ZAIMOGLU Das hat mit »nett« nichts zu tun. Sex ist Situation. Liebe ist Situation. Oh, er ist gnadenlos reingegrätscht! Er hat eine sprachliche Blutgrätsche gemacht. Er hat alles kalt ausgeleuchtet. »Hippiesk« ist das dann doch nicht. Diese Frage: »Wieviel von Ihnen, Herr Zaimoglu, ist in diesen Geschichten drin?«, das habe ich hier auch immer wieder gesagt, begleitet mich seit Jahren. Bei jeder Lesung. »Wie authentisch, wie autobiographisch, wie viel von Ihnen ist da drin enthalten?«

MORITZ VON USLAR Gut, das ist die maximal quälende Frage! Ich finde sie aber richtig. Und ich gehe noch einen Schritt weiter: Es ist wichtig, diese Frage zu stellen. Es ist einfach abgehoben zu behaupten, dass man diese Frage nicht stellen darf. Ich finde es dumm und falsch zu glauben, dass man sich damit nicht beschäftigen muss. Unentwegt und immer wieder. Ich finde das nicht einmal schriftstellerexklusiv. Ich lese Kritiken in der Zeitung und denke: ›Wer bist du, du dumme Sau? Komm raus! Zeig dich mal!‹ Und ich möchte, dass die Leute dafür haften, für ihr Zeug, und zwar persönlich. Das hat nichts mit Eitelkeit zu tun, weil ich auch Journalist bin. Das Persönliche wird unterschätzt und immer weggestrichen, als wär's egal. Es ist aber nicht egal. Es ist wichtig: Wer spricht, wer äußert sich hier, wer nimmt sich das raus? Wer traut sich, wer exponiert sich, wer ist das? Und wer tut wieder so — und das sind immer die schlechten Kritiken —, als wäre das gar nicht seine Meinung und seine Biographie und seine kleine Beleidigtheit, die da spricht? Wer tut so, als habe er ein besonderes Recht? Wer fällt mich hier wieder an? Deswegen brauche ich die Biographie. Wenn ich jemanden öfter lese, besorge ich mir Informationen zu seinem Hintergrund, wie ein Detektiv. Ich will den Mist wissen. Weil mich das interessiert. Ich brauche den Kram. Dasselbe finde ich im Literatur–Leser-Verhältnis! Ich finde die Unterschiede gar nicht so groß.

FERIDUN ZAIMOGLU Es ist die ehrlichste Frage. Wir sind bei Fragen und Antworten. Du hast das Stichwort erwähnt: Journalist! Du stellst Fragen an A-Prominente und B Prominente. Ist es vorgekommen, vielleicht ist das nur eine rhetorische Frage, dass du wegen Unverschämtheit rausgeschmissen worden bist? Dass es hieß: »Ich beende das Interview.« Wo hört für die Prominenten der Spaß auf?

MORITZ VON USLAR Na, da muss ich jetzt bisschen ausholen. Es ist schon oft passiert, dass ich rausgeschmissen worden bin. Weil ich die so oft geführt habe, die »100 Fragen«, insgesamt 35 Mal. Ich weiß nicht, ob die hier in Berlin gelesen werden. Denn die *Süddeutsche* hat ja rührend kleine Verkaufszahlen außerhalb von München. Die tut immer so, als ob sie ein deutschlandweites Blatt wäre, ist sie aber gar nicht. Ist sie noch nicht mal bayernweit, denke ich. Nur in München.

Deswegen weiß ich nicht, wie gut man die hier kennt. Ich führe, um das einleitend zu sagen, seit 1998 keine normalen Gespräche, sondern Gespräche zu meinen Bedingungen. Die Idee ist, dass ich den Druck und die Gewalt, die von der Situation ausgehen, offenlege. Das ist abstrakt gesagt dafür, dass man in der Regel eine Viertelstunde oder zehn Minuten und dann noch ein Themenfeld von den Prominenten vorgegeben bekommt. Man darf die Menschen, die man interviewen soll, nicht einfach interviewen, sondern soll die spannenden Dinge weglassen. Die Idee war, das umzukehren. Wenn jemand auftrumpft und Mick Jagger heißt und sagt: »Wir haben zehn Minuten, aber bitte nur das neue Album.« Und man sitzt ihm gegenüber und denkt: ›Das interessiert nicht mehr, das fünfundzwanzigste Album.‹ Aber man würde wirklich gerne wissen, ob er sich gestern wieder mit Keith Richards geprügelt hat. Das wäre die näher liegende Frage. Doch das darf man nicht, sonst fliegt man raus. Hm, fasel, fasel, das Schmerzmittel wirkt. Jetzt überlege ich gerade …

FERIDUN ZAIMOGLU *(bestätigend)* Nein, nein, das ist …

MORITZ VON USLAR Nein? Ich habe daher eine Form gewählt, ihm in möglichst kurzer Zeit irre viele Fragen zu stellen. In einer Viertelstunde 100 Fragen und wieder zurück. Das hat zur Folge, dass die Stars sich bedroht und vergewaltigt vorkommen. Was sie auch werden, von mir. Und daher oft abbrechen. Das ist vielleicht ein Drittel. Gespräch mit Woody Allen, normale Situation: Hotel, ein überraschter Star, der sich wundert, dass ich nach zehn Fragen immer noch eine weitere nach seiner Brille habe. Eine blödsinnige Frage. Und dann kommt von hinten eine Pressefrau reingelatscht und beendet das. Die haben diese Leute dafür, damit sie selber freundlich bleiben können. Die haben eine Entourage …

FERIDUN ZAIMOGLU Ausputzer.

MORITZ VON USLAR Ja. Die dann reinkommen. Das geht so weit, dass der Star selber sagt: »Oh, I love it, I'd like to continue, he's … such a funny man.« *(ahmt Woody Allen nach, Gelächter im Publikum)* Dann sagt die Pressefrau: »Das kann schon sein« und so weiter, »aber wir machen jetzt Schluss.« Darauf sagt er: »But I'd love to go on.« Dann sie: »No, it's over, it's over.« Schließlich guckt er dich an und sagt: »I'm sorry, man. Have a great day, beautiful interview.« Gibt dir so die Hand *(macht eine Geste)*, und dann wirst du rausgebracht. So ist das. Das ist meine Fragesituation. Das ist Journalismus, so läuft das heutzutage ...

FERIDUN ZAIMOGLU Du überwindest den Abstand. Es hat ja etwas mit Abstand zu tun. Ich habe diese Interviews immer wieder gelesen, bevor sie bei Kiepenheuer & Witsch als Buch zu haben waren. Großartig! Ich habe zwischendurch immer wieder gedacht: Mann, du arbeitest nicht aus der Distanz. Du arbeitest auch nicht mit Freundlichkeit, sondern du nimmst sie hart ran für ihre Verhältnisse. Die sagen sich: ›Was ist denn das?‹ Du bist an der Schnittstelle Journalismus — was immer man unter Journalismus auch versteht — und Literatur.

MORITZ VON USLAR Unbedingt, *diese* Schnittstelle. Weil es eine starke Autorschaft gibt. Ich wollte mich gerade korrigieren und sagen: Was ich gefordert habe vom Kritiker in der Zeitung, dass er seine Biographie einbringt, halte ich selber gar nicht ein. Das stimmt aber nicht, weil ich von Anfang an, um die Anonymität zu durchbrechen — so ist es jedenfalls gedacht, das ist die Technik — übermäßig persönlich und banal werde. Die Idee ist ja gerade, Medienmonstern wie Mick Jagger, aber auch einer Pfeife wie Dieter Bohlen, so zu begegnen, dass man Bohlen eben fragt: »Wie schaut's denn aus mit den Duftkerzen bei dir?« und so. *(Zaimoglu und das Publikum brechen in Gelächter aus.)* Denen seitlich zu kommen, dass sie sagen: ›Das erwarte ich nicht.‹ Bohlen erwartet es, dass er so riesige, breite Fragen kriegt die ganze Zeit. Wenn ich jedoch mit banalem Zeug komme und dabei bleibe, wird es irgendwann, das ist die Hoffnung, subversiv. Dann fängt er an zu denken: ›Hey, was willst du von mir, du, ja?‹ Und ich bin, finde ich, im Sinne meiner Ansage von vorhin, fair. Obwohl ich irre asozial frage. Weil ich die ganze Zeit *mich* selbst in den Ring stelle. Ich stelle mich mit meinen persönlichsten Fragen. Das ist die Idee. Das teilt sich nämlich mit, behaupte ich. Deswegen werden die Gesprächspartner gar nicht so oft sauer, weil sie das Risiko spüren. Denke ich. Das ist jetzt ein bisschen selbstgefällig, was ich erzähle.

FERIDUN ZAIMOGLU *(abwehrend)* Nee, nachvollziehbar.

MORITZ VON USLAR *So* wünsche ich es mir.

FERIDUN ZAIMOGLU Kamst du nie in Versuchung? Stichwort ›Tom Kummer‹?

MORITZ VON USLAR Tom Kummer, ja. Kanntet ihr *(an die Zuhörer gewandt)* Tom Kummer, kennt man den hier? Tom Kummer war in den 80ern und 90ern ein bekannter deutschsprachiger Journalist aus der Schweiz, der sich, wenn ich mich richtig erinnere, bei der Monatszeitschrift *Tempo* einen Namen gemacht hatte. Bis er irgendwann in den 90ern von Los Angeles aus fürs *SZ-Magazin* Star-Interviews führte. Die waren spektakulär. *Sensationelle* Gespräche.

FERIDUN ZAIMOGLU Großartig.

MORITZ VON USLAR Abseitige, geschickte, stimmungsvolle, irre Gespräche. Es war ein Futter, ich habe das *aufgegessen.*

FERIDUN ZAIMOGLU Ich auch.

MORITZ VON USLAR I loved it. Mit Courtney Love über Möwen und Rauschgift und was ist überhaupt los und so ... irre eng und intim wirkten die. Und ich konnte es mir übrigens als sein behandelnder — behandelnder? *(lacht leise)* — bearbeitender Redakteur immer vorstellen, dass das tatsächlich so stattfand, weil ich ihn in Los Angeles oft erlebt habe. Und er ist so ein unheimlich gewinnender, souveräner, mit einem schweizer Akzent amerikanisch sprechender ...

FERIDUN ZAIMOGLU ... netter ...

MORITZ VON USLAR ... unheimlich körperlicher und ganz großer Schauspieltyp. Fakt ist, Tom Kummer hat fürs *SZ-Magazin* 25 Gespräche geführt. Mit Sharon Stone, mit den größten Namen, Jack Nicholson ... Es waren immer nur die Größten. Er rief einfach an und sagte: »Ich weiß nicht, ob euch das interessiert, ich könnte drei Stunden mit Tom Hanks rumreden ...« *(Zaimoglu und Publikum lachen)* »Er hat mir erzählt, er möchte da ungern drüber reden, aber bei mir würde er's machen, er hat da diese komische Sucht, er ist puffsüchtig und würde da gerne *ganz lange* drüber reden.« Oder er hat »*den Tom* konfrontiert mit seinen Philosophien«. Es war großartig. Zu schön für diese Welt. Um zu sagen, was viele hier schon wissen: Die Interviews hat er sich von A bis Z mit verschränkten Beinen auf seiner Dachterrasse in Downtown Los Angeles ausgedacht, von vorn bis hinten. Furchtbar. Ja, das war Tom Kummer. Das führte zu einem echten Medienskandal und letztlich zum Rücktritt von zwei Chefredakteuren beim *sz-Magazin*. Es wurde natürlich in allen Feuilletons darüber debattiert. Wobei ich das lasch fand, ich fand's gar nicht debattenwürdig. Ich war in meiner Berufsehre gekränkt und angekotzt.

FERIDUN ZAIMOGLU Das fandest du scheiße?

MORITZ VON USLAR Ja, das fand ich irre schwach.

FERIDUN ZAIMOGLU Weißt du, für einen Zeitungsleser wie mich, ich fand oder finde den Gedanken tröstlich, dass man Prominenten, die nicht unbedingt durch besondere Intelligenz glänzen, nette Sachen in den Mund legt.

MORITZ VON USLAR *(erstaunt)* Fandest du »tröstlich«?

FERIDUN ZAIMOGLU Ich fand, es ist ein tröstlicher Gedanke, es ist ein schöner Gedanke. Und vor allem war das so flott wegzulesen.

MORITZ VON USLAR Na, das ist ja wundervoll! Es waren tolle Essays, aber rückblickend mag man sie nicht mehr lesen. Es gibt sie noch als Sammelband. Es lag viel von der Brisanz in ihnen darin, dass man dachte: Na gut, er hat diese Menschen, die unerreichbar für uns sind und in Filmen vorkommen und so viel verkörpern an Irrsinn, zu tollen, gesprächigen Menschen gemacht. Diese Illusion brauchte man, um die Interviews groß zu finden. Wenn die wegfällt, liest du sie nicht mehr. Insofern ist er einfach ein Betrüger. Literatur geht anders. Journalismus geht anders.

FERIDUN ZAIMOGLU Stimmt.

MORITZ VON USLAR Schade. Dramatisch. Ich habe auch zunächst gesagt, es sei *trotzdem* gut. Ist es aber leider nicht.

PUBLIKUM Du wolltest keines vorlesen, aber ich würde unheimlich gerne eines *deiner* Interviews hören.

MORITZ VON USLAR Ja, aber ich hab's jetzt leider ... Ich habe zu Hause kein Buch mehr gehabt, ich Pfeife.

FERIDUN ZAIMOGLU Mist, ich hatte darauf vertraut. Und ich habe meines auch ...

MORITZ VON USLAR *(zerknirscht)* Normalerweise bringt man so was auch mit, als Autor.

FERIDUN ZAIMOGLU Ja, aber als Moderator auch.

MORITZ VON USLAR Ich bin noch zu Dussmann gegangen: »Ein Buch bitte!« — »Ausverkauft, kommt morgen wieder.« Die »100 Fragen« waren auch eine Reaktion auf den Skandal um Tom Kummer, weil ich gleich mit verdächtigt worden war, da ich damals Interviews geführt habe, die oft auf dem Titel vom *SZ-Magazin* gelandet sind und ebenfalls spektakulär waren. Ich kenne den Reiz, wenn man ein Band abhört, eine super Frage gestellt hat und denkt: ›Der war jetzt nur zu faul, in anderen Interviews hat er doch schon erzählt, was ich jetzt brauche. Komm, ich hau das schnell hier rein.‹ Und da glaubt man, moralisch im Recht zu sein. Aber das ist der Weg zu Tom Kummer.

PUBLIKUM Nochmal zu den »100 Fragen«. Ich hatte das Gefühl, dass das, was dahinter steckt, nicht so rüberkommt. Ich habe das Konzept der Herausforderung erst später begriffen, als ich das Interview mit Omar Sharif gelesen hatte. Da habe ich gedacht: Punkt erreicht, Ziel verfehlt. Er hat sich offenbart und gesagt: »Junge, das macht überhaupt keinen Sinn, was du da erzählst, was willst du überhaupt von mir?« Ich hatte aber nicht das Gefühl, dass das ein sinnvolles Gespräch war. Da wurde keine Verständigung erreicht, das scheiterte.

MORITZ VON USLAR Ja. Da würde ich dir gar nicht widersprechen. Aber selbst diesen gescheiterten Dialog wollte ich aufschreiben und dokumentieren. Die »100 Fragen« sind der Versuch zu dokumentieren. Das ist *wirklich* O-Ton. Die Verhältnismäßigkeit von Zeit und Text stimmt. Wenn da eine kurze Antwort steht, dann war die auch im gesprochenen Wort kurz, sonst wäre sie im gedruckten lang, und so weiter. In diesem Fall habe ich gedacht — ich will dir nicht widersprechen —: es ist gescheitert. Trotzdem kam über die Wut von Omar Sharif, so vorgeführt zu werden, oder, wie er sagt, so »unter Niveau befragt« zu werden, viel von ihm zutage. Ich könnte eine halbe Stunde über Interviews reden. Oder irgendjemand stellt mir eine Frage, ich flippe aus und schreie: ›Das ist nicht die richtige Frage!‹ Vielleicht habt ihr davon mehr.

Weißt du, was ich meine? Wenn ich eine authentische Reaktion liefere, bringe ich oft mehr, als wenn ich einen Vortrag halte, außerhalb der normalen Bedingungen. Ich hab es abgewogen für mich und fand, dass über die Kritik an meinem Text — es war sehr selbstreferentiell, das stimmt — viel rauskommt, dass ich über Omar Sharif viel erfahre. Er hat sich so toll erregt und ein Drama abgezogen, mit Prügelandrohen und Aufstehen und Schreien, das war irre! Mich hat meine journalistische Pflicht gerufen, das wiederzugeben. Es war, das gebe ich zu, die Folge, die am ehesten an der Grenze ist. Und eben auch die, die ich gebracht habe, damit die anderen um so glaubwürdiger wirken. Viele Menschen sagen: »Ich glaube dir das langsam nicht mehr, dass du das wirklich durchziehst mit den Fragen!« Da dachte ich irgendwann, ich muss die nächste Gelegenheit ergreifen, zu zeigen: Es klappt nicht immer, *hier* hat es nicht geklappt. Abgebrochen bei Frage 67. Ich kann dir nicht widersprechen, dass sich in dieser Folge die Form auch selber feiert.

PUBLIKUM Seitdem gibt Omar Sharif deutschen Journalisten keine Interviews mehr, also *Spiegel*, *Stern* und so ...

MORITZ VON USLAR *(überrascht)* Ist das so? Ehrlich?

PUBLIKUM Ja. Der *Stern* hat, glaube ich, danach angefragt und ...

MORITZ VON USLAR Direkt nach mir! Bist du Journalistin? ›Wer fragt, wer spricht?‹ Komm raus! *(Gelächter)*

PUBLIKUM Das ist ja egal, ich bin mir da auch nicht sicher, aber ...

MORITZ VON USLAR Aber warum weißt du das? Wer hat dir das erzählt?

PUBLIKUM Ich war die Pressefrau, die nicht vor Ort war.

MORITZ VON USLAR *(ungläubig)* Ach, wirklich wahr?

PUBLIKUM Ja, in Paris war niemand von uns dabei.

MORITZ VON USLAR Wirklich wahr? *(großes Gelächter)* Stell dir das mal vor! Ich wollte gerade sagen, das ist doch'n Wall, ich rede hier ...

PUBLIKUM Ja.

MORITZ VON USLAR In Paris?

PUBLIKUM Ja, ich war nicht da. Und meine Kollegin auch nicht. Weil wir dich nicht kannten ... Omar Sharif hat danach wohl gesagt: »Keine Interviews mehr mit deutschen Journalisten!«

MORITZ VON USLAR Das tut mir natürlich leid. Ich find's natürlich immer toll, wenn der *Stern* keine Gespräche kriegt, aber ... Ich muss mich nochmal erklären und verteidigen! Wenn du die anderen Gespräche mit ihm liest, dann verzweifelst du komplett! Ich zumindest. Da ist gar nichts drin.

PUBLIKUM Ich kann das verstehen. Er hat danach nur noch rumgeschrien, als er mit Kollegen gesprochen hat, die haben ihn nicht mehr nach Deutschland bekommen.

MORITZ VON USLAR *(hilflos)* Ja?

PUBLIKUM Bei jeder Anfrage: »Deutschland? *Nee!*«

MORITZ VON USLAR Ein Hammer!

PUBLIKUM Ja, danach habe ich die anderen Fragen gelesen, und gedacht: Okay. Aber bei ihm, da habe ich gedacht: Das war echt zuviel. Ich finde, er hat viel von sich preisgegeben, und man hat ihn mal aus einer anderen Sicht erlebt — nicht mehr der arabische Hengst oder tolle Frauenlover. Aber 25 Mal die gleiche Frage stellen, ob er mit Julie Christie geschlafen hat! Und das auch noch bei einem alten Mann!

MORITZ VON USLAR Die Frage, die du meinst, habe ich drei Mal gestellt und nicht 25 Mal. Für mich sind das die interessantesten Fragen gewesen, natürlich wie immer nach reiflichster Überlegung. Die »100 Fragen« sind ja eine Konsequenz aus meiner Arbeit. Ich habe das zehn oder zwölf Jahre lang gemacht, normale Interviews geführt. Ich habe in absurden Situationen gesessen. Ich bin kopfschüttelnd von Los Angeles zurückgekehrt und habe gedacht: ›Wie kriegen wir noch eine minimale Bewegung in diese Geschichte hinein? Wie bekommen wir noch einen Funken Wahrhaftigkeit zustande? So etwas wie eine Regung?‹ Das interessiert mich. Ich gebe zu, ich kann das natürlich nicht kontrollieren. Ich kann allenfalls sagen: Herr Sharif hat sich unmöglich benommen. *Unmöglich!* Aber ich find's wundervoll, vielen Dank! Er hat sich *wirklich unmöglich* benommen. Er hat die Fotografin rausgeschickt *(von Uslar imitiert Omar Sharif):* »You whore, you leave that room!« und so. *(Gelächter)* Da war viel los! Es sind zwei zusammengetroffen.

PUBLIKUM Das wäre ja auch spannend gewesen als Text, nicht als Interview. So wie im *Spiegel* dann später.

MORITZ VON USLAR Es gibt durchaus den Versuch — mit Kursivtexten — das, was neben den Fragen noch geschieht, oder sogar gesprochen wird, was sich nicht direkt auf die Fragen bezieht, trotzdem drin zu haben. Weil's wichtig ist. Weil die Menschen fragen: »Wie sah der aus?« Aber … *(er hebt entschuldigend die Hände)* ich bin untröstlich.

PUBLIKUM Wie bist du überhaupt auf die »100 Fragen« gekommen. Wie kam es dazu, dass du angefangen hast, Interviews *so* zu führen?

MORITZ VON USLAR Da kann ich nur eine Anekdote erzählen. Und die stimmt, obwohl ich bei jeder Anekdote denke, die stimmt bestimmt nicht. Aber die stimmt! Anruf. Ich im *SZ-Magazin,* am Tisch, zuständig für Kultur. Wieder mal lautet der Auftrag, möglichst viele Frauen ranzuschaffen, um die 35, die irgendwie irres Zeug erzählen. So könnte man *(lacht)* meinen Job bei der *Süddeutschen* umreißen. Und möglichst in Verbindung mit CD- und Filmveröffentlichungen. Wenn man sagt: »Ich habe einen reizenden alten Mathematiker gefunden, der ist 90 und hat was Dolles erlebt«, sagen alle: »Ja, aber keine Frau.« Stimmt, das wäre ein Mann. »Ja, dann nicht«. Zeitschriften-Gesetze.

Da kam irgendwann der Anruf, Mick Jagger hätte 20 Minuten in Paris. Ich sage der Pressefrau, weil das mein Job ist: »Gut, hat der auch zwei Tage oder nur 20 Minuten?« »Nur 20 Minuten.« Was soll ich denn 20 Minuten mit Mick Jagger? »Aber er redet nur über seine neue Jazz-CD.« Was soll ich dazu sagen? Ich ging also zum Chefredakteur: »Ich kann diese Gespräche mit den PR-Damen nicht mehr führen, das ist erniedrigend für uns beide, lassen wir es doch einfach.« Und dann bin ich nochmal rein und sagte: »Oder ich bombardiere den mit Fragen in dieser kurzen Zeit, drehe das um, was hältst du davon?« — »Ja, mach das.« Ich bin hingefahren und kam mit reizenden kleinen Dingen wieder. Mir ist es inzwischen auch ein bisschen zu viel geworden, weil die »100 Fragen« ein Selbstläufer wurden und weil alle nur noch Wunder erwarten. Es war geplant als leichtes, schnelles, unterhaltsames Format. Es ist etwas staatstragend geworden. Das geht einem wahnsinnig auf …

PUBLIKUM Hat das schon Nachahmer gefunden?

MORITZ VON USLAR Netterweise nicht. Ganz akut, als es erschienen war. Aber die waren da irgendwie zu blöd. Es hat nicht geklappt, so ist es dabei geblieben. Ich habe aber das Gefühl, dass man das jetzt öfter liest. Feridun, würdest du sagen, man liest jetzt öfter Kursivtexte?

FERIDUN ZAIMOGLU *(über seine Notizen gebeugt)* Ja.

MORITZ VON USLAR In der *Süddeutschen* am Wochenende liest man die im großen Interview. Aber ich bin relativ gefeit davor, weil ich für meine Bedürfnisse einen irre persönlichen Ton drin habe.

FERIDUN ZAIMOGLU *(entschieden)* Letzte Frage!

MORITZ VON USLAR *(überrascht)* Ist die Zeit rum?

FERIDUN ZAIMOGLU Ja.

MORITZ VON USLAR Mensch! *(Zaimoglu lacht.)*

PUBLIKUM Eine Frage zum Text: Mir ist aufgefallen, dass du, wie auch Romuald Karmakar das gemacht hat mit seinem Film *Die Nacht singt ihre Lieder*, über Mitte-Leute um die 30 schreibst. Also das Klischee: glatte Menschen, viel Oberflächlichkeit. Besteht ein besonderes Interesse an dieser Generation? Was passiert da, das dich interessiert? Und zu Berlin als Stadt: Warum spielen die Geschichten in Berlin, in Berlin-Mitte? Ist das eine besondere Stadt für dich, hat die Stadt eine Bedeutung für deine Texte? Warum nicht Hamburg, München oder Düsseldorf?

MORITZ VON USLAR Es muss da spielen, wo ich mich auskenne und wo ich Gefühle entwickeln kann, sonst bleibt alles eine blinde Aufzählung. Wenn ich eine Kurzsequenz herstellen möchte von einer Straße zu einer bestimmten Uhrzeit, dann gehe ich dorthin, wo ich nachts wirklich umherirre, weil sich dort bestimmte Assoziationen und Gefühle melden. In Düsseldorf meldet sich nichts. Ich würde gerne auch dort ein Paar hinführen. Aber das Paar wäre völlig verloren, ich kann in dieser Stadt nichts entwickeln. Also gehe ich dorthin, wo ich mich auskenne. Dies zum zweiten Teil der Frage.

Zum ersten Teil — glatte Menschen und so weiter, Berlin-Mitte, erfolgreich, aber leer — kann ich sagen: All das bin ich! Ich glaube, dass *du* dem Klischee mehr aufsitzt, wenn du zusammenfasst, was medial existiert, als ich, der das erlebt, empfindet und beschreibt. Ich sehe da kein Klischee. Ich finde, deine Zusammenfassung ist das Klischee. Ich bin Mitte 30 und normal erfolgreich, so dass ich mir die Turnschuhe kaufen kann, die mir gefallen, und die Miete bezahlen. Ansonsten fühle ich mich da gar nicht angesprochen.

Aber Moment: Ich habe ja keine Wahl! Natürlich interessiert mich die Zukunft dieser Menschen. Dringend! Ich kann ja nur mein Thema beschreiben. Ich habe mal geschrieben ... Jetzt rede ich ja echt schon wie so ein Arschloch: »Ich habe mal geschrieben!« *(lacht)* Ich habe mal geschrieben: »Wenn's das gäbe, das oberflächliche Leben, ja, dann würden wir es leben. Soviel ist sicher, werter Herr!« Um einfach nur mal zurückzufragen: Ich empfinde den viel zitierten — ich lege dir das so in den Mund, so viel hast du gar nicht gesagt — Vorwurf der Oberflächlichkeit wie einen Traum. Ich würde gerne oberflächlich sein können, dann müsste ich die tiefe Scheiße, die darunter liegt, nicht erleben. Entschuldigung, so sage ich es dir. Bloß, ich habe nicht die Wahl, ich weiß gar nicht, was das ist — oberflächlich. *(Publikum lacht)* Nee, wirklich. Entschuldigung, ich muss das wirklich so sagen, dass ich leider nicht in den Genuss gekommen bin. Wenn es mir zwischendurch gelingt, nach zuviel Bier und so weiter, nur Oberfläche zu spüren und eine gewisse Geschwindigkeit, dann erlebe ich das als etwas Fantastisches. *(Kurze Pause, Zaimoglu ergreift die Gelegenheit, mit einem Blick auf die Uhr die Sitzung zu beenden.)*

FERIDUN ZAIMOGLU Danke, Moritz.

MORITZ VON USLAR Vielen Dank fürs Zuhören! *(Applaus)*

Ralf Fücks und Peter Siller

Das ist doch Quatsch!

FERIDUN ZAIMOGLU Joschka Fischer hat abgesagt. Peter Siller vom Planungsstab im Auswärtigen Amt hat das Wort.

PETER SILLER Meine Damen und Herren, ich grüße Sie herzlich im Namen von Joschka Fischer! Er hatte den Termin seit Monaten im Kalender und freute sich auf diese Veranstaltung. Leider hat er aber eine schwere Grippe und musste deshalb alle Termine für diese Woche absagen. Das kommt selbst bei Außenministern vor.

FERIDUN ZAIMOGLU Ich habe einen Anruf von Joschka Fischer bekommen, er ist wirklich sehr krank. Er hat mir erzählt, dass es ihm sehr leid tut. Peter und ich telefonierten verzweifelt, um einen Ersatz zu finden. Antje Vollmer, Jürgen Trittin, Renate Künast — Peter hat es bei vielen versucht. Das ist eine Notsituation, mir selbst ist das zwei Mal passiert, dass ich plötzlich absagen musste. Wir konnten Ralf Fücks gewinnen, den Vorsitzenden der Heinrich-Böll-Stiftung, der auch in der Süssmuthschen Zuwanderungskommission war. Er hat sich *vor einer halben Stunde* bereit erklärt, herzukommen. Das finde ich großartig! Ich möchte mich bei ihm ganz herzlich bedanken. *(Applaus)* Ich möchte aber allen fairerweise fünf Minuten Zeit geben. Wer sich auf Joschka Fischer so sehr gefreut hat, dass er nun vor Enttäuschung zur Seite fällt, kann in diesen fünf Minuten den Raum verlassen. In der Zwischenzeit stellen wir uns auf eine geile Unterhaltung ein, nicht wahr? *(kurze Pause, in der einige Personen den Raum verlassen.)*

FERIDUN ZAIMOGLU Meine Gäste sind heute Ralf Fücks und Peter Siller. Das ist die elfte Veranstaltung der Reihe »Literature to go«. Eigentlich wird 20 bis 25 Minuten vorgelesen, dann stelle ich Fragen, es folgen Antworten, schließlich fragt das Publikum. Heute aber werden wir gleich einsteigen. Die Frage an Ralf Fücks: Vor einiger Zeit hat Samuel

Huntington mit *The Clash of Civilizations* (1996) für viel Furore gesorgt. Viele Kulturkritiker haben im Feuilleton und in den Medien gegen ihn mobil gemacht. Tatsächlich jedoch könnte man die Kriege und Auseinandersetzungen der letzten Jahre durchaus als Kampf der Kulturen ansehen. Schließen Sie sich dieser Meinung an, leben wir wirklich in einer Zeit, in der die Kulturen aufeinanderprallen?

RALF FÜCKS Huntington ist ja heftig kritisiert worden, kaum jemand aus den Politik- oder Kulturwissenschaften hat sich ihm angeschlossen. Er hat allerdings eine Tendenz benannt und zugespitzt, mit der man sich sehr ernsthaft auseinandersetzen muss und die zu Recht in der politischen und wissenschaftlichen Öffentlichkeit Unruhe ausgelöst hat. Huntington hat zweierlei sehr früh erkannt: *Erstens* gibt es eine Repolitisierung von Religion, vor allem im islamischen Kultur- und Religionskreis, und ein Erstarken von fundamentalistischen Strömungen. *Zweitens* gibt es einen neuen Antagonismus, den die meisten nach dem Ende des Ost–West-Konflikts schon für verschwunden hielten, weil sie davon ausgingen, wir lebten in einem posthistorischen Zeitalter, in dem alle verbleibenden Konflikte mit Geld, guten Worten und Kompromissen zu lösen seien. Huntington vertritt die Gegenthese, dass es neue antagonistische Gegensätze gibt, vor allem zwischen dem radikalisierten Islam und der westlichen Welt. Er macht aber einen entscheidenden Fehler: Er verkennt, dass nicht nur der Westen alles andere als homogen ist, sondern auch die islamische Welt. Die Auseinandersetzung zwischen dem radikalen Islamismus und säkular-demokratischen Strömungen hat zunächst *innerhalb* der islamischen Welt selbst stattgefunden. Dort hat sie auch die meisten Opfer gekostet, lange bevor diese Auseinandersetzung am 11. September im Kernland der kapitalistischen Zivilisation, in den USA, ausgetragen wurde.

In Algerien hat ein erbitterter Bürgerkrieg zwischen einem säkularen Militärregime und einer radikal islamischen Opposition stattgefunden, dem etwa 100 000 Menschen, vielleicht mehr, zum Opfer gefallen sind. Es gab einen Staatsstreich des Militärs, das die Wahlen, bei denen die Islamisten die Mehrheit erreicht hatten, annullierte. Im Westen wurde das kaum zur Kenntnis genommen. Im Iran gibt es eine heftige Auseinandersetzung zwischen einer modernen Zivilgesellschaft und dem theokratischen Regime. Es stehen sich also nicht *der* Islam und *der* Westen gegenüber, sondern unterschiedliche gesellschaftliche und politische Strömungen in der islamischen Welt selbst. Vergleichbares gilt für Afghanistan, Pakistan oder für Palästina. Das zu verstehen ist entscheidend, um die notwendige Auseinandersetzung mit radikal-islamistischen Bewegungen erfolgreich zu führen. Sonst mündet sie tatsächlich in einen *Clash of Civilizations,* in ein Aufeinanderprallen der westlichen und der islamischen Welt. Das wäre eine *selffulfilling prophecy;* ein fatales Beispiel falscher Politik aufgrund falscher Analyse.

FERIDUN ZAIMOGLU Ist das kein Wunschdenken? Natürlich wird eine konstruierte Homogenität instrumentarisiert. Und es ist immer zweifelhaft, wenn Gut und Böse gegeneinander in Stellung gebracht werden. Wir alle wissen, dass es diese Homogenität nicht gibt, sondern verschiedene miteinander konkurrierende Kräfte. Aber es liesse sich entgegnen, daß die Zwillingstürme tatsächlich eingestürzt sind und dass das keine Computersimulation war. Ich widerspreche Ihnen auch darin, dass in den westlichen Medien über den Fast-Bürgerkrieg in Algerien mit seinen Tausenden von Todesopfern nicht berichtet worden sei. Egal wie man sie nennt, ›Islamisten‹, ›Islamofaschisten‹ oder ›antiaufklärerische Kraft‹ — die haben tatsächlich ein klares Feindbild. Das ist der Westen und die sogenannten ›Kreuzzügler‹. George Bush hat ihnen die Gelegenheit gegeben, sich in den Vordergrund zu drängen. Diese ›Islamisten‹ können nun sagen: »Seht her, das haben wir euch seit Jahren erzählt!« Wenn George Bush von einem ›Kreuzzug‹ spricht und seine Besatzungsdemokraten in den Irak schickt, dann ist das Gut und Böse-Schema nicht lediglich ein Klischee. Dieses Antagonismus-›Klischee‹ existiert!

RALF FÜCKS Das ist doch meine Rede! Das Klischee existiert und droht Wirklichkeit zu werden.

FERIDUN ZAIMOGLU Ja? Nein! Aus ihren Worten ergibt sich, dass man mit Aufklärung ...

RALF FÜCKS In der Tat ist der Konflikt mit dem radikalen Islamismus keine Fiktion, sondern harte Realität. Da prallen unvereinbare Werte und Gesellschaftsvorstellungen aufeinander. Aber das ist kein Konflikt zwischen »dem Islam« und »dem Westen«. Die Überzeugungstäter der Al-Qaida sind nicht mit Geld und guten Worten zu besänftigen. Aber man muss ihre Massenbasis überzeugen, und da ist die Politik der USA fatal, weil sie das Gegenteil erzeugt: Sie treibt den Islamisten neue Anhänger zu. Es greift allerdings zu kurz, Bush zur alleinigen Ursache dieses Phänomens zu erklären.

Der radikale Islamismus ist vor allem Produkt einer blokkierten Modernisierung der arabischen Welt. Es geht um Gesellschaften, die eine große Vergangenheit haben, sie waren einmal Welt- und Kulturmächte, woraus sie ihr Selbstbewusstsein und ihren Stolz ziehen. Gleichzeitig leben sie in einer miserablen Gegenwart, die in krassem Kontrast zur Blüte der arabischen Welt steht. Zwei Drittel der Bevölkerung in der arabischen Welt sind unter 30. Die meisten dieser jungen Menschen haben kaum sozioökonomische Perspektiven, keine Aussichten auf ein Leben, das ihren Wünschen, ihren Ambitionen, ihren Aspirationen entspricht. Sie leben unter autokratischen, mehr oder weniger despotischen, mehr oder weniger korrupten Regimes, die über Jahrzehnte hinaus vom Westen gestützt worden sind, weil sie dessen Öl-Interessen garantierten. Es gibt keine politische Freiheit, und das Erziehungswesen, wenn man den *Arab Human Development Report* der Vereinten Nationen zugrunde legt, ist katastrophal rückständig. Hinzu kommt dieser gekränkte Stolz, ein Gefühl der Kränkung, das in der arabischen Welt notorisch ist. Diese Kombination bildet den Boden, auf dem die radikalisierte Form des Islam gedeihen kann, die ein Angebot ist, sich eine selbstbewusste Identität zuzulegen und wieder Stolz zu entwickeln. Und sei es Stolz aus einer radikalen Gegnerschaft zum Westen, die sich aus enttäuschten Hoffnungen und Erwartungen speist.

Yehuda Bauer, der ehemalige Leiter von Yad Vashem, hat von einem neuen Totalitarismus gesprochen, einer neuen — dritten — totalitären Bewegung, nach dem europäischen Faschismus und dem Bolschewismus. In der Radikalität seiner Analyse könnte er recht haben, aber es wäre ein großer Fehler, nicht zu erkennen, dass die radikal-islamistischen Bewegungen in ihren eigenen Gesellschaften Minderheiten bilden. Alles kommt darauf an, mit den Mehrheiten in diesen Gesellschaften Allianzen zu entwickeln. Diese Menschen erträumen für sich etwas anderes als die Herrschaft der Taliban oder der iranischen Mullahs. Der iranische Gottesstaat ist selbst für die meisten Muslime nicht wirklich attraktiv.

FERIDUN ZAIMOGLU Eine »Minderheit« innerhalb der islamischen Gesellschaft — große Geschichte und miserable Gegenwart. Auch mir scheint, dass Unterlegenheit die beste Grundlage dafür ist, um eine idealisierte oder an der Prophetenzeit orientierte große Zukunft zu entwerfen. Ist es aber nicht ein Fehler, den Islam oder den Islamismus mit Nationalsozialismus und Bolschewismus zu vergleichen, weil man diese gut kennt? Begeht man damit nicht den eurozentrischen Fehler, Äpfel mit Birnen zu vergleichen?

PETER SILLER Man muss unterscheiden zwischen dem Fundamentalismus als Phänomen und den Grundlagen von Fundamentalismus. Es gab in den 70er und 80er Jahren die sogenannte »Totalitarismus-Debatte« um die Frage nach Parallelen zwischen Nationalsozialismus und Stalinismus als »totalitäre Systeme«. So sehr es sicher in bestimmten Hinsichten analoge Funktionsweisen gab, so sehr scheint mir eine Analogie in anderen Hinsichten falsch.

Diese Totalitarismus-Debatte erfährt momentan in gewisser Weise eine Neuauflage, nämlich als Frage nach Analogien zwischen Faschismus und Islamismus. Reizwort: Islamo-Faschismus. Ich bin hinsichtlich dieser Analogie-Bildung skeptisch. Auch wenn es sich bei beiden zweifelsohne um menschenverachtende und auch menschenvernichtende Gedankenwelten handelt. Islamistischer Fundamentalismus und islamistischer Terrorismus haben in vielerlei Hinsicht spezifische Ursachen, soweit die Suche nach ›Ursachen‹ oder ›Gründen‹ für Mord und Massenmord überhaupt Sinn macht, wenn man vom Menschen als freiheitsbegabtem Wesen ausgeht.

Ich will in diesem Zusammenhang fünf der spezifischen Ausgangsbedingungen nochmals kurz benennen. *Erstens:* Durch den Zerfall der Blöcke sind viele Staaten an der Peripherie, die bis Ende der 80er Jahre unter der Hegemonie der beiden Supermächte standen, plötzlich sich selbst überlassen. Alte Wirkmächte kehren zurück, auf der Suche nach gesellschaftlicher und kultureller, sozialer und ökonomischer Identität entsteht Aufbruch, aber auch viel Verunsicherung und Instabilität. *Zweitens:* Folge ist in vielen Fällen »Staatenzerfall«, Afghanistan ist ein Beispiel dafür, und auch der afrikaniche Kontinent mit einigen Ausnahmen. Diese »Failed States« entpuppen sich als optimale Rückzugsorte für den terroristischen Fundamentalismus. *Drittens:* Wir haben ein Problem der Proliferation; Massenvernichtungstechnologie kann zunehmend leichter transportiert werden und in die falschen Hände geraten. *Viertens:* Hinzu kommt in vielen Ländern des Nahen und Mittleren Ostens ein Gefühl der ökonomischen Abkopplung und damit der mangelnden Teilhabe. Das hat zum Teil innergesellschaftliche Gründe wie etwa einen eklatanten Mangel an Rechtsstaatlichkeit und Demokratie, ist aber andererseits auch Produkt einer ökonomischen Weltordnung, die es diesen Ländern nicht gerade leicht macht. Hinzu kommt in diesen Ländern auch eine Altersstruktur mit sehr vielen jungen Menschen ohne jede Chance auf Bildung, Arbeit und eigenes Einkommen. Und *fünftens:* Es gibt einen offenkundigen Zusammenhang zwischen der Ressourcen-Ausstattung eines Landes, der gesellschaftlichen Lage und auch den Sicherheits-Konsequenzen. Einerseits machen Staaten mit Öl Geld, mit dem sich nicht nur eine kleine reiche Oberschicht Macht und Luxus sichert, sondern das auch in den Terrorismus fließt. Stichwort ›Saudi-Arabien‹. Andererseits ist die Abhängigkeit vom Öl für den inneren Wandel dieser Länder ein Hemmschuh. Wenn Länder bis zu 90 Prozent von Ölexporten leben, bringt das die Bevölkerung in der Regel in eine sehr schwierige gesellschaftliche, ökonomische und soziale Situation.

Neben diesen Ursachen ist noch etwas anderes festzuhalten: Der Fundamentalismus ist kein Traditionalismus, und deshalb auch keine Bewegung, die traditionsverbunden ihre Kultur lebt. Fundamentalismus ist eine aggressive Reaktion auf die Moderne und ohne die Verstörungen, die die Moderne offenkundig für manche Menschen produziert, nicht zu verstehen. In Biographien von Fundamentalisten stellt man fest, dass sie oft aus der Oberschicht kommen. Das sind verzogene Kerle, die oft auch in westlichen Ländern gelebt haben, etwa um dort zu studieren.

Deshalb scheint mir eine Schlüsselfrage, wie die Länder die »Modernisierungsblockade« lösen können. Dabei geht es nicht einfach um einen Schritt in ›die‹ Moderne, sondern um einen eigenen Weg in der Moderne. Wie sieht der jeweilige Weg der Modernisierung kulturell, sozial und ökonomisch aus? Und inwieweit ist ›der Westen‹ für diesen Modernisierungsprozess der richtige Ratgeber? Einerseits ist er es, insofern er für bestimmte Werte wie Menschenrechte, Rechtsstaatlichkeit und Demokratie steht — die übrigens in ihrer Entstehungsgeschichte geographisch gar nicht so westlich sind. Der Islam hat selbst eine Tradition der Menschenrechte, die allerdings oftmals verschüttet liegt. Andererseits kommt es auf die Frage an, wie ein kultureller Dialog aussehen kann, der Modernisierung wirklich auf Augenhöhe mit diesen Staaten und ihren Menschen diskutiert, nicht paternalistisch, sondern als echtes Dialogangebot? Dafür scheint mir die Chiffre des ›Westens‹ eher kontraproduktiv, da sie von außen daher kommt, statt an eigenen Potenzialen anzuknüpfen.

FERIDUN ZAIMOGLU Wir kommen gleich auf das Inland zu sprechen.

RALF FÜCKS Zurück zum Totalitarismus-Vergleich. Man erschrickt erst über diese Analogie, weil sie etwas Unheilvolles hat und nach Gewalt riecht. Ich bin aber sehr dafür, gründlicher zu untersuchen, wie weit die Analogie reicht, und ob es nicht gerechtfertigt ist, diese politische Kategorie auf den radikalen Islamismus, auf die Djihad-Bewegung, anzuwenden. Es sind vor allem drei Kriterien, die dies plausibel machen. *Erstens:* Es handelt sich um eine Bewegung, die auf Homogenisierung der Gesellschaft zielt, auf das Auslöschen von Differenz, Pluralismus, Individualität zugunsten kollektiver Identität. Das ist eine Gemeinsamkeit sowohl mit dem Faschismus als auch mit dem Bolschewismus in seiner stalinistischen Form. *Zweitens:* Wir haben es mit extremer Gewaltbereitschaft zu tun, mit einem Denken in Kategorien des Krieges. Der Faschismus dachte in Kategorien des Rassenkrieges, der Kommunismus in Kategorien des Klassenkrieges – hier geht es um den heiligen Krieg. *Drittens:* Das fällt zusammen mit einer Erweckungsideologie, die Erlösung verspricht. Theologische Elemente werden zusammengezogen mit einer politischen Kultur des Märtyrer- und Opfertums. Das Töten wie das Selbstopfer werden zu einer heiligen Sache. All dies rechtfertigt es meines Erachtens, vom radikalen Islamismus als einer totalitären Bewegung zu sprechen. Gegenüber totalitären Bewegungen ist die angemessene Umgangsform aber nicht der Dialog, sondern der Kampf. Davor sollte man nicht die Augen verschließen.

Das heißt nicht, dass alle islamistischen Bewegungen und Parteien gleichermaßen dieser Kategorie zuzuordnen wären. Es gibt auch dialogfähige islamistische Bewegungen, wie man etwa in der Türkei sieht. Eine Partei, die einen islamistischen Hintergrund hat wie die Regierungspartei AKP, ist dort zum Motor überfälliger gesellschaftlicher und politischer Reformen geworden, die über Jahrzehnte von säkularen Parteien blockiert worden waren. Das zeigt, dass in bestimmten Konstellationen auch islamistische Bewegungen wandlungs- und reformfähig sind. Sie sind anschlussfähig an die Moderne. Wir müssen sie als Teil einer pluralistischen Welt respektieren, trotz der Differenz, die sie von der westlichen Gesellschaft und Lebensweise trennt. Aber eines akzeptiere ich nicht: Wenn es um elementare Menschenrechte, Rechtsstaatlichkeit, Trennung von Kirche und Staat, um ein Mindestmaß an Gewaltenteilung geht, bin ich kein Kulturrelativist.

FERIDUN ZAIMOGLU Auch ich wende mich immer wieder gegen diesen Kulturrelativismus. Zwei Positionen regen mich da auf. Es gibt eine solche Expertendichte in Deutschland, nicht nur was Ausländer betrifft, auch Islamexperten. Was diese Menschen in den Medien äussern, ist recht eigenartig und teilweise verfälschend. Auf der einen Seite stehen diejenigen, die sagen: »In ihrer Kultur gibt es halt, mit Verlaub, die Klitorisbeschneidung. Das muss man als kulturelle Gegebenheit ansehen.« Da trete ich fast den Bildschirm ein vor Ärger. Man muss *nichts* als »kulturelle Gegebenheit« an sehen, im Gegenteil. Auf der anderen Seite sind diejenigen — weil Sie auf das Märtyrer- und Opfertum des Islam eingegangen sind und diese Experten auf der Suche nach Motiven dieser Meuchelmörder darauf hingewiesen haben —, die sagen: »Steht es nicht im Koran, im heiligen Buch der heiligen Krieger, steht da nicht, dass sie eigentlich«, nun in meinen Worten, »scharf sind auf Beute? Sie sind auf dem Weg zu den Paradiesjungfrauen, und diese Paradiesbomber wollen im Grunde auf dem kürzesten Weg dahin.« Irgendwann hieß es in einem Bekennerschreiben: »Ihr liebt das Leben, wir lieben den Tod.«

RALF FÜCKS Eine Parole der spanischen Falangisten aus dem Bürgerkrieg!

FERIDUN ZAIMOGLU Genau! Ich wusste übrigens, dass Sie das jetzt sagen.

RALF FÜCKS Bin ich so berechenbar?

FERIDUN ZAIMOGLU Diese Parallele gibt es. Im heiligen Buch, wenn man den Motiven dieser heiligen Krieger nachgeht, stößt man darauf, dass sie eigentlich gar nicht so auf diese Paradiesjungfrauen, *Huris,* aus sind. Sie möchten nämlich — das ist vielleicht noch weniger vorstellbar für uns, die wir im Westen leben — (wie es den Märtyrern und Propheten und besonderen Männern und selten Frauen versprochen ist), dass der Vorhang, jetzt sind wir beim Mystizismus, zwischen ihnen und Gott fällt. Denen ist das Paradies auf gut Deutsch egal. Auf dieses Motiv stößt man komischerweise nicht nur bei den christlichen Mystikern, sondern auch bei den sogenannten volksweisen Sängern im 12. und 13. Jahrhundert im Orient. Auch die sagten: »Was nützt mir das Paradies, was nützt mir Gott, was nützen mir deine Versprechen? Ich möchte dich eigentlich unverhüllt sehen.« Dieses Motiv, der Mystizismus, ist ein zentraler Bestandteil der islamischen Ideologie: Verrückung!

RALF FÜCKS Auf diesem Feld kenne ich mich nicht gut genug aus. Aber ich möchte Mystizismus und Dschihadismus nicht in einen Topf werfen. In der Sufi-Kultur etwa geht es um Selbstversenkung, um Trance, Meditation. Das sind Formen religiöser Ekstase, die ganz unterschiedliche Religionen kennen. Das ist überhaupt nichts, was für den Islam spezifisch wäre, so wie er ja auch das Märtyrertum nicht exklusiv hat. Nur ein Unterschied ist wichtig: zwischen einem Märtyrertum, das eher bereit ist, für seinen Glauben zu sterben als ihn zu verleugnen, und dem Märtyrertum, das zu einer Waffe gegenüber *anderen* wird, zu einem Motiv, »Ungläubige« zu töten. Um *diese* Differenz geht es. Die sollte man nicht dem Islam als solchem zuschreiben, jedenfalls nicht seinen mystischen Traditionen.

FERIDUN ZAIMOGLU Ins Inland! Herr Fücks, Sie waren in der Zuwanderungskommission. Wissen Sie, was mich immer interessiert hat? Wie war das denn? Haben Sie sich häufig angeschrien? Gab es wirklich so viel Streit, oder waren Sie so zivilisiert, dass Sie sich trotz der politischen Unterschiede verständigen konnten? Ich hätte mir gewünscht, dass man im wahren Sinne des Wortes aneinander *gezerrt* hätte

— was dabei herauskam, war ja nicht unbedingt so … toll.

RALF FÜCKS Was dabei herauskam, war deutlich besser als das, was jetzt »Zuwanderungsgesetz« heißt. Ich stehe immer noch dazu, dass es eine ganz brauchbare Blaupause für eine moderne Gesetzgebung wie für die politische Praxis war. Das ist jetzt etwa zwei Jahre her, wir haben sehr intensiv an diesem Bericht mit einer recht heterogenen Gruppe gearbeitet. Die Kommission umfasste verschiedene gesellschaftliche Gruppen, darunter Arbeitgeber, Gewerkschaften, Kirchenleute, Bildungsinstitutionen. Politisch reichte der Bogen von CDU-Positionen bis hin zur PDS. Was fehlte, mit einer symbolischen Ausnahme, waren die Migranten selbst. Diese Ausnahme war Vural Öger von Öger Tours, als Beispiel eines erfolgreichen *self made man*. Wir haben uns zwar nicht angebrüllt, aber es gab durchaus Nachtsitzungen, die mich viele Nerven gekostet haben, mit Auszeiten und Krisenmoderation. Letztlich war alles aber von einem ganz anderen Zeitgeist geprägt als jetzt, zwei Jahre später. Das Credo war: Wir brauchen einen Paradigmenwechsel in der Zuwanderungspolitik. Wir müssen endlich realisieren, was die Bundesrepublik de facto, aber nicht ihrer Mentalität und Politik nach, ist: ein Einwanderungsland. Übrigens ist sie das schon seit Ende des Zweiten Weltkriegs, mit großen Migrationswellen, die seitdem das Land aus den unterschiedlichsten Himmelsrichtungen und Kulturen erreicht haben. Wir müssen begreifen, dass in der Zuwanderung zwar ein Konfliktpotenzial steckt, dass sie aber unterm Strich eine Chance ist für dieses Land, sogar eine Notwendigkeit. In der modernen, globalisierten Welt sind diejenigen Gesellschaften am kreativsten, die sich für Zuwanderung öffnen und es schaffen, ihre Zuwanderer zu Bürgern zu machen. Das ist für mich der Dreh- und Angelpunkt: Es kommt darauf an, aus Ausländern Bürger dieser Republik zu machen. Also ihnen die Möglichkeit zu geben, hier Fuß zu fassen, sich zu identifizieren mit diesem Land und dieser Gesellschaft; auch politisch in Parteien, Parlamenten und Regierungen vertreten zu sein. Wenn man das vergleicht mit der ängstlichen und auf Abwehr gepolten Debatte um das aktuelle Zuwanderungsgesetz, denkt man, viele Politiker wären einer kompletten Amnesie zum Opfer gefallen.

FERIDUN ZAIMOGLU Ralf Fücks muss in knapp 20 Minuten gehen. Gibt es Fragen, gibt es Kritik, gibt es Verständnisschwierigkeiten?

PUBLIKUM Sie sagten, Sie hätten damals in der Kommission vorgehabt, die Migranten in Deutschland zu Bürgern zu machen. Wie sollte das denn konkret aussehen?

RALF FÜCKS Ihnen soll die Möglichkeit eröffnet werden, Teilhaber dieser Gesellschaft zu werden. Das ist auch abhängig von der Offenheit der Mehrheitsgesellschaft. Es fängt im Kindergarten und in Schulen an. Unsere Gesellschaft hat, mit ein paar rühmlichen Ausnahmen, immer so getan, als müssten und könnten sich die Zuwanderer einfach in das herkömmliche Erziehungs- und Bildungssystem integrieren. Als bräuchte es nicht Ganztagsschulen mit individueller Förderung, als müsste man nicht Deutsch als Fremdsprache unterrichten. Sprachwissenschaftler wissen längst, dass es kein Gegensatz ist, Migrantenkinder sowohl in ihrer Muttersprache als auch in Deutsch zu fördern. Die Misere beginnt also schon im Schulwesen. Etwa 40 Prozent der Migrantenjugendlichen machen maximal den Hauptschulabschluss. Was das in einer Wissensgesellschaft bedeutet, muss nicht lange erklärt werden. Sie werden zu Überflüssigen gemacht, zu ökonomisch Überflüssigen.

PUBLIKUM Aber das alles hat ja schon stattgefunden. Ist es dafür nicht ein bisschen zu spät?

RALF FÜCKS Was heißt denn »spät«? Besser spät als nie. Wir müssen doch jetzt mit den Versäumnissen der Vergangenheit umgehen und aus Fehlern lernen. Die Zuwanderungskommission warb für eine offene Haltung gegenüber Migranten, die mit ihren Fähigkeiten und Talenten in die Bundesrepublik kommen und mit ihrer Familie hier heimisch werden wollen. Die derzeitige Regression in der Zuwanderungspolitik rührt offensichtlich von zwei Dingen her: *Erstens* ist der

11. September so interpretiert worden, dass Migration eine Gefahr für die innere Sicherheit ist. *Zweitens* machen wir angesichts der anhaltenden Massenarbeitslosigkeit in der Bundesrepublik wieder die Schotten dicht, obwohl es sonnenklar ist, dass wir angesichts des demographischen Wandels Zuwanderung brauchen.

PUBLIKUM Innenpolitisch finde ich das sehr überzeugend. Aber mit einer anderen Bemerkung haben Sie sich selbst dekonstruiert: Sie sagten, die Antwort auf Totalitarismus ist nicht Dialog, sondern Kampf. Ihre drei Kriterien treffen aus der Sicht der radikalen Fundamentalisten genauso auf den Kapitalismus zu. Sie nannten als erstes Kriterium die Absage an den Pluralismus: Schauen sie sich um, Coca Cola gibt es jetzt selbst in der Wüste. Zweites Kriterium, der Kampf, da nannten sie Klassenkampf bei den Bolschewisten und Rassenkampf bei den Nazis. Da sage ich als Fundamentalist: ›Das ist doch wirtschaftlicher Kampf, die westlichen Zivilisationen fahren einen Protektionismus, der uns die wirtschaftlichen Grundlagen abwürgt.‹ Das dritte Kriterium, das sie gaben, war eine Art Erweckung. Selbst als westlicher Bürger kann man sagen, dass der Kapitalismus ab und zu mit einer durchaus erweckungsfreudigen Attitüde auftritt. Es ist eine Art Weltanschauungsangebot, das die Fundamentalisten leisten.

RALF FÜCKS Das letzte teile ich. Aber die Aussage, dass die drei Kriterien, die für mich eine totalitäre Bewegung kennzeichnen, auf die westlich kapitalistischen Zivilisationen zutreffen würden, teile ich durchaus nicht. Homogenisierung, Gleichschaltung von Gesellschaft, Vernichtung von Pluralismus — die Entwicklung der letzten Jahrzehnte in unseren Gesellschaften war das reine Gegenteil. *(Zwischenrufe)* Aber ja! Das war Individualisierung, das war Pluralisierung! Pluralisierung der Lebensstile und politischen Einstellungen! Ob sie in Europa oder in den USA leben, bei allen Gebrechen, die diese Gesellschaften haben: es sind Rechtsstaaten, die nicht primär auf Gewalt als Mittel der Auseinandersetzung setzen. *(Sarkastisches Gelächter aus dem Publikum)* Wir erleben zumindest in Europa eine Pazifizierung der Gesellschaft. Krieg ist ein ausgesprochen unpopuläres Mittel der Politik. Und wir leben auch nicht in Gesellschaften, die einer Erweckungsideologie folgen würden, sondern sie sind ideologisch ziemlich abgekühlt. Für die eigenen Werte zu kämpfen, ist den allermeisten hierzulande sehr fremd geworden. Dabei sollte man nicht »Kampf« mit »Krieg« verwechseln.

PUBLIKUM Ich weiß nicht, inwieweit man diese drei Kriterien auf die kapitalistische Welt anwenden kann. Wenn ich mir aber die US-amerikanische Außenpolitik ansehe, passen diese Kriterien ziemlich genau. Alle Länder, die nicht amerikanischen politischen Zielen und Idealen entsprechen, werden homogenisiert. Im Zweifelsfall mit Gewalt. Alles, was amerikanisch ist, ist gut; wenn nicht, wird es platt gemacht.

RALF FÜCKS Es gibt in der amerikanischen Politik eine imperiale und eine messianische Tendenz, das stimmt. Aber es gibt sie nicht ungebrochen, und es gibt sie auch nicht unwidersprochen im eigenen Land. Man muss die eine Tendenz bekämpfen und versuchen, die andere stark zu machen. Immerhin haben die USA die entscheidende Rolle bei der Gründung der Vereinten Nationen nach dem Zweiten Weltkrieg gespielt, das vergisst man gerne.

PUBLIKUM Kann man das, was Sie totalitären Islamismus genannt haben, bekämpfen? Es ist wichtig zu schauen, was unsere Rolle hier war und sein kann, wenn Sie sagen, der Westen zeichne sich durch deutlich andere Funktionsweisen aus, als Sie sie dem Fundamentalismus zugeschrieben haben. An Afghanistan wird deutlich sichtbar, dass das Erstarken des Fundamentalismus mehr oder weniger ein Produkt des Kampfes zwischen zwei Blöcken ist. Die USA und die Sowjetunion haben über Jahrzehnte einen Stellvertreterkrieg geführt, und letzten Endes sind die Taliban von den USA aufgerüstet worden, um Einflusssicherung zu haben. Das kann man auch in anderen Ländern finden, die vom islamischen Fundamentalismus stark geprägt sind. Ich weiß nicht, wie unsere Position dabei zu bestimmen ist, wenn Sie sagen, unsere

Werte sollen verteidigt und vertreten werden. Deswegen würde ich gerne noch etwas dazu hören, wie Sie die Rolle des Westens im Erstarken dieser Bewegung einschätzen. Ich fürchte, dass die Pazifizierungstendenzen im Westen nicht so stark sind, wie Sie sagen. Im Entwurf zur EU-Verfassung steht, dass es eine Verpflichtung zur Aufrüstung aller Staaten gibt!

RALF FÜCKS Es geht um die Stärkung der gemeinsamen Außen- und Sicherheitspolitik, das hat mit einer Verpflichtung zur Aufrüstung nichts zu tun. Das ist wirklich nicht richtig, was Sie sagen. Aber zum Kern der Frage: Natürlich zeigt Afghanistan, dass die Stärke der Taliban auch das Produkt einer Zauberlehrlingspolitik der USA ist, die glaubte, man könnte sich in der Auseinandersetzung mit dem damaligen Hauptfeind Sowjetunion auf sie stützen. Das war extrem kurzsichtig. Inzwischen haben diese Bewegungen eine Eigendynamik gewonnen und sich gegen ihren damaligen Unterstützer gestellt. Die Auseinandersetzung mit dem radikalen Islamismus kann nur gewonnen werden, wenn wir diesen Gesellschaften dabei helfen, ihren Weg in die Moderne zu finden. Wir müssen sie in ihrer ökonomischen Entwicklung unterstützen, um ihrer Bevölkerung, vor allem den Jungen, eine Perspektive zu eröffnen. Aber auch darin, mehr Demokratie und Rechtsstaatlichkeit zu wagen. Der militärische Demokratieexport scheitert gerade dramatisch im Irak. Demokratie lässt sich nicht auf den Spitzen der Bajonette exportieren! Aber wir müssen die Kräfte unterstützen, die den Weg zur Demokratie selbst gehen wollen.

In der Erklärung von rund 200 arabischen Intellektuellen, die sich vor einigen Wochen in Alexandria getroffen haben, kann man nachlesen, wie eine Agenda aussehen könnte, die aus diesen Regionen selbst stammt und die von uns unterstützt werden kann — mit wirtschaftlicher Zusammenarbeit, Importerleichterungen für Produkte aus diesen Ländern, Austauschprogrammen für Wissenschaftler und Künstler oder mit Stipendien für Gaststudenten. Dazu gehört auch, dass wir energischer protestieren gegen politische Verhaftungen und das Einkerkern von Oppositionellen ohne rechtsstaatlichen Prozess. Ich vergleiche das manchmal mit der KSZE, der Konferenz für Sicherheit und Zusammenarbeit im Europa, die mit Kombination von Zusammenarbeit und Druck den Frieden gesichert und zugleich die demokratischen Kräfte in Osteuropa gestärkt hat.

PUBLIKUM Wir sind in der Literaturwissenschaft, daher eine Frage an Sie *(zu Zaimoglu)* als Schriftsteller: Es hat in Berlin vor ein paar Jahren eine Sprachstandserhebung gegeben, durch die festgestellt wurde, dass zwei Drittel der Migrantenkinder erheblichen Förderbedarf aufweisen, dagegen nur ein Drittel der deutschen Kinder. Wie ist das, wenn die Kundschaft flöten geht, wer soll Sie später noch lesen?

FERIDUN ZAIMOGLU Es ist ein Irrtum zu glauben, ein herkunftsfremder deutscher Schriftsteller müsse auch herkunftsfremde Deutsche als »Kundschaft« haben. Das ist ein *großer* Irrtum! Ich bin immer dafür eingetreten, Deutsch-Sprachkurse als Pflichtprogramm einzuführen. Nicht als Angebot, so etwas können nur jene vorschlagen, die nicht wissen, wie dramatisch die Lage der betroffenen Kinder ist. Es geht auch nicht darum, dass man deren Eltern befragt oder ihnen schlicht das Recht einräumt, Deutschkurse zu belegen oder nicht. Es geht für mich um die Zukunft dieser Kinder. Deutsch muss als *Zwangsveranstaltung* eingeführt werden. Alles andere ist Luxusgerede.

PUBLIKUM Zum Verhältnis von Staat und Religion: Sie *(zu Fücks)* sprechen von Moderne und meinen den modernen Rechtsstaat, organisiert nach dem Vorbild des europäischen Nationalstaates. Ist das für die arabische Welt eine Lösung? Oder hat eine fundamentale Voraussetzung für die Entstehung des modernen Nationalstaates, die Säkularisierung, dort noch gar nicht stattgefunden? Sollte es eine nichtkolonialistische Staatenbildung von außen geben, um diesem Fundamentalismus entgegenzuwirken?

RALF FÜCKS Es stimmt, dass in einer Reihe von arabischen Gesellschaften der Prozess des *nation-building* noch nicht abgeschlossen ist. Aber es wäre nicht richtig, im Sinne einer Stadientheorie zu sagen, dass die Mehrzahl dieser Gesellschaften nicht ›reif‹ sei für einen Demokratisierungsprozess, wenn dieser auch nicht unbedingt in eine Säkularisierung nach europäischem Muster münden wird. Ich glaube, dass Europa in dieser Hinsicht eine Ausnahme in der Welt ist: Das Ausmaß der Abwendung von der Religion, die bei uns seit der Französischen Revolution stattgefunden hat, ist weltweit einzigartig. Man kann das nicht zum Maßstab erklären. Weltweit wächst die Rolle der Religion wieder, und zwar nicht nur in der arabischen Welt, sondern auch in Asien. Auch in den USA gibt es mehr gelebte Religiosität als bei uns. Der säkulare Staat ermöglicht ja gerade die Vereinbarkeit von Religion und Demokratie. Aber die Möglichkeiten, demokratische Staatenbildung von außen zu bewirken, sind begrenzt: man kann die innere Entwicklung nur unterstützen, nicht ersetzen.

PUBLIKUM Inwiefern hilft uns die Totalitarismustheorie weiter?

RALF FÜCKS In zweierlei Hinsicht. *Erstens:* Man macht sich die Dimension der Herausforderung klar, mit der wir es zu tun haben. Wir haben einen Gegner, der die westliche Zivilisation zum Feind erklärt hat, und der tatsächlich einen Krieg gegen unsere Zivilisation führt. Das muss man ernst nehmen. Wenn man sich auf die militanten, radikalisierten Kräfte des Islamismus bezieht, ist der Dialog keine Antwort. Das gilt aber nicht für die islamische Welt als Ganzes. Ihr den Krieg zu erklären, das würde den *Clash of Civilizations* erst herbeiführen. *Zweitens:* Rein polizeiliche oder militärisch angelegte Strategien greifen viel zu kurz. Wir müssen versuchen, dem Islamismus seinen politischen Nährboden zu entziehen, indem wir ein kooperatives Verhältnis mit diesen Gesellschaften entwickeln, das es ihnen ermöglicht, sich zu modernisieren. Wir müssen ihnen dabei helfen, eine andere Perspektive zu entwickeln, als das radikale Gegenmodell zur Moderne zu sein.

FERIDUN ZAIMOGLU Herr Fücks, ich danke Ihnen ganz herzlich, dass Sie gekommen sind. Ich hoffe, dass es wieder eine Gelegenheit geben wird, mit Ihnen zu sprechen, und das nächste Mal von Anfang an mit Ihnen als unserem Gast.

RALF FÜCKS Es ist nicht ganz einfach, den Ersatzspieler für Joschka Fischer abzugeben, aber ich hoffe, dass es Ihnen so viel Spaß gemacht hat wie mir. *(Applaus, Ralf Fücks verlässt den Raum.)*

FERIDUN ZAIMOGLU Wir haben noch zehn Minuten. Peter, die ganze Zeit habe ich den klugen Antworten von Ralf Fücks gelauscht, nur da und dort hatte ich meine Zweifel. Das werde ich ihm übrigens auch selber sagen, nicht dass ihr denkt, kaum dass er den Raum verlassen hat, lege ich schon los. Es klingt alles etwas idealisiert. Ich musste mich schwer zusammenreißen. Als von der »Pazifizierung« unserer Gesellschaft die Rede war, dachte ich: Holla, die Waldfee! Auch als es hieß, es gebe eine messianische und eine religiöse Tendenz in der US-Politik, aber auch Gegenkräfte, auch da war es reinste Körperbeherrschung, nichts zu sagen, nichts zu den Ereignissen im Verlauf des Irak-Krieges. Ich bin da hundertprozentig anderer Meinung.

PETER SILLER Wirklich?

FERIDUN ZAIMOGLU Ja! Selbstverständlich gibt es demokratische Kräfte beziehungsweise demokratisch*ere* Kräfte in den USA als Herrn Bush. Selbstverständlich regt sich Widerstand, selbstverständlich kann man nicht davon ausgehen, dass *alle* Amerikaner diese Politik tragen, aber … Du bist im Auswärtigen Amt, und ich bitte dich, etwas dazu zu sagen. Ich kann mir sehr gut vorstellen, dass es schwierig ist, mit offiziellen amerikanischen Politikern ins Gespräch zu kommen und mit ihnen eine Gesprächsgrundlage zu finden. Oder ist das nur meine Einbildung?

PETER SILLER Ich sitze hier weder als Sprecher von Joschka Fischer noch als Sprecher des Planungsstabs, sondern als Peter Siller. Zur Sache: Man sollte etwa die konservativen ›Think Tanks‹ in den USA nicht unterschätzen. Gerade wenn man die Dinge in der Welt anders sieht, sollte man die Auseinandersetzung annehmen und das bedeutet, dass man sich selbst intellektuell und strategisch auf die Hinterbeine stellen muss. Wenn die freiheitsorientierte, demokratische Linke konzeptionell und in der Praxis dagegen anstinken will, braucht sie deshalb eine neue, eigene Reflexion auf eine veränderte Welt, anstatt in einer denkfaulen und national bornierten Haltung zu verharren.

Ich finde übrigens, dass sich die Regierung Schröder und Fischer in der Irak-Frage nicht schlecht angestellt hat, wie ich auch die Afghanistan-Entscheidung richtig fand. Die Afghanistan-Intervention ist ein ausgesprochen schwieriges Unterfangen, sie wird eine lange Zeit brauchen, und sie muss neben der militärischen Absicherung sehr viel in den zivilen Aufbau des Landes investieren. Aber in Afghanistan ist die Verbindung zu Al-Qaida offenkundig. Zudem hat die Bevölkerung eine Befreiung vom menschenverachtenden Taliban-Regime mehr als verdient. Schließlich scheint mir diese Intervention, wenn sie auf einen Prozess des zivilen Aufbaus und der demokratischen Selbstermächtigung angelegt ist, unter Abwägung aller Schwierigkeiten realistisch.

Das alles stellt sich mit Blick auf den Irak anders dar. Saddam Hussein war ein grausamer Massenmörder und auch dort ist der irakischen Bevölkerung eine Verbesserung der Lage nur zu wünschen. Aber weder ist die Querverbindung zu Al-Qaida klar, noch versprechen die inneren und äußeren Umstände des Landes bei realistischer Betrachtung Aussicht auf Erfolg einer militärischen Intervention. Im Gegenteil: Land und Region stürzen ins Chaos, und die Leidtragenden sind nicht nur die internationale Sicherheitslage, sondern auch und vor allem die irakische Bevölkerung selbst, die auf fürchterliche Weise unter dem Terror und der Gewalt leidet, die diese Lage kreiert.

Jetzt aber zu George Bush. Ein Problem mit Bush und den Neokonservativen ist, dass sie vielleicht nicht mit dem gleichen Messianismus, aber durchaus mit einem, der in die gleiche Richtung geht, auf den Messianismus der Islamisten reagieren. Das diskreditiert sie völlig. Wenn man »westliche

Werte« verspricht, aber in der eigenen Haltung diese nicht verkörpert und mit dem eigenen Handeln nichts dazu beiträgt, dann lässt sich auch niemand gewinnen.

Andererseits verhält es sich — bei allen Unterschieden — auch in westlichen Gesellschaften mit dem Freiheitsversprechen und dem Pluralismus durchaus prekär. Wir haben gesellschaftliche Gruppen, die sich nicht verständlich machen können, wir haben sozialen Ausschluss, der es den Leuten unmöglich macht, an Bildung, an Arbeit und anderen gesellschaftlichen Gütern zu partizipieren.

Trotzdem geht es mir auf die Nerven, wenn gesagt wird, das sei hier alles »Scheindemokratie«, »Scheinpluralismus« — das doch Quatsch! Jemand wie Feridun Zaimoglu wird in Deutschland Professor, im Irak säße er im Knast! *(Gelächter und Gejohle)*

Das sage ich auch an die Adresse der Paranoiker und Verschwörungstheoretiker von der foucaultianischen Linken. In der gesamten arabischen Welt wurden bisher so viele Bücher übersetzt wie in Spanien in einem Jahr. Soviel zu den Unterschieden hinsichtlich Pluralismus und Zugängen — etwa zu Literatur. Ich kann mir in Europa problemlos Toni Negris Bücher kaufen und sie lesen. Ich halte *Empire* zwar für ein dummes Buch, aber ich kann das tun. Ich kann mir Giorgio Agambens *Homo Sacer* kaufen, auch wenn darin hahnebüchenes Zeug steht. Das geht problemlos. Diese Zugänge, diese Pluralität haben etwas mit einer gesellschaftlichen und ökonomischen Situation zu tun, die vielen vielleicht selbstverständlich vorkommt, die das aber — wie man im historischen wie internationalen Vergleich sieht — keineswegs ist.

Pluralität, Pazifität, Säkularität — das sind regulative Ideale, auch für unsere Gesellschaft. Aber zu behaupten, dass sie genauso wenig verankert seien, halte ich schlicht für falsch. Und dass es Sinn macht, für Menschenrechte, Selbstbestimmung und Demokratie zu kämpfen, wie auch immer man diese Ideale im Einzelnen interpretiert: darüber sind wir uns doch einig!

FERIDUN ZAIMOGLU Ich halte das auch nicht für richtig. Sonst verliert man den Glauben an alles. Ich halte es nicht für richtig, alles schlecht zu reden. Nur weißt du, warum ich zusammengezuckt bin? ›Die Gesellschaft macht's möglich.‹ Ich habe hier eine Professur, Fatih Akin hat für *Gegen die Wand* auf der Berlinale den Goldenen Bären erhalten. An der öffentlichen Debatte fällt mir seit Jahren auf, dass ich zum ›Alibi-Türken‹ gemacht werde. Ich sehe mich aber nicht als ›Alibi-Kanaken‹. Man unterschätzt jemanden, wenn man sagt: ›Die Gesellschaft macht's möglich.‹ Man dichtet mir immer wieder einen Exotenbonus an, obwohl jeder genau weiß, dass Schreiben knallharte Arbeit und Disziplin ist. Unser Land, es ist *mein* Land, gucken wir uns Deutschland an, was gibt es nicht für Möglichkeiten, da gibt es nichts schlechtzureden. Ich bin der erste, selbst aus Gastarbeiterverhältnissen kommend, der demjenigen widersprechen würde, der mir hier alles schlecht macht. Ich würde ihm eine Luxusvorstellung und eine Luxusideologie unterstellen. Nur immer und immer wieder, bei fast jeder Veranstaltung — Fatih Akin klagt auch darüber — diese Sache: Man sitzt da und dann heißt es, das ist der ›Edelmigrant‹, das ›Edelmarzipan‹, ›da sitzt er!‹ Das ist wie mit der Frauenquote: hat eine Frau promoviert, ist das gleich eine ›Couch-Promotion‹ …

PETER SILLER Ich sehe diesen Punkt. Den Bachmann-Preis beispielsweise haben dir manche genau aus dem beschriebenen, letztlich rassistischen Motiv übel genommen. »Jetzt kommt er auch noch raus aus dem Ghetto. Jetzt macht er nicht nur einen auf *Kanak Attack*, jetzt schreibt er auch noch richtig gute Literatur.« Auf der anderen Seite hast du in der Bundesrepublik immer gegen die Abschiebung ins Exoten-Ghetto gekämpft — und das durchaus erfolgreich, wie man etwa an der Preisverleihung sieht. Meine Hoffnung ist, dass die Leute langsam begreifen: »Das ist kein Exot, sondern das ist ein Bürger und eine künstlerische Kraft in unserer Gesellschaft.«

FERIDUN ZAIMOGLU *(mit einem Blick auf die Uhr)* Ein wunderbares Schlusswort. Vielen Dank, Peter. *(Applaus)*

Feridun Zaimoglu

Ich wollte keine Show abziehen

FERIDUN ZAIMOGLU Ich grüße euch! Heute ist meine letzte Stunde, und ich hatte noch einige Leute auf der Liste. Doch als meine Hand zum Telefonhörer ging, dachte ich: ›Bin ich bescheuert? Wieso soll ich mir meine letzte Stunde nehmen lassen? Wieso soll ich die mit einem Gast bestreiten? Die können mich …! Ich werde sie selber bestreiten, diese letzte Stunde!‹ Meine sogenannte »Antrittslesung« bestand darin, dass ich eine Geschichte aus *Zwölf Gramm Glück* las. Sie spielt in Deutschland, in Hamburg. Eine Geschichte aus dem Orient passt dazu doch wunderbar. Eine halbe Stunde wird das dauern, und dann reden wir. Worüber? Worauf ihr Lust habt. Wir können es natürlich streng literaturwissenschaftlich angehen und die Geschichte zerreden. Oder auch nicht. Ich habe mir darüber keine Gedanken gemacht. Bis auf die Entscheidung, eine Geschichte vorzulesen. Wir könnten über die Gäste reden. Ihr könnt mir, dann wird es ein bisschen psychologisch, eure Erfahrungen mitteilen: Wie es sich für euch ›angefühlt‹ hat. Wir könnten darüber reden, ob das Konzept tatsächlich aufgegangen ist. Was auch immer. Aber erst lese ich euch eine Geschichte vor. Sie passt zum Tag, es ist eine etwas melancholische Geschichte. Aus dem Orient. *(Zaimoglu liest »Ein Liebesdienst« aus* Zwölf Gramm Glück *von 2004.)*

Wie ist dieser Text entstanden? Einmal im Jahr fahre ich für vier Wochen, das ist fast schon ein Ritual, an die türkische Ägäis. Zum Feriendomizil meiner Eltern. Das ist unverzichtbar, weil ich dort entweder ein angebrochenes Stück, einen Roman oder Erzählungenband, *weiterschreibe* oder einen neuen *anfange.* Ich hatte die Hälfte von *Zwölf Gramm Glück,* die Geschichten, die sich in Deutschland abspielen, schon geschrieben. Die andere Hälfte, Geschichten, die im Orient spielen sollten, wollte ich dort schreiben. Eigentlich kam ich auf diese Idee, weil es dort eine Feriensiedlung gibt. Mal kommen fünf Touristen, mal zehn, diesmal waren es ein paar dutzend. Da habe ich einen Mann gesehen, der sich darauf spezialisiert hatte, Frauen — Deutsche, Holländerinnen, Tschechinnen — für Geld glücklich zu machen. Ein Gigolo. *Turkish Gigolo.* Und ich kann nicht sagen, dass er arbeitslos war. Ich bewunderte seine Kunst des Anpirschens, denn er war sehr charmant. Ich habe sogar versucht, mir das eine oder andere zu merken. *(Publikum lacht.)* So kam ich auf die Idee, dass ein »Mietrüde«, so nennt er sich, ein professioneller Lover, sich in eine Frau verliebt. Er hat aber seinen Ruf und daher einen schweren Stand. Ich bin ein Autor für Happy Ends, aber so wollte ich es nicht schreiben, dass er sagt: ›Versteh doch, mein Herz steht in Flammen ...‹ Fast hätte ich es getan, aber dachte dann, ich lass es mal lieber bleiben. So ist diese Geschichte entstanden.

Die anderen Geschichten im Orient habe ich mittags geschrieben, wenn es sehr heiß war. Bei den Geschichten, die ich in Deutschland geschrieben hatte, war es wichtig, den *Ton* zu treffen. Bei den Geschichten im Orient ging es um die *Temperatur.* Es war immer gut, zwischen 11 und 15 Uhr, bei 45 bis 50 Grad im Schatten. Sogar im Haus schwitzt man. Das war genau die richtige Temperatur, und ich konnte diese Geschichten in einem Rutsch wegschreiben. Es passte, ich musste mich nicht um den Ton, sondern nur um die richtige Temperatur kümmern. Auf diese Temperatur freue ich mich, weil ich in zweieinhalb Wochen wieder für vier Wochen hinfahre, die ersten Kapitel des nächsten Romans sind fertig, und es wird eine sehr heiße Geschichte. Ich nehme immer vier, fünf Kilo ab dort. Zum Leidwesen meiner Mutter, die mich natürlich voll stopft. *(Publikum lacht.)* Gibt es Bemerkungen?

PUBLIKUM Meine Frage bezieht sich nicht direkt darauf, aber schreiben Sie noch manchmal auf Türkisch?

FERIDUN ZAIMOGLU Ich bin mit zwei Muttersprachen aufgewachsen, Türkisch und Deutsch. Ich spreche ein sehr leidliches Türkisch, es ist nicht so, dass ich es verlernt habe.

Aber ich habe mich wohl irgendwann unbewusst für eine Muttersprache entschieden, und zwar Deutsch. Ich könnte, selbst wenn ich es wollte, nicht auf türkisch schreiben. Selbst wenn ich rede, muss ich zwischendurch Luft holen beziehungsweise Kunstpausen machen, weil mir die richtigen Worte nicht einfallen. Leider. Ich sage leider, aber — so leid tut es mir auch nicht. Es ist nur schade, eine Sprache zu verlieren. Das ist immer schade.

PUBLIKUM Haben Sie nicht gesagt, Sie hätten für eine türkische Zeitung geschrieben?

FERIDUN ZAIMOGLU Das steht im Klappentext meines ersten Buchs, *Kanak Sprak*. Da steht, ich schreibe ab und zu für *Argos*. Ich bin mal, das ist 18, 19 Jahre her, nach Ankara gefahren. Es gab dort eine Gruppe von Menschen, die erbittert die Avantgarde in Ankara und in der Türkei bilden wollten. Was man aus Büchern kennt oder in Filmen gesehen hat. Wir waren 15, 20 Leute, haben uns in einem Teehaus getroffen, auch an der Uni, und dann Gedichte rezitiert, ständig Gedichte. Irgendwann kamen wir auf die Idee, Enis Batur, das war damals der Gott der Avantgarde-Literatur in der Türkei, mit unseren Gedichten zu belästigen. Meine Sachen gefielen ihm nicht, er hat kein Wort darüber verloren, das schmerzte mich damals natürlich. Aber es gab sieben oder acht andere, die er sehr, sehr gut fand, und er hat hart kritisiert. Denen hat er gesagt: »Verdammt, wieso wartet ihr? Ihr werdet eure Manuskripte einreichen. Das ist doch deprimierend. Gründet selbst eine Literaturzeitschrift!« — »Das ist leicht gesagt, wie denn? Uns fehlt das Geld …« Innerhalb von vier Wochen klappte es. Es klappte! Diese Literaturzeitschrift hieß *Argos*. Ich habe in ihr zweimal publiziert, das war's. Ich gebe manchmal damit an, dass ich zu den Gründungsmitgliedern gehöre, aber das stimmt so nicht.

PUBLIKUM Ich fand die Geschichte saugeil! So eine Detailfreude, was einzelne Wörter angeht. Es ist nicht nur ein Tisch, sondern ein »Buchsbaumtisch«. Die andere Sache, die mir gut gefällt: dass der Text extrem körperlich ist.

FERIDUN ZAIMOGLU »Körperlich« ist das Stichwort. Ich habe sehr harte Kritiken bekommen. Schon für *Kanak Sprak*. Da hieß es immer, dass Feridun Zaimoglu »zu körperlich« sei: »Das ist eine Prosa, die schwitzt«. »Feridun Zaimoglu mit seinem schwitzigen, schmierigen ›Ich kriege alle eure Frauen‹-Blick«. *(Publikum lacht)* Eine Buchbesprechung — und das Körperliche wurde und wird mir zum Vorwurf gemacht. Nicht nur die Prosa, alles sei zu körperlich. Einige Kritiker haben mir nahegelegt, etwas abzukühlen. »Sollte es nicht so sein, dass ein Schreiber auch mal kühle Geschichten schreibt?« Zu jedem Buch gab es harsche Kritiken, und es ging immer darum, dass der Körper vorkommt. Der geneigte, nach der Lektüre nicht mehr geneigte Kritiker möchte nicht mehr den Schweiß riechen, nicht mehr diese Körper vor Augen haben, sondern in Ruhe gelassen werden. Ein Hauptkritikpunkt, der bei jedem Buch gegen mich ins Feld geführt wurde, und du meinst es als Kompliment! Vielen Dank. Das passiert mir zum ersten Mal.

PUBLIKUM Spielt es für dich eine Rolle, dass du die Literatur laut vorliest? Nicht nur still für dich im Zimmer?

FERIDUN ZAIMOGLU Laut vorlesen? Ich könnte sie mir im Zimmer nicht vorlesen. Da würde ich mir blöd vorkommen. Du hast recht, für mich ist das Vorlesen sehr wichtig. Ich habe Hunderte von Lesungen in den letzten 19 Jahren gemacht. Das ist sehr, sehr wichtig. Ich kenne Autoren, die Lesungen hassen, und wiederum andere, die sie lieben. Ich gehöre zu denen, die das lieben. Ich liebe es! Manchmal denke ich, dass ich diese Geschichten schreibe, *damit* ich sie vorlesen kann. Ich kann auch nicht das Buch aufschlagen und mit Abstand vorlesen. Ich versuche, eine Art szenische Lesung hinzubekommen. Aber während der Zeit der Fertigstellung der Geschichten hallt nichts bei mir nach, ich habe keine Stimme in meinem Kopf, auch keinen Rhythmus. Das Schlimmste für mich beim Arbeiten, noch schlimmer als Kindergeschrei, ist Musik. Ich flippe aus, wenn ich Musik höre. Danach ja, großartig. Ich muss stocknüchtern sein beim Arbeiten. Na ja,

Kaffee und Zigaretten, aber sonst stocknüchtern. Ich sitze manchmal auch in der Küche, da gehen Leute rein und raus, das stört mich überhaupt nicht. Es kann Kaffee gekocht werden, Menschen können sich unterhalten, das macht mir nichts aus. Aber Musik — da bin ich sofort bei der Musik und nicht mehr bei der Arbeit. Wenn etwas fertig wird, freue ich mich natürlich darauf. Dann werde ich Dutzende Lesungen machen. Das ist für mich sehr wichtig. Sehr, sehr wichtig.

PUBLIKUM Denkst du, dass es auch allgemein für Literatur »sehr wichtig« ist, dass man sie laut liest?

FERIDUN ZAIMOGLU Nein. Bei einer guten Geschichte ist es egal, ob man sie gut vorlesen kann oder nicht, sie bleibt eine gute Geschichte. Und umgekehrt, wie man an schlechten Geschichten sehen kann. Ich bin kein großer Freund von Slam Poetry, dafür habe ich mir zu viele in meinen Ohren bescheuerte Texte angehört. Da wird Qualität nach der szenischen Performance beurteilt, die natürlich eine Leistung ist. Da werden Autoren prämiert, deren Texte so scheiße sind, dass mir die Worte fehlen. Aber auf der Bühne hatten sie einiges hergemacht. Je länger ich darüber nachdenke, desto mehr komme ich zu der Einsicht: Ob man einen Text vortragen kann oder nicht, vorlesen kann oder nicht, ist nicht wichtig.

PUBLIKUM Gibt es bestimmte Orte, wo du schreiben kannst? So dass du sagst: ›Ich habe jetzt die ersten vier Kapitel geschrieben, jetzt kotzt mich Hamburg an oder auch Berlin, um das zu Ende zu bringen, muss ich jetzt da runterfahren …‹?

FERIDUN ZAIMOGLU Es fängt in der Stadt an. Hier in Berlin, während dieser Gastprofessur an der FU, habe ich ein Theaterstück geschrieben. Nicht alleine, sondern mit meinem Koautor Günter Senkel, den einige von euch kennen. Er ist nicht da, er kommt nie zu einer Lesung von mir, aber das ist ein anderes Kapitel. Wie habe ich das gemacht? Ich habe nicht in der Wohnung gesessen, sondern auf dem Balkon, im Café und im Zug. Und geschrieben. Ich könnte nicht irgendwo sitzen. Vor allem innerhalb der ersten halben Stunde, da muss ich gegen den Fluchtinstinkt ankämpfen. Ich möchte weg! Wenn ich dann aber sitzen bleibe, geht es wieder. Nach ein bis zwei Stunden muss ich allerdings wieder umziehen. Manchmal, wenn ich in der Türkei bin, klappt das. In diesem Ferienort sitze ich um 11 Uhr, nach dem Frühstück, zweieinhalb Stunden am Schreibtisch. Pause. Meer. Wieder zurück. Essen. Wieder anderthalb Stunden. *(Pause)* Das geht.

PUBLIKUM Man muss sich auch um nichts kümmern.

FERIDUN ZAIMOGLU Das stimmt. Jetzt stehe ich natürlich als Pascha da, aber meine Mutter lässt das nicht zu.

PUBLIKUM Natürlich. *(Publikum lacht)* Das spielt ja auch in deinen Büchern eine Rolle, diese Situationen. Ich weiß nicht, wie autobiographisch die Haiku-Schreiberei in *Liebesmale, scharlachrot* ist. Aber wie du das jetzt geschildert hast, scheint es sehr nahe an der Entstehungsatmosphäre zu sein.

FERIDUN ZAIMOGLU Spaß beiseite, ich würde durchdrehen, wenn ich nur schreiben und ans Meer gehen und mich um nichts kümmern müsste. Da dreht man doch durch. Ich sage das nicht, um besser dazustehen: Ich wasche meine Wäsche selber, bügele selber, kümmere mich selbst um meine Belange. Das ist die einzige Möglichkeit, um nicht durchzudrehen. Vier Wochen in diesem Ferienhaus. Schreiben, Meer. Schreiben, Meer. Das ist … nicht gut.

PUBLIKUM Das hört sich wirklich katastrophal an. Vielleicht solltest du es mal mit einem Gulag versuchen.

FERIDUN ZAIMOGLU Es ist schon nett da, so ist das auch wieder nicht.

PUBLIKUM Um noch einmal auf die Sprache zurückzukommen: mir ist aufgefallen, dass du auch neue Wörter erfindest. Es gibt manchmal Sätze, bei denen man denkt: Das hat sich ganz toll angehört, deswegen musste er das so aufschreiben. Hat sich deine Sprache verändert?

FERIDUN ZAIMOGLU Man hat mich als »Trapezkünstler der Sprachwucht« bezeichnet. Bei aller Liebe zur experimentellen Literatur, wenn man Geschichten aufschreiben will, muss man sich weniger um das Experimentelle kümmern als vielmehr um die Bilder, um die Metaphern. Immer dann, wenn es für die Geschichte erforderlich ist, versuche ich, Metaphern zu finden. Dann kommt es zu diesen »Sprachkreationen«, die hören sich wuchtig an. Wenn die Geschichte an Fahrt gewinnt, geschieht es automatisch, dass ich beim Schreiben mehrere ›Sprachtrümmer‹ zusammenpappe, dann entsteht ein neues Wort. Das kommt von selbst. Aber im Gegensatz zu früher, als ich in einem Satz über eine halbe Seite in *Kanak Sprak*-Stilett-Stakkato Sprachungetüme, Wortungetüme wie Perlen an einem Faden aufgefädelt habe, gibt es mittlerweile eine gewisse Reduktion. Ich will eine Geschichte erzählen. Dabei geht es nicht mehr um Wucht oder um Spracherfindungen. Im nächsten Roman wird es ganz anders. Das wird was völlig anderes.

PUBLIKUM Wie funktioniert es? Es sind nicht nur die Sprachungetüme, sondern auch, wie alles aufgebaut wird. Wenn du zum Beispiel anfängst: »Mein Lump und Freund, du Kümmeltürke«, dann ist das kein hoher Ton. Es klingt ganz anders, wenn du mit einer ›glücklichen‹ Sprache weitermachst und diese mit der anderen zusammenbaust. Das macht es aus. Es ist dein Sprachduktus, der Situationen schafft.

FERIDUN ZAIMOGLU Ich hatte die Lust verloren, als Litfass-Säule durch die Gegend zu rennen, plakativ und hämmernd. Das war gut, und die Quelle ist ja nicht versiegt, aber es muss auch etwas anderes her, auch stille Töne. Ich hatte irgendwann verstanden, dass es nicht nur um meine Lust geht, sondern auch um eine gewisse Nachvollziehbarkeit. Früher, Hunderte von Leuten im Saal, habe ich vorne geschmettert wie ein Wahnsinniger und alle voll überrumpelt, die waren geschockt, das war dann die Lesung. Um Gottes willen! Das waren ständig Einschläge, ständig Adrenalin, ich fühlte mich wie ein Adrenalin-Zombie, die ganze Zeit. Danach konnte ich zwei Stunden nicht schlafen, immer erst um 2 oder 3 Uhr, als sich der Adrenalinspiegel wieder gesenkt hatte. Immer vorwärts. Auf die Dauer wird das langweilig.

PUBLIKUM Es wird aber auch langweilig, wenn das ganz verloren geht.

FERIDUN ZAIMOGLU Ich sage ja, beim nächsten Buch wird alles anders.

PUBLIKUM Könnten wir vielleicht mehr darüber hören? Das sind bis jetzt nur Andeutungen gewesen. Wir sagen es auch nicht weiter. Das nächste Buch, worum geht es da?

FERIDUN ZAIMOGLU Ich hab's nicht mit. Ich hab's leider nicht mit. Ich würde es auch nicht vorlesen. Nein. Oder doch?

PUBLIKUM Aber Sie könnten ja davon erzählen.

FERIDUN ZAIMOGLU Schwierig, was zu erzählen. Es ist eine Ich-Erzählerin. Es wird das erste Mal für mich sein, dass ich — *nicht* ›in die Rolle einer Frau schlüpfe‹, es ist viel mehr. In den 30er Jahren der alten Zeit fängt es an. Ein Mädchen, das langsam heranreift. Es wird ein mörderisches Buch, weil dieses Mädchen das Unrecht, das ihr geschieht ... — ihr merkt, das ist alles so abstrakt; ich kann das nur umreißen. Sie wird sich *Kill Bill*-mäßig rächen. Aber auf eine, wie ich hoffe — ich bin stolz auf diesen Clou —, sehr raffinierte Art und Weise. Da werden keine 20, 30 Männerleichen herumliegen, es ist kein Buch über Frauenrache. Ich habe mit etlichen Frauen gesprochen, in der Türkei und auch hier. Mir fehlte immer »die Zeit damals«. Wie es war, bevor diese Frauen hierher kamen, das, was man immer die »erste Generation« nennt. Das ist so nichtssagend: »die erste Generation« oder »Gastarbeitergeneration«. Das alles interessiert mich nicht.

Ich will 30 Jahre aus dem Leben einer Frau in epischer Breite aufschreiben. Es wird ein dickes Buch. Ich habe ein dreiviertel Jahr gebraucht, um den Ton zu treffen. Es ist ein anderes Vokabular, andere Worte, und mir ist aufgefallen, dass sich die Geschichten aus dem Munde der Frauen anders anhören. Wenn ich sie nacherzähle, lade ich sie so auf, dass es zum Gedröhne wird, ich hatte nicht verstanden, wie das geht. Deshalb sprach ich immer und immer wieder mit Orientalinnen. Bis ich dachte: ›Es könnte was werden!‹ Mehrere

Anfänge, die gescheitert sind, immer und immer wieder. Bis es schließlich geklappt hat und ich die ersten beiden Kapitel geschrieben hatte. Sie gingen an den Verlag, und der sagte: »Oh! Bloß weitermachen!« *(Zaimoglus Roman* Leyla *erschien 2006.)*

PUBLIKUM Könntest du das Buch auch in der Türkei weiterschreiben?

FERIDUN ZAIMOGLU Das werde ich jetzt tun. Mir wird ganz bange, weil ich weiß, wie viel Arbeit drin steckt — ein Jahr hat die Recherche gedauert. Aber ich habe einen Spielplan, eine Kapiteleinteilung. Es wird hart, das ganze Personal im Auge zu behalten und diese Geschichten so zu schreiben, wie ich sie will. Abgabetermin des Gesamtmanuskripts ist Ende Februar. Ich muss noch 380 Seiten schreiben.

PUBLIKUM Bist du eigentlich jemals richtig zufrieden mit dem, was du geschrieben hast? Oder gibt es Texte, die du im nachhinein lieber anders geschrieben hättest?

FERIDUN ZAIMOGLU Weder noch. Was ich geschrieben habe, ist geschrieben. Das ist vorbei. Ich habe keinen Bezug mehr zu den Geschichten. Vorbei. Wichtig ist das, was dann kommt. Wenn ich Geschichten oder ein Buch fertig habe — das kennt man von vielen Autoren —, falle ich in ein tiefes Loch. Ich komme mir völlig nutzlos vor, sehe nur schwarz, habe keine Lust auf nichts. Wenn es heißt, er hat acht Bücher geschrieben ... ja, toll, aber *jetzt* fehlen mir noch 380 Seiten zu *diesem* Roman! Eigenartig, aber ich stehe nicht in einem besonderen Verhältnis zu meinen Büchern. Sie interessieren mich nur dann, wenn ich sie aufschlage, um sie vorzulesen. Vielleicht mache ich das auch deswegen und habe deshalb Lust, sie vorzulesen. Ansonsten geht mich das nichts mehr an.

PUBLIKUM Aber Genugtuung darüber, wie etwas geworden ist?

FERIDUN ZAIMOGLU Ich mache mir — wirklich, das ist nicht kokett gemeint — keine Gedanken mehr. Wenn ich sie lese, fällt mir was auf. Stimmt. Das ist meistens so: ›Diesen Satz hätte ich mal ... Der Satz war zuviel‹. In der Anfangsgeschichte ist mir das aufgefallen nach dem vierten, fünften Mal. Alles ist eigentlich klar, und weniger ist mehr. Es ist doch alles gesagt. Aber geschwätzig wie ich bin, muss ich dann doch noch was dazuschreiben. Das hat mich schon ein paar Wochen geärgert. Das gibt es. Dann ist es aber nur ein Satz, oder zwei, drei Sätze, die auch das Lektorat passiert haben, seltsamerweise. Vorbei ist vorbei, mein Herzblatt.

PUBLIKUM Wie oft bearbeitest du deine Texte, bevor sie rausgehen?

FERIDUN ZAIMOGLU Ich bearbeite sie nicht mehr. Das ist der Grund, wieso ich alles auf der Elektroschreibmaschine schreibe. Computer, das habe ich ein Jahr lang gemacht, es war wunderbar, aber ich wurde geschwätzig. Ich muss mir den Verlauf der Geschichte natürlich schon skizziert haben, auf einem Blatt Papier. Aber sonst schreibe ich das runter, lese Korrektur, dann schicke ich es ab. Das war's dann. Manche sagen, das sieht man den Geschichten auch an. *(Publikum lacht)* Aber das glaube ich nicht.

PUBLIKUM Keine stilistischen Veränderungen mehr?

FERIDUN ZAIMOGLU Null. Das ist mir davor mehr oder minder klar. Ich schreibe aus einem halbbewussten Zustand heraus. Auch wenn ich bei einer Geschichte weiß, wie sie verlaufen wird, müssen da Freiräume sein, damit ich den Spaß und die Lust daran nicht verliere. Die nicht konzipierten, die nicht fertigen Stellen, die entstehen dann beim Schreiben.

PUBLIKUM Beziehst du deine Literatur hauptsächlich aus dem Leben heraus oder auch von Vorbildern?

FERIDUN ZAIMOGLU »Aus dem Leben heraus« klingt natürlich geil. Die eigene Anschauung ist wichtig. Auch wenn sehr, sehr viele Schriftstellerinnen und Schriftsteller behaupten, sie würden entweder nur das wiedergeben, was sie erleben, oder diese Geschichten würden ihnen zufliegen, es sei Phantasie. Es stimmt weder das eine noch das andere. Man pflückt sich da etwas, irgendein Ereignis oder irgendeine Wahrnehmung, irgendetwas, das man tatsächlich erlebt hat, irgendein Bruchstück, und dann spinnt man das aus. Es hat natürlich mit dem wirklichen Leben zu tun, Vorbilder würde ich ausschließen.

PUBLIKUM Gibt es nicht irgendetwas, das dich beeinflusst oder beeindruckt hat?

FERIDUN ZAIMOGLU »Beeinflusst«? Weiß ich nicht. »Beeindruckt« ja, da gibt es dutzende von Büchern.

PUBLIKUM Zum Beispiel?

FERIDUN ZAIMOGLU Elfriede Jelinek. Sie ist für mich die ganz Große am Himmel. Sie ist böse, sie macht einen krank, aber sie ist großartig. Patricia Highsmith. Das muss man erst mal fertigbringen, so zu schreiben, ein Wahnsinn. Was für Details, wie großartig! Diese beiden. Dann Gottfried Benn. Und Paul Celan. Großartig. Und dann Krimis, Thriller, harte Thriller, die ich meistens lese, beeindrucken mich: Da wird eine Geschichte erzählt. Bitte nicht schwätzen! Wenn es Geschwätz ist, dann ist es ein schlechter Krimi. Meist geht es um eine einfache Geschichte, da wird nicht drum herum geredet. Man kann durch die Lektüre von Krimis wirklich am besten lernen, wie man schreibt. Szenenfolge, Story. Das hat mich beeindruckt, Krimis haben mich beeindruckt.

PUBLIKUM Mich hat dein Stil manchmal an Guillermo Cabrera Infante erinnert, einen kubanischen Schriftsteller im Havanna der 50er Jahre. Durch den geschickten Einbau von allen möglichen literarischen und psychologischen Problemen in witziger Art. — Wie sind die Reaktionen in der Türkei? Bist du dort der Nestbeschmutzer, oder heißt es: ›Da sieht man, was mit unsern Jungs drüben in Almanya passiert‹?

FERIDUN ZAIMOGLU Null. Null Reaktion. Das interessiert sie nicht. Aber Fatih Akin, *das* ist was. Bei *Gegen die Wand*, wenn man die türkische Zeitung aufgeschlagen hat, konnte man sehen, wie die Deutschländer oder die Türkisch/Kurdisch-Stämmigen in diesem Lande gesehen werden. Bei Fatih Akin ging in den Zeitungen die Post ab. Zwei, drei Seiten lang — er hat es verdient und ist großartig —, wie diese türkischen Medien das abgezogen haben! Der Türke an und für sich ist für die erst ernst zu nehmen und lobenswert, wenn er eine richtige Success-Story hinlegt. Oder gerade nicht. Dann sind sie irgendwelche Kreaturen, Mangel-Kreaturen, es fallen dann Begriffe wie die »verdorbene Generation«, die »kaputtgemachte Generation«. Ich habe zwei Dokumentarfilme im türkischen Fernsehen gesehen: »Die armen Schweine, die können die türkische Nationalhymne nicht.« Da hatten sie eine Korrespondentin nach Deutschland geschickt, die versuchte, mit den Leuten ins Gespräch zu kommen. »Mensch, was für ein Türkisch sprechen die eigentlich, wenn sie überhaupt türkisch sprechen!« Defizite ohne Ende. Es war oft so, dass die Generation hier problematisiert wurde, es war die »verlorene Generation«. Aber sie nahmen sich gerne Türken mit Success-Stories heraus.

PUBLIKUM Bevor sie den Film gesehen hatten?

FERIDUN ZAIMOGLU Sie haben ihn gesehen, in der Türkei herrscht ja nicht das Mittelalter, das ist ein Mythos. Die Menschen sind da ziemlich frei unterwegs, die sind nicht prüde. Auch die Islamisten nicht, das ist erstaunlich. Sie hatten den Film gesehen, und weil er Preise gekriegt hatte, fanden sie ihn gut. Die Filmkritiker haben ihn tatsächlich gelobt.

PUBLIKUM Ich finde es spannend, dass sich der Rahmen heute in der letzten Veranstaltung schließt, indem du wieder der Antwortende bist. Mich würde interessieren, wie es war, der Fragende zu sein. Die Rolle des Moderators einzunehmen und die Aufmerksamkeit auf andere Menschen zu lenken. War das neu für dich? Wie hast du es empfunden? Planst du jetzt doch eine Talkshow fürs Fernsehen?

FERIDUN ZAIMOGLU Es gibt ein Angebot. *(lacht)* Aber es ist noch nicht spruchreif; da war wohl jemand hier und hat sich das angeguckt. Ich lass es euch wissen, wenn es soweit ist.

PUBLIKUM Welcher Sender?

FERIDUN ZAIMOGLU Ich darf nichts sagen. Das wird sich in einer Woche herausstellen. Ich habe anfangs, das kann ich jetzt sagen, große Angst gehabt, großen Bammel. Ich dachte, das endet in einem Vollflop, weil ich so etwas noch nie gemacht hatte, *noch nie!* Ich stand immer auf der anderen

Seite, man hat mich befragt, hat versucht, vor allem in den ersten Jahren, mich fertig zu machen. Und das wiederum spornte mich an. Ich kam so richtig in Wallung aus diesem Gefühl heraus: ›Ich lass mich nicht fertig machen!‹ Ich liebte es. Es lief immer so, ich war der Befragte, aber nicht der ›nett‹ Befragte, sondern der Angegriffene, der sich rechtfertigen musste.

Wenn man einen Blick auf die Artikel wirft, die nach dem entfallenen Joschka Fischer-Gespräch erschienen sind, in der *FAZ* und in der *taz*, stößt man auf komische Formulierungen. Da steht, Originalton: »Feridun Zaimoglu, dem der Ruf erheblicher Schlitzohrigkeit anhaftet«. *(»Berliner Gastgeberprofessur: Feridun Zaimoglu lädt ein« von Wolfgang Schneider in der* Frankfurter Allgemeinen Zeitung *vom 8. Juli 2004.)* Da wird komisch geschrieben: ›Statt wissenschaftlicher Tiefe macht er daraus eine Talkshow.‹ Und in der *taz:* ›Der lange Weg des Feridun Zaimoglu durch die Institutionen der Mediengesellschaft und fast *(schnipst mit den Fingern)* hätte es geklappt. Näher kann man der Mitte nicht kommen. Joschka Fischer hätte ihn adeln können, dann wäre er mit dieser Adelung hausieren gegangen und hätte gesagt, jetzt bin ich ein deutscher Dichter.‹ *(»Warten auf Joschka« von Kolja Mensing am 7. Juli 2004)* Und so weiter, mit einer gewissen Häme geschrieben, von der *taz* kenne ich das. ›Da versucht einer, ein Spielchen zu treiben, es ist ihm irgendwie nicht so ernst, oder er will eigentlich nur Aufmerksamkeit.‹ Ja, klar will ich das, was denn sonst? Wieso schreibe ich Bücher? Ich will natürlich Publikum. Manchmal werde ich, das ist wirklich sehr, *sehr* komisch, »unser Onkel Tom«, »unser Bimbo«, »unser Kanake«, »unser Vorzeige-Ausländer« genannt. Mit all diesen Geschichten hatte ich die ersten vier, fünf Jahre zu tun. Es war nicht nur eine Befragung, es war wirklich Kampf. Schlagabtausch. Der Moderator hier *(weist auf den Platz neben sich)*, man sitzt nebeneinander: ›Du willst es wissen, alles klar, du willst dich mit mir anlegen.‹ So lief das.

Jetzt zurück zu unserer Situation. Ich war eigentlich ›nett‹, oder? *(lacht)* Ich war zu unseren Gästen nett. Weil ich sonst immer und immer wieder meine Ego-Show durchziehe, denn das ist eine Ego-Show: Wenn ich vorne bin, eine Lesung halte, dann lese ich erst mal, es gibt Fragen, und ich antworte, dann gibt es wahrscheinlich einen Moderator, aber es ist die Show von Feridun Zaimoglu. Das läuft auch nicht in geregelten Bahnen, sondern immer mit Entgleisungen. Es sollte aber einmal nicht *meine* Show sein. Ich wollte so wenig wie möglich auffallen, nur der Stichwortgeber sein und, noch wichtiger, Fragen stellen, die mich wirklich interessieren. Nicht so: ›Ja, die Studenten und Studentinnen möchten gerne von Ihnen wissen …‹ Das hätte ich nicht bringen können. Also war ich nett und habe das genossen. Ich habe es genossen, die Maus am Rande zu sein, ich habe es genossen, mit den Gästen ins Gespräch zu kommen. Plötzlich dachte ich: Mensch, macht das Spaß! Es macht so einen Spaß, Fragen zu stellen, und dann fragt er mich zurück! Ich liebe es nicht mit festen Rollen, manchmal kippte es ja um, wenn's gut lief, und dann ging das zwischen uns hin und her. Wie es war? Es war großartig! Es war sehr gut, und ich bin auf den Geschmack gekommen. Gerade hier, diese Situation hat es ansprechend gemacht. In einer anderen Situation, an einem anderen Ort, in einem anderen Raum? Ich weiß nicht, wie gut das kommt.

PUBLIKUM Welcher Gast hat dir am besten gefallen?

FERIDUN ZAIMOGLU Das werde ich nicht sagen, das wäre ja gemein. Am Anfang habe ich gesagt, es werden Gäste da sein, die mich überhaupt nicht mögen, solche, die mich einigermaßen mögen, und Gäste, die ich zuvor noch nie gesehen habe. So lief es. Und es waren Profis, die haben sich nichts anmerken lassen. Oder hatte jemand das Gefühl, dass da einer saß, der mich nicht mochte, und mir so abgeneigt war, dass man die Abneigung spürte?

PUBLIKUM Hat sich das denn geändert, danach?

FERIDUN ZAIMOGLU Ja. Einige sagten: »Mensch, wir dachten, du bist so ein rüdes Tier; das geht doch auch anders.« Aber wir stritten uns dann sehr schnell wieder …

PUBLIKUM Ich glaube, die besten Veranstaltungen waren die, in denen ein Gespräch zustande gekommen ist. Ich fand es super mit Juan Moreno oder mit Moritz von Uslar. Wenn du so etwas wie eine Talkshow machst, kann das nur dann funktionieren, wenn du solche Gespräche führst. Das ist gerade das, was man im Fernsehen nie sieht; da sitzen immer diese Quatschköpfe, die haben schon ihre Fleißkärtchen vorbereitet, dann sagt der Gast irgendwas, und man denkt: ›Jetzt hak doch da mal nach!‹, aber stattdessen kommt eine neue Frage. So was wie hier wäre geil, wenn im Fernsehen mal richtige Gespräche geführt würden.

FERIDUN ZAIMOGLU Ja. *(lacht)*

PUBLIKUM Ich fand es auch klasse, sonst wäre ich ja nicht immer wieder gekommen. Du hast gesagt, du warst ›nett‹ zu den Leuten, und ich habe jetzt auch verstanden, warum. Ich fand aber, zum Teil warst du schon ein bisschen *zu* nett. Du hast dich zu stark zurückgenommen, du hättest manchmal auch ein bisschen angreifen müssen, ein bisschen mehr beißen können. Die Texte hast du alle gut gefunden.

FERIDUN ZAIMOGLU Ich habe zum einen oder anderen Gast gesagt, dass wir darüber später sprechen.

PUBLIKUM Warum nicht hier, nicht gleich?

FERIDUN ZAIMOGLU Dass ich zu nett war, habe ich von einigen anderen auch gehört. Weil ich tatsächlich dachte – und es auch gefühlt habe: Es ist nicht mein Job. Es ist nicht so, dass jemand mein Gast ist und ich vor einem Publikum das Recht habe, über seinen Text herzufallen. Vielleicht ist das eine altmodische Vorstellung, aber ich würde mir schäbig vorkommen, das hat mit ›nett‹ und ›nicht nett‹ wenig zu tun. Vor allem habe ich gemerkt, dass von euch wirklich korrekte, klare Ansagen kamen. Ihr habt euch ja nicht lumpen lassen. Ich habe mir Notizen gemacht und mir das gestern nochmal durchgelesen, da war die eine oder andere Bemerkung, bei der ich dachte: ›Nein, das ist nicht *meine* Schlachtbank.‹ Und es ist gut so. Wir alle, nicht nur ich, auch ihr, wir wissen, wann ein Text weniger gut ist, wann mittelmäßig und wann richtig gut. Und weil auch von euch wirklich gute Reaktionen kamen, dachte ich: ›Was soll *ich* über ihn herfallen?‹ Wäre von euch nichts gekommen, hätte ich das unterlassen. Ich hätte die eine oder andere halbharte Frage gestellt, ob dies sein muss oder das. Ich wollte keine Show abziehen, nicht die Lacher kassieren, den Gast nicht instrumentarisieren. Es ging mir wirklich um jeden einzelnen Gast. Und wenn er mit einem Text kommt, der mich überhaupt nicht interessiert, der mir sogar, weil er so schlecht ist, miese Laune macht, will ich das in dieser Deutlichkeit nicht sagen …

PUBLIKUM Wieso nicht?

FERIDUN ZAIMOGLU … in der Öffentlichkeit. Ich sage ja: das ist vielleicht altmodisch. In meinen Augen wäre das schäbig. Ich habe dem einen oder anderen dann später unter vier Augen klar gesagt, was ich davon halte. Aber das hier zu sagen, hätte ich nicht gut gefunden.

PUBLIKUM Im Sinne eines Seminars stellt sich ja auch die Frage, ob das nicht die Aufgabe des Publikums sein sollte? Die Kritik kann aus dem Publikum kommen.

FERIDUN ZAIMOGLU Und die kam.

PUBLIKUM Es ist ja nicht die Aufgabe des Moderators, die unangenehmste Rolle, die Meckerfragen, zu übernehmen. Entweder denkst du, das Publikum soll's erledigen, oder das Publikum denkt, soll der es für uns erledigen. Dann ist die Wahl, es das Publikum erledigen zu lassen, die bessere.

FERIDUN ZAIMOGLU Ja, und ihr habt es erledigt. Ich fand's gut. Ich fand auch: So sind sie gar nicht! Es kamen ja Medienfiguren, und sie haben sich hingesetzt und waren nicht diejenigen, die sie sonst sind. Deshalb denke ich, die Gespräche, die wir hier geführt haben, funktionieren woanders nicht. Kann ich mir nicht vorstellen. Es ist eben diese Baracken-Situation. Es ist dieser Ort, dieses Gedränge, es ist die Art und Weise, wie wir hier … Es ist eben »die Baracke«, und das seid ihr. Ich kann mir das nicht an einem so künstlichen Ort wie in einem Fernsehstudio vorstellen, wenn das sozusagen auf Wiederholung, auf ständige Wiederholung angesetzt wird; dann werde ich sehr schnell zum Laberkopf. Es kann nur einen Harald Schmidt geben. Das ist leider so.

Freunde, es ist Viertel vor Acht, was soll ich euch sagen. Mich hat vor zwei Tagen eine ziemliche Melancholie mitgerissen, weil ich dachte: so ein Mist, das ist die letzte Stunde. Ich will jetzt keine großen Worte machen, bitte nehmt es mir ab, es war mir ein richtig großes Vergnügen, und ich danke dafür, dass ihr mich hier haben wolltet! Danke, dass ihr gekommen seid. Es hat sich ja mittlerweile so eingependelt, dass wir nach jeder Veranstaltung immer zur ›Luise‹ gehen. Wir haben da nicht reserviert, aber wer Lust hat, kann mitkommen, wir können da im kleineren oder größeren Kreis sitzen. Es wird nicht leicht zu verdauen sein, dass es jetzt vorbei ist. Vielen Dank! *(Applaus)*

Juan Moreno

Frühlingswindumwehte Lämmerschwänzchen und die heiligen Vorhäute Christi

Ich habe Feridun Zaimoglu bei einer Buchvorstellung in der Berliner Volksbühne kennen gelernt. Wir sind beide bei dem sehr hippen Verlag Kiepenheuer & Witsch. Beck's in Flaschen, ambitionierte Frisurverweigerungen, Gespräche, in denen Michael Thalheimer und Christian Kracht vorkamen. Mitte war sehr bei sich an diesem Abend, was bedeutet, dass vor allem Kölner, Stuttgarter und Münchner gekommen waren.

Bei der Veranstaltung damals erkannte ich Feridun Zaimoglu sofort. Er saß an einem Tisch, umgeben von Frauen. Er redet, sie schmachten. Das ist häufig so. Ich glaube, es liegt an seiner Stimme. Warm ist sie, wohlig, eine Kaminstuben-Stimme, Harris Tweed vertont.

Nicht weit von der Gruppe stand Maxim Biller. Er trank Bier und versuchte, mit einer Blondine ins Gespräch zu kommen. Auch das ist häufig so. Ich glaube, es funktionierte nicht. Jedenfalls schaute sie ihn sehr ängstlich an. Wahrscheinlich hatte Biller wieder mal so etwas gesagt wie: »Wenn ich die Leute in der Schlange da vor der Bar sehe, habe ich Deportationsfantasien. Aber wenigstens werden hier Juden überhaupt bedient.« Maxim Biller ist manchmal ein wenig herb in seiner Eröffnung, dafür schreibt er unfassbar klug über Liebe.

Ich war damals vom Gesamtarrangement der Buchpräsentation sehr beeindruckt. Am liebsten wäre ich zu Feridun Zaimoglu gegangen und hätte ihm gesagt, dass ich total aufgeregt sei. Ich dachte an einen Text von ihm im *Focus*. Ein kurzer Zaimoglu. Ich weiß noch, dass ich mich fragte, warum er denn ausgerechnet im *Focus* schreiben musste. Ich hasse diese Vergeudungsveröffentlichungen guter Autoren. Pelé hatte auch für Cosmos New York gespielt, dachte ich dann. Ein Trost, kein Grund.

»Ich freue mich« hatte Feridun Zaimoglu im *Focus* mit den

Worten umschrieben: »Mein Herz schlägt wie ein Lämmerschwänzchen im Frühlingswind«. Ich wurde sofort Lämmerschwänzchen- und somit auch Zaimoglu-Fan.

Genau das aber war ein Problem. Man kann so etwas nicht einfach sagen, schon gar nicht beim ersten Treffen. Ich war jetzt Kollege, auch ich hatte einen Roman geschrieben. Da kann man nicht einfach hingehen und losblubbern: »Tach, Herr Zaimoglu, also ich, ich finde Sie toll, ich war vor ein paar Wochen bei einer Lesung, und ehrlich, wie Sie das machen, super … eine kleine Rampensau sind Sie, logisch, aber ich find' das mal ganz großartig, was Sie da machen. Wirklich wahr.«

Das geht nicht.

Man ist, wie gesagt, Kollege, nicht qualitativ, aber doch formal gleichgestellt. Ich war ein Romanautor in Berlin-Mitte. Da gibt es Anforderungen, Regeln, Sitten. Man zieht häufiger schwarze Hemden an, man findet Niklas Maak in der *FAZ* gut und ist gegenüber Kollegen, um ehrlich zu sein, eigentlich gegenüber allem, nur noch innerhäusisch euphorisch. Ansonsten orientiert man sich an den Verhaltensauffälligkeiten von Benjamin von Stuckrad-Barre.

Ich ging an die Bar und versuchte, intellektuell zu gucken, was ohne Hornbrille nicht ganz einfach ist. Nach einer Weile fiel mir auf, dass Feridun Zaimoglu ab und zu zu mir zeigte und die Mädchen ebenfalls zu mir schauten und sich vor Lachen krümmten. ›Beömmeln‹ haben wir das früher in der Schule genannt. Er redete ganz offensichtlich über mich.

Mir war nicht klar, warum. Ich lehnte an der Bar, schaute unintellektuell, und ein Autor, den ich bewunderte, brachte gerade eine Gruppe anbetungswürdiger Frauen zum Lachen, wofür er mich benutzte. Nicht als Kollegen, als Pointe.

Nach etwa einer halben Stunde ging ich — und dachte die nächsten Tage viel an Feridun Zaimoglu. Als mich meine Lektorin die Woche drauf anrief, fragte sie mich, wie ich denn die Buchpräsentation gefunden hätte. Ich sei ja so schnell weg gewesen.

»Feridun hat mich ausgelacht«, sagte ich.

Ich klang wie ein Dreijähriger.

»Er hat mir gesagt, dass er dich mag.«

»Feridun hat mich ausgelacht.«

»Er hat nur erzählt, was Du vor einiger Zeit, in einem Deiner Texte über ihn geschrieben hast. Du hast Dich über ihn lustig gemacht, nicht wahr, über sein Aussehen.«

Ich hatte es komplett vergessen. Die Kolumne, von der sie sprach, war zwei Jahre alt. Ich hatte sie für die *Süddeutsche Zeitung* geschrieben. Hier die Passage:

> Ich mag meinen Namen nicht, Juan Moreno klingt furchtbar. Der Name Juan Moreno klingt nach jemandem, der die Tapas langsam an den Tisch bringt und dabei den Daumen in den Teller mit dem Alioli hält, nach jemanden, in dessen Anwesenheit man nach seiner Brieftasche greift, um zu schauen, ob sie noch da ist. Der Name klingt wie Feridun Zaimoglu aussieht, südländisch, schwitzig, schmierig, mit diesem Ich-nehme-mir-Eure-Frauen-Blick …

Ich meinte das damals nicht böse. Auch nicht das »schwitzig, schmierig«. Feridun Zaimoglu sieht individuell aus. Er hat lange, lockige Haare, und einen verwegenen feinen Bart. Er sieht aus wie Raymond Chandler schreibt. Präsent, potent, markant. Das »schmierig« war nicht böse gemeint, es war ein Witz, über den ich damals nicht viel nachgedacht habe. Mein Gott, ich bin im Hauptberuf Journalist, wenn ich zu viel nachdenken würde, könnte ich den Beruf nicht machen.

Ich schrieb Feridun Zaimoglu einen Brief, und zitierte alle Stellen in meinem bisherigen Werk, an denen sein Name auftauchte. Drei Stellen. Zwei Mal schrieb ich, dass er großartig sei, unter anderem, weil er einen Protagonisten seines Briefromans sagen lässt: »Ich grüße Dich, Sammler der heiligen Vorhäute Christi«. Ein einziges Mal habe ich einen Witz gemacht, das mit dem »schwitzig, schmierig«. Es täte mir leid, schrieb ich.

Feridun Zaimoglu antwortete mir in einem netten, freundlichen Tonfall, der keinen Zweifel ließ, dass er nicht verärgert war. So viel Größe war selten in einem Briefumschlag.

Er hatte damals während der Buchpräsentation in der

Tat über meine Kolumne mit den Mädchen gesprochen. Er machte sich so über mich lustig, wie ich mich in meinem Text über ihn. Alles war gut. Den Brief habe ich noch immer.

Wir schrieben uns im Laufe der Zeit noch ein paar Mal. Sinngemäß sagen die Schreiben aus, dass wir uns wertschätzen. Etwas später kam die Anfrage, ob ich als Gast bei »Literature to go« mitmachen wolle. Ich sei eine Woche vor Joschka Fischer dran, hieß es.

»Joschka Fischer und du«, dachte ich, »dazu noch eine Brieffreundschaft mit Feridun Zaimoglu. Moreno, du bist ganz oben, ganz, ganz oben. Da kann nicht mehr viel kommen. Wenn das so weitergeht, ruft irgendwann Oslo an, und teilt mit, dass du als erster Mensch einen Literatur-Nobelpreis für einen Erstlingsroman bekommst.«

Ich sagte zu, natürlich, und las zum ersten Mal öffentlich aus meinen Texten vor. Feridun Zaimoglu und ich erzählten im Anschluss ein bisschen, warum wir beide vor Serbokroaten auf dem Schulhof die meiste Angst hatten, wie es ist, wenn man einem deutschen Vater als potenzieller Schwiegersohn vorgestellt wird, solche Dinge. Launiger Migrationsschwank. Gerade sehr beliebt bei Buchverlagen.

Ich weiß noch, dass ein Student dazu verdonnert wurde, alles mitzuschreiben, was ich sagte. Mich machte das ein bisschen nervös, ich verstand nicht, warum jemand das noch mal nachlesen sollte, was ich gesagt hatte. Später stellte sich heraus, dass heutige Studenten der Literaturwissenschaft wenigstens noch einige wenige Erwartungen erfüllen — der junge Mann verschlampte die Mitschriften.

Ich bin ihm nicht böse. Der Verlust gibt mir die Möglichkeit, dieses Nachwort zu schreiben. Und mich zu bedanken.

Für die Einladung zu einer tollen Veranstaltung, für das Problem, dass ich nicht weiß, ob ich Feridun Zaimoglu lieber treffe oder lese, vor allem aber für zwei andere Dinge — dass ich für diesen Text mal wieder an frühlingswindumwehte Lämmerschwänzchen und die heiligen Vorhäute Christi denken durfte.

Kurzbiographien

IMRAN AYATA wurde 1969 geboren und lebt in Berlin. Geschäftsführer einer Kommunikationsagentur, Autor und DJ. Ehemals Redakteur der Zeitschrift *Die Beute*. Beiträge in deutschen und türkischen Zeitschriften. Mitbegründer der Gruppe »Kanak Attak«. 2005 erschien seine Erzählungensammlung *Hürriyet Love Express. Storys*. (Transkription des Gesprächs vom 17. Mai 2004 durch Ilona Jaeger)

MAXIM BILLER wurde 1960 in Prag geboren und lebt seit 1970 in Deutschland, zur Zeit in Berlin. Erzähler und Essayist. Essays: *Die Tempojahre* (1991), *Deutschbuch* (2001); Erzählungen und Romane: *Wenn ich einmal reich und tot bin* (1990), *Land der Väter und Verräter* (1994), *Harlem Holocaust* (1998), *Die Tochter* (2000), *Esra* (2003), *Der perfekte Roman* (2003), *Bernsteintage* (2004), *Moralische Geschichten* (2005), *Liebe heute. Short Stories* (2007). (Transkription des Gesprächs vom 19. April 2004 durch Mara Dettmann und Feng-Mei Heberer)

NECO ÇELIK wurde 1972 in Berlin geboren. Jugendarbeiter, Filmemacher und Theaterregisseur. Filme: *36 qm Stoff* (1997), *Hall of Blame* (1998), *Gettopump* (1998), *Alltag* (2002), *Das leise Mädchen* (2003), *Urban Guerillas* (2003), *Hinter der Tür* (2004), *Auf niedriger Flamme* (2006); Theaterregie: *Schwarze Jungfrauen* (2006), *Shakespeares »Romeo & Julia«* (2007). (Transkription des Gesprächs vom 14. Juni 2004 durch Heidrun Schnitzler)

RALF FÜCKS wurde 1951 geboren und ist seit 1996 Vorstand der Heinrich-Böll-Stiftung. Zuvor arbeitete er unter anderem als Redakteur für *hefte für demokratie und sozialismus* und *Moderne Zeiten*, war Bundesvorsitzender der Partei DIE GRÜNEN, Senator für Stadtentwicklung und Umweltschutz sowie Bürgermeister in Bremen und Mitglied der Zuwanderungskommission unter Bundesinnenminister Otto Schily.

Verfasser zahlreicher politischer Beiträge, Herausgeber von *Sind die Grünen noch zu retten?* (1991) und *Wege aus der Wachstumsfalle: Perspektiven für eine zukunftsfähige Wirtschafts- und Lebensweise* (1998). (Transkription des Gesprächs vom 5. Juli 2004 durch Anne-Dore Krohn)

MAYBRIT ILLNER wurde 1965 geboren und begann ihre Laufbahn in der Sportredaktion des DDR-Fernsehens. Sie ist Journalistin und Fernsehmoderatorin und arbeitet seit 1992 für das ZDF, wo sie die Talkshow ›Maybrit Illner‹ (vormals ›Berlin Mitte‹) moderiert. Herausgeberin, zusammen mit Ingke Brodersen, von *Ente auf Sendung. Von Medien und ihren Machern* (2003). (Transkription des Gesprächs vom 24. Mai 2004 durch Tim Arne Schramm)

MARIUS MELLER wurde 1969 geboren und lebt als Literaturkritiker in Berlin. Ab 2001 Redakteur für Literatur und Essay bei der *Frankfurter Rundschau*, seit Januar 2003 Redakteur für Literatur und Sachbuch beim *Tagesspiegel*. Zahlreiche Beiträge in *FR*, *Tagesspiegel*, *FAZ*, *Rhein-Neckar-Zeitung*, *Merkur* und *Kursbuch*. (Transkription des Gesprächs vom 26. April 2004 durch Sarah Pogoda)

JUAN MORENO wurde 1972 in Huércal-Overa geboren und lebt in Berlin. Nach dem Studium der Volkswirtschaft arbeitete er fürs Fernsehen, absolvierte die Deutsche Journalistenschule in München und schreibt heute für die *Süddeutsche Zeitung*. Bücher: *Von mir aus. Wahre Geschichten* (2004), *Cindy liebt mich nicht* (2005, mit Jochen-Martin Gutsch); CD: *Juan Moreno liest »Von mir aus«* (2004). (Aufgrund eines Kabeldefekts konnte das Gespräch mit Juan Moreno am 07. Juni 2004 nicht aufgezeichnet werden.)

ALBERT OSTERMAIER wurde 1967 geboren und lebt in München und Wien. Lyriker und Dramatiker. Gedichte: *Herz Vers Sagen* (1995), *fremdkörper hautnah* (1997), *Heartcore* (1999), *Autokino* (2001), *Solarplexus* (2004), *Polar* (2006), *Für den Anfang der Nacht. Liebesgedichte* (2007); Stücke: *Tatar Titus* (1998), *The Making Of. Radio Noir* (1999), *Death*

Valley Junction (2000), *Letzter Aufruf/99 Grad* (2002), *Erreger/Es ist Zeit. Abriss* (2002), *Vatersprache* (2003), *Katakomben. Auf Sand* (2003), *Ersatzbank* (2007). (Transkription des Gesprächs vom 3. Mai 2004 durch Christina Weber)

PETER SILLER, geboren 1970 in München, ist Leiter der Inlandsabteilung der Heinrich-Böll-Stiftung in Berlin. Zuvor war er Mitglied des Planungsstabs im Auswärtigen Amt und Referent von Joschka Fischer. Studium der Rechtswissenschaften und der Philosophie. Außerdem ist er Gründer und leitender Redakteur der im Campus-Verlag erscheinenden Zeitschrift *polar*, die Politik mit Theorie und Kunst zusammen bringt. Zahlreiche Veröffentlichungen zu politischer Philosophie und Praxis: *Rechtsphilosophische Kontroversen der Gegenwart* (1999), *Politik als Inszenierung* (2000), *Zukunft der Programmpartei* (2002), *Zivilisationsbilder* (2006), *Arbeit der Zukunft* (2006) u. a. (Transkription des Gesprächs vom 5. Juli 2004 durch Anne-Dore Krohn)

BENJAMIN VON STUCKRAD-BARRE wurde 1975 in Bremen geboren und lebt als Schriftsteller in Berlin. Bücher: *Soloalbum* (1998), *Livealbum* (1999), *Remix* (1999), *Blackbox* (2000), *Festwertspeicher der Kontrollgesellschaft* (2004), *Was. Wir. Wissen* (2005); CDS: *Liverecordings* (1999), *Bootleg* (2000), *Voicerecorder* (2001), *Benjamin v. Stuckrad-Barre trifft: Johannes Brahms* (2001), *Deutsches Theater* (2002), *Autodiscographie* (2003), *Poesiealbum Udo Lindenberg* (2004), *Remix 2* (2004); Filme: *Soloalbum* (2003), *Ich war hier* (2003). (Transkription des Gesprächs vom 21. Juni 2004 durch Heike Kochendoerfer und Jana Obermueller)

MORITZ VON USLAR wurde 1970 in Köln geboren und lebt in Berlin. Journalist und Schriftsteller. 1992-2004 Redakteur beim *Magazin* der *Süddeutschen Zeitung*, seit 2006 Redakteur beim *Spiegel*. Interviews und Kolumnen: *Wie sehen Sie denn aus? Über Geschmack läßt sich nicht streiten. Warum eigentlich nicht? Eine Stilkritik* (1999, mit Rebecca Casati), *100 Fragen an* (2004); Prosa: »Davos« (1999, in Christian

Krachts Sammelband *Mesopotamia*), *Waldstein oder Der Tod des Walter Gieseking am 6. Juni 2005* (2006); Drama: *Freunde. Stück in 25 Szenen* (2000), *Freunde 2* (2001), *Absofuckin-lutely. The Best of Lulu* (2004). (Transkription des Gesprächs vom 28. Juni 2004 durch Mira Shah)

KLAUS VATER wurde 1946 in Lüdenscheid geboren und lebt in Berlin und Bonn. Journalist und Schriftsteller, zur Zeit Pressesprecher des Bundesministeriums für Gesundheit. Sachbücher: *Arbeitslosigkeit ist kein Schicksal: Vorschläge, Kritik und Urteile zur Arbeitsmarktpolitik. Eine Dokumentation im* Vorwärts *erschienener Beiträge* (1977), *Produktivkraft Solidarität. Wie die Krise des Reviers zu meistern ist* (1984, mit Michael Müller und Bodo Hombach); Literarische Veröffentlichung: *Sohn eines Dealers* (2001). (Transkription des Gesprächs vom 10. Mai 2004 durch Maria Krausch)

VOLKER WEIDERMANN wurde 1969 in Darmstadt geboren und lebt als Literaturkritiker in Berlin. Zunächst Redakteur bei der *tageszeitung*, seit 2001 Literaturredakteur und Feuilletonchef bei der *Frankfurter Allgemeinen Sonntagszeitung*. Buch: *Lichtjahre. Eine kurze Geschichte der deutschen Literatur von 1945 bis heute* (2006); CD: *Volker Weidermann liest Lichtjahre. Eine kurze Geschichte der deutschen Literatur von 1945 bis heute* (2006). (Transkription des Gesprächs vom 26. April 2004 durch Sarah Pogoda)

FERIDUN ZAIMOGLU wurde 1964 in Bolu geboren und lebt in Kiel. Schriftsteller, Theaterautor und Journalist. Prosa: *Kanak Sprak* (1995), *Abschaum* (1997), *Koppstoff* (1999), *Liebesmale, scharlachrot* (2000), *Kopf und Kragen. Kanak-Kultur-Kompendium* (2001), *German Amok* (2002), *Leinwand* (2003), *Zwölf Gramm Glück* (2004), *Leyla* (2006), *Rom Intensiv* (2007), *Liebesbrand* (2008); Drama: *Shakespeares Othello* (2003, mit Günter Senkel), *Drei Versuche über die Liebe* (2003), *Schwarze Jungfrauen* (2006), *Shakespeares Romeo & Julia* (2007, mit Günter Senkel). (Transkription des Gesprächs vom 12. Juli 2004 durch Hilmar Heister)

Personenregister

Kolophon

LITERATURE TO GO ist die zweite Publikation der Edition AVL Berlin. Sie dokumentiert Gespräche, die Feridun Zaimoglu im Sommersemester 2004 im Rahmen seiner Samuel-Fischer-Gastprofessur für Literatur am Peter Szondi-Institut für Allgemeine und Vergleichende Literaturwissenschaft der Freien Universität Berlin führte. Die Vor- und Nachworte schrieben Feridun Zaimoglu und Juan Moreno. Die Transkription und Vorbearbeitung der Dialoge besorgten Studierende, die Redaktion übernahmen als Herausgeber Oliver Lubrich und Bernhard Metz.

Die typographische Einrichtung und den Satz gestaltete Bernhard Metz. Der Text wurde mit Adobe InDesign aus der Adobe Warnock und der Adobe Cronos gesetzt, zwei von Robert Slimbach entworfenen Schrifttypen. Das Papier wurde von Schleipen in Bad Dürkheim produziert, Druck und Bindung besorgte Clausen & Bosse, Leck.

Feridun Zaimoglu
Literature to go — Feridun Zaimoglu im Gespräch mit Imran Ayata, Maxim Biller, Neco Çelik, Ralf Fücks, Maybrit Illner, Marius Meller, Albert Ostermaier, Peter Siller, Benjamin von Stuckrad-Barre, Moritz von Uslar, Klaus Vater und Volker Weidermann
ed. Oliver Lubrich und Bernhard Metz

Published by Edition AVL Berlin, in 2008
www.editionavl.de

Freie Universität Berlin   Peter Szondi-Institut
für Allgemeine und Vergleichende Literaturwissenschaft
Habelschwerdter Allee 45   14195 Berlin   Germany
www.complit.fu-berlin.de

ISBN 978-3-9809753-1-5
Printed in Germany